分野別に見る FP用語集

第11版

はじめに

個人を取り巻く金融･経済･社会の諸環境が大きく変化するなか、ファイナンシャル･プランナー（ＦＰ）の役割はますます重要性を増してきています。と同時に、ＦＰに必要な知識の範囲は、ライフプランニング、リスク管理、金融資産運用、タックスプランニング、不動産、相続・事業承継など多岐にわたります。

ところが、ＦＰに関する用語は、テクニカルタームも多く、一般的に難解であったり、耳慣れないものが多くあります。そればかりか、言葉自体は一般的であるにもかかわらず、その意味内容、使い方が一般のそれとは異なるケースさえあります。

そこで、ＦＰの学習を始められる方向けに、ＦＰに必要な基礎用語を収録し、『ＦＰ用語集』として刊行することになりました。

収録用語は約1300語にのぼり、用語の解説にあたっては理解しやすさを追求し、簡潔･平易を旨としました。そのため、例外規定や専門的な解説については省略しているものもあります。詳細については、専門書等で確認されるようおすすめします。

本書に収録されている用語の選定･抽出、執筆については、金融機関の職員、公認会計士、税理士、不動産鑑定士、社会保険労務士など、各方面の実務家の方々にご協力をいただきました。紙上をお借りして深く感謝する次第です。

皆さまにとって、本書がファイナンシャル･プランニングの知識を整理するための、また、ＦＰになるためのよき手引きになることを願ってやみません。

目　次

凡　　例

①用語は、先の目次中の見出しを１分野とし、その分野ごとに編集した。各分野内の用語については50音順に配列している。音引（ー）はすぐ前のカタカナの母音を繰り返すものとみなした。たとえば、「ローン」は「ろおん」として扱った。
②欧文略記の場合、１字ずつ区切って発音されるものは欧文略記のまま表記した。慣用読みがあるものについてはそれに従った。たとえば、「M＆A」は「えむあんどえい」、「NISA」は「にいさ」として扱った。
③巻末に、全用語を50音順に配列した索引を設けている。
④用語の内容は、原則として、2021年１月末現在の情報に基づいて編集されている。
⑤東日本大震災および新型コロナウイルス感染症対応に係る各種制度については、特に記載のない限り、表記等には反映せずに解説している。

第１章 ＦＰ概論

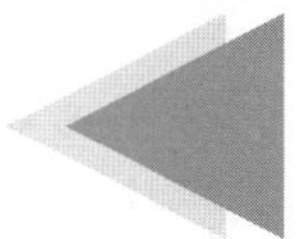

第１節　ＦＰに求められるもの

アカウンタビリティ　説明責任。顧客がリスク商品に投資する際には、自己責任に基づくことが原則であるが、「自己責任は、金融機関が顧客に対して、顧客が当該契約を締結することの適否を判断するにあたり、必要不可欠な事項を説明して初めて妥当する」とされており、金融機関は説明責任を負う。また、「説明義務は単純に投資家保護のため、あるいは投資家の金融機関に対する信頼保護のために課されているのではなく、投資家が適切な情報に基づいて意志決定をするために課されている」と理解されている。

インフォームド・コンセント　医師が患者に病状・治療方針を十分に説明し、患者が納得・同意してから治療を進めるという診療原則。顧客の本質を見抜き、適合性を判断し、十分説明し、本当に理解されたかどうか確認しなければならないことから、ＦＰにも求められている。

コミッション　ＦＰがプランの実行援助を行うことによって、金融機関などから得る収入。具体的には、商品の販売・仲介・紹介手数料など。

コンプライアンス　一般的に「法令やルールの遵守」という意味で使われる。近年、上場会社や役職員によるインサイダー取引や有価証券報告書の虚偽記載などの重大な法令違反が多発していることから、コンプライアンスの徹底が強化されている。

自己責任の原則　「投資家は資産運用にあたって運用の成果を自己の責任において行う必要がある」という経済原則。

投資家保護　投資家は、悪質な営業活動や、詐欺、不適切な売買勧誘、アドバイスによって不利益を被ることから一定の保護を受ける権利を有することをいう。

ファイナンシャル・プランナー　通称「ＦＰ」。その定義は、①顧客の収入や負債などに関するあらゆるデータを集め、②顧客の目標や希望を把握し、③必要に応じて他の専門家の協力を得ながら、④貯蓄計画、保険、投資対策、税金対策、相続などの包括的なライフプランを立案し、⑤それを実行援助する専門家。

フィー　ＦＰが顧客の相談を受けたり、プランを作成したりして顧客から直接受ける収入。

フィデューシャリー・デューティー　日本語では「受託者責任」。金融機関においては、顧客の利益を最大限にすることを目標とし、顧客の利益に反する行為は行わない「顧客本位の業務運営」を指す語として用いられる。

第2節　ＦＰを取り巻く環境

M & A（Mergers and Acquisitions）
直訳すると「合併・買収」という意味だが、企業の合併や買収だけでなく、事業譲渡や資本業務提携を含めた企業間提携の総称として使われる。代表的な手法に、①株式譲渡（保有株式を譲渡し、会社の経営権を譲り渡す）、②事業譲渡（売り手企業の事業の全部または一部を、買い手に譲渡する）③合併（複数の会社を１つの会社に統合する。合併には１社のみを存続させ、その他の会社を存続会社に吸収させる「吸収合併」と、新設した会社にすべての企業を統合する「新設合併」がある。）④第三者割当増資（売り手の企業が新株を発行し、引き受けてもらう）などがある。

エンジェル　起業家に資金を提供する個人投資家。起業家が事業を始める場合、新規設立の段階ではベンチャーキャピタルからの資金調達も容易ではないため、多くは、自己資金、知人友人、そしてエンジェルと呼ばれる個人投資家に依存している。

確定拠出年金　従来の企業年金制度に代わるものとして、2001年10月から確定拠出年金法に基づき施行された年金制度。積立金の額は一定でも、将来受け取る年金額が、その時の運用実績に応じて変動する。そして、その運用リスクは基本的に年金加入者が負担する。投資信託での運用がベースで、年金加入者が自ら運用商品を選択し、自分の年金を運用する。従来の企業年金制度は「確定給付型」といって、将来、受け取ることのできる年金額は、ある一定の利回り（予定利率）で運用されることを前提に計算されていた。

金融サービス提供法　2020年６月５日、金融商品販売法を一部改正する「金融サービスの利用者の利便の向上及び保護を図るための金融商品の販売等に関する法律等の一部を改正する法律」が成立し、同月12日に公布された。同法により「金融商品の販売等に関する法律」は「金融サービスの提供に関する法律」（略称：金融サービス提供法）に改正・改称されることとなる（施行は、公布の日より１年６カ月以内とされている）。現時点（2021年１月）では、銀行・証券・保険各分野の金融サービス（金融商品）の仲介業は、各分野の規制法（銀行法、金融商品取引法、保険業法等）により規制されているが、金融サービス提供法により新たに創設される「金融サービス仲介業」では、１つの登録を受けることによりすべての分野の金融サービスをワンストップで仲介することが可能となる。本改正の影響は、既存の仲介業者、金融機関だけでなく、フィンテック企業など新規参入を見据える事業者にとっても大きいものであると考えられている。

金融商品仲介業　証券会社等の委託を受けて、その証券会社等のために①有価証券の売買等の媒介、②有価証券の募集もしくは売出しの取扱いを行う営業をいう。元来、証券仲介は有価証券の売買等とともに証券会社しか扱うことができなかったが、金融庁が発表した「証券市場の改革促進プログラム」を契機として、2004年4月1日から施行された「証券取引法等の一部を改正する法律」により、新たな証券業種として創設され、個人、法人を問わず（銀行等の金融機関は同年12月から）、内閣総理大臣の登録を受けてこの業務を営むことができることになった。なお、金融商品取引法の施行に伴い、「証券仲介業」から「金融商品仲介業」へと名称変更されている。

金融商品取引法　金融商品取引を横断的に規制し、金融商品取引を公正にすることなどを目的に2007年9月30日に施行された法律。旧証券取引法やその他の法律を整理・統合する形で制定された。金融商品取引法の施行により、金融先物取引法、外国証券業者に関する法律、投資顧問業法、抵当証券業の規制等に関する法律は同法に統合され廃止されている。企業内容開示制度（ディスクロージャー）や広告規制が強化され、契約締結前交付書面などの書面交付義務を新たに盛り込んだ。また、投資家をプロ（特定投資家）とアマ（一般投資家）に区分し、規制の柔軟化が図られている。

金融商品販売法　「金融商品の販売等に関する法律」の略称。各種金融商品を販売するに際して、その取扱業者に課せられた販売ルール。金融商品販売法は、①予見性の高いルール構築、②不法行為の特則としての損害賠償規定創設、③勧誘の適正の確保、を3本柱としている。基本的には、金融商品を販売する際の販売責任を明確にしたものである。この法律によって、金融機関が消費者に金融商品を販売する際、たとえば販売対象となる金融商品に元本割れのリスクがある場合は「元本割れのおそれがある」ことを説明するとともに、元本割れの要素について説明する義務を負うことが明文化された。そして、この法律が定めるところの説明義務とは、たとえば個人のように、販売する側との情報格差が大きい顧客を相手にする場合、当然守られるべき義務であり、義務違反があれば、販売金融機関は損害賠償の責任を負うことになる。なお、2007年9月金融商品取引法の施行に伴い、金融商品販売法も「金融商品販売業者に対する説明義務の範囲の拡大」「適合性の原則の導入」「断定的判断の提供の禁止」といった規制が拡充された。

受託者責任　ここでの受託者とは、年金・投資信託の運営や資産の運用に携わる者をいう。受託者は、受益者から信任を得て、信託財産の運用に対する裁量権を委ねられている。このため受託者は受益者のために託された業務を遂行すべき義務があり、これを受託者責任という。受託者責任は、主に忠実義務と善管注意義務（善良な管理者としての注意義務）が中心となる。忠実義務は、利益が相反する立場に立つことなく、受益者の利益のためにのみ職務を遂行しなければならないとする義務のことである。善管注意義務は、ある地位や職責にある者がその地位や職責にふさわしい知識に基づいて払うべきと期待される注意義務をいう。

少子・高齢社会　若年者が少なく、高齢者が多い人口構成になった社会。先進国に共通して見られる現象だが、日本は世界でも抜きん出ている。その代表的指標の１つが合計特殊出生率で、これは女性が出生可能期間（15～49歳）のうちに生む子どもの数のことである。1947年には4.54人であったものが、2005年には過去最低の1.26となった。近時では、2016年に1.44まで上昇していたが、2017年は1.43、2018年は1.42、2019年は1.36と下降している。

消費者契約法　2001年４月から施行された法律であり、製造物責任法とともに消費者保護立法として重要な意義を有する。消費者と事業者との間に存在する情報と交渉力の格差に着目し、契約の締結過程において消費者に誤認や困惑があった場合には、消費者が契約を取り消すことを可能とし、また、契約中に消費者の利益を一方的に害する条項がある場合には、当該条項を無効としている。

ストック・オプション　従業員に対して将来特定の価格で自社の株式を企業から取得する権利を付与すること。新株予約権。米国では経営者報酬制度の１つとして1990年代から幅広く普及してきた。ストック・オプション制度の大きな政策目的は、①取締役・従業員に対してインセンティブを与えられること、②中小企業に対して人材確保の手段を与えること、③役員と従業員の利害が一致するためコーポレート・ガバナンス上望ましいことである。デメリットとしては、オプションの行使によって多額の報酬を手にした人材が流出する危険性や株式の希薄化による既存株主の経済的損失の可能性などがある。

成年後見制度　成年後見制度は、法定後見制度と任意後見制度とに大別できる。法定後見制度は、「後見」「保佐」「補助」の３つに分かれており、判断能力の程度など本人の事情に応じて制度を選べるようになっている。法定後見制度においては、家庭裁判所によって選ばれた成年後見人等（成年後見人・保佐人・補助人）が、本人を代理して契約などの法律行為をしたり、本人が自分で法律行為をするときに同意を与えたり、本人が同意を得ないでした不利益な法律行為を後から取り消したりすることによって、本人を保護・支援する。他方、任意後見制度は、本人が十分な判断能力があるうちに、将来、判断能力が不十分な状態になった場合に備えて、あらかじめ自らが選んだ代理人（任意後見人）に、自分の生活、療養看護や財産管理に関する事務について代理権を与える契約（任意後見契約）を公証人の作成する公正証書で結んでおくというものである。

成年年齢の引き下げ　民法改正により、2022年4月1日、日本における成年年齢は20歳から18歳へ引き下げられる。同時に、女性の婚姻開始年齢は16歳から18歳に引き上げられる（2022年4月1日時点で既に16歳以上の女性は、引き続き18歳未満でも婚姻可能）。ただし、酒・たばこ・公営競技（競馬、競輪等）の年齢制限は、2022年4月1日以降も20歳のまま維持される。

投資教育　特に確定拠出年金を運営するための加入者向け投資教育を指すこともある。確定拠出年金の加入者教育としてのプログラムには、少なくとも、①確定拠出年金制度等の具体的な内容、②金融商品の仕組みと特徴、③資産の運用の基礎知識、④確定拠出年金を含めた老後の生活設計の要素が必要になる。

プライベート・バンキング　主に資産家、富裕層を対象に、さまざまな金融サービスをそれぞれの顧客のニーズに合うようにオーダーメイド型で提供する業務の総称。その内容は、一般的な銀行業務である預金、貸付、為替決済ばかりでなくトータルな資産管理、国内外の債券・株式・投信を含めたあらゆる金融商品を駆使した最新資産運用手法の提供、ポートフォリオ管理などである。

ベンチャービジネス　通常、①大企業経営から独立していること、②技術やノウハウになんらかの新規性があること、③事業開始後さほど年月を経ていないことの3要件を満たす事業を指す。最近では、大企業によるコーポレート・ベンチャーも盛んになっているが、1つの事業部門に過ぎない場合はベンチャーには含めずに考える。

マイナンバー　マイナンバー（個人番号）とは「社会保障・税番号制度」のことで、日本に居住し、住民登録をしている国民や外国人すべてに割り当てられる12桁の番号。2013年5月24日にマイナンバー法（行政手続における特定の個人を識別するための番号の利用等に関する法律）が成立した。2015年10月から住民票の住所にマイナンバーを案内する通知カード（紙製のカード）が郵送され、2016年1月よりマイナンバー制度が開始された。順次、社会保障（雇用保険被保険者資格取得届等：2016年1月1日以降提出分から）、税（所得税、個人住民税等：2016年1月1日の属する年分以降の申告書から）、災害対策の行政手続でマイナンバーが必要となっており、将来的には、預貯金口座へのマイナンバーの付番や医療等分野における利用範囲の拡充等が検討されている。なお、本人の申請によって交付されるICカードは「マイナンバーカード」と呼ばれ、本人確認の際の公的な身分証明書として利用したり、さまざまな行政サービスを受けたりすることができる。

401(k)プラン　米国で1980年代から普及した確定拠出型の企業年金制度の代表。この制度は、一定条件を満たすことで内国歳入法（Internal Revenue Code）401条k項が適用され、課税上の優遇措置を受けられる。401(k)プランという名前はこの適用法令に由来する。

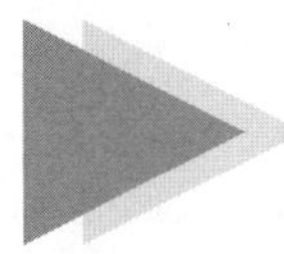

第２章 ライフプランニング

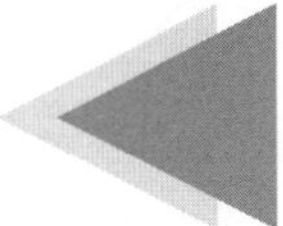

第１節　ライフプランニング

アド・オン方式　ローンの返済方法の１つ。元金に対して貸付期間と所定の年利率を掛けて利息を計算し、元金と利息を合わせた返済総額を返済回数で割った金額を毎回の返済額とする方式。実質金利が高くなるため、割賦販売法により実質金利表示が義務付けられている。

家計支出　「年間総支出額＝可処分所得－年間貯蓄額」で求めることができるが、家計の中味を明らかにするためには、「年間総支出額＝基本生活費＋住居費＋教育費＋保険料＋その他の支出＋一時的支出」と支出を項目別に６分類して把握することが有効である。基本生活費は、食費や公共料金など。住居費は、家賃または住宅ローン返済額、管理費、固定資産税など。教育費は、学校教育費や家庭教育費（塾、家庭教師）など。保険料は、生命保険料、損害保険料、共済掛金など。その他の支出は、交際費、耐久消費財の購入、レジャー関連費用、資金使途不明金など。一時的支出は、マイカー購入資金などの毎年はかからない支出。

可処分所得　年収（税込み年収）から、所得税・住民税と社会保険料を差し引いて手元に残る金額のこと（≒手取り収入）。

元金均等返済　ローンの返済方法の１つ。毎回の元金部分の返済額を一定にする方式。返済額は初回が最も多く、返済が進むにつれて利息部分の返済額が減っていく。

元利均等返済　ローンの返済方法の１つ。毎回の返済額（元利合計額）が同じになる返済方法。返済当初は利息の支払に充当する額が多く、返済が進むに従って元金の支払の割合が多くなる。利息を含めた総返済額を元金均等返済と比較すると、返済期間や金利などの条件が同じである場合、一般に、元利均等返済のほうが多くなる。

キャッシュフロー表　年間の家計収支（収入と支出）とその結果増減する貯蓄残高を、将来に向けて１年ごとに予想して表にまとめたもの。この表で、１年ごとに家族全員の年齢、ライフイベント、収入、支出、年間収支、貯蓄残高の推移をシミュレーションし、この表からライフプラン上の問題点を発見・分析し、対策を検討する。→ライフイベント表

現価係数　利率と運用期間、元利合計金額がわかっていて、その元利合計金額を達成するにはいくらの元本が必要なのかを把握

するために用いられる係数。たとえば住宅購入のための頭金や結婚費用といった具体的な目標金額を達成する際に利用する。

減債基金係数　一定の利率で一定の期間積立てを行い、ある金額に達するためには、毎回いくらずつ積み立てていけばよいのかを把握するために用いられる係数。たとえば10年後に住宅購入の頭金として1000万円を貯めるには、現在の利率で運用するとして、毎回いくらずつ積み立てていけばよいのか、という場合に用いられる。

財形持家融資　財形貯蓄をしている者を対象とした住宅ローン。この融資を利用する場合には、勤務先を通じて財形貯蓄を１年以上継続し、かつ貯蓄残高が50万円以上等の一定の要件を満たすことが必要になる。この融資の限度額は、貯蓄残高によって異なるが、貯蓄残高の10倍、最高4000万円までである。

自助努力　他に頼らず自力で解決しようと努めること。少子・高齢社会の急速な進展等の社会的経済的変化のなかで、公的年金制度は、2000年年金改正において、年金給付の５％削減（適正化）、年金支給開始年齢の引上げ（段階ごとに65歳に）、賃金スライドの廃止など、給付水準の抑制を方向づけた。また、企業年金（厚生年金基金、税制適格年金、自社年金など）も運営危機が表面化し、給付水準の引下げや解散が増加している。今まで、会社や国にほとんど頼ってもなんとか生活できていた時代は老後の心配もそれ程表面化しなかった。しかし、現在、公的年金や企業年金（退職金も含む）の見通しが不透明で、現役世代は老後の生活に対して不安を抱く人が増えている。したがって、今後、現役世代は、もはや老後の生活資金を公的年金だけに頼ることはできなくなり、その不足分をまさに自助努力により準備することが求められている。→シルバープラン（リタイアメントプラン）、→自己責任の原則、→確定拠出年金

資本回収係数　まとまった資金を一括で預けて運用しながら、定期的に一定金額ずつ取り崩していき、一定期間後に残高がゼロになるためには、毎回どれだけの金額を取り崩していけばよいのかを把握するのに用いられる係数。つまり、あらかじめ投下した資本を、一定の利回りで運用しながら、一定の期間内に投下した先から回収していくためには、毎回どれだけの資本を回収すればよいのか、という意味である。元利均等返済のローンの返済額もこの係数で求めることができる。

社会保険料　社会保険の加入者が支払う保険料。健康保険（健康保険、国民健康保険、後期高齢者医療保険制度等）、年金保険（国民年金、国民年金基金、農業者年金、厚生年金等）、介護保険、雇用保険、労災保険などの公的保険の保険料を指す。

終価係数　利率と運用期間がわかっていて、一定の元本を何％で何年間運用したときに、満期時に受け取ることのできる元利合計金額がいくらになるのかを把握するために用いられる係数。一般に係数表の数値は、１

年複利で運用された場合のものが掲載されている。

住宅金融支援機構　2007年4月に住宅金融支援機構法に基づいて発足した独立行政法人。旧住宅金融公庫の権利・義務を引き継ぎ、証券化支援業務（フラット35・50）等により民間金融機関を支援し、全国で顧客のライフプランにあった住宅ローンが安定的かつ効率的に供給されることを使命としている。

シルバーステージ　一般的には退職後から人生の終焉を迎えるまでの時期。どのくらいの期間があるかは、簡易生命表等が利用される。ライフプランニングでは、この期間をさらに、退職前後、退職後終焉まで、終焉の3つの時期に分け、それぞれの対策・計画を練る考え方がある。

税込年収　税金や社会保険料も含めた表面的な収入。いわゆる額面金額のこと。勤務先から給与として支給されるものの総額。

担保　債務不履行に備えて債権者に提供され、債権の弁済を確保する手段になるもの。たとえば、ローンの返済が不可能になってしまう場合に備えて、銀行などの貸手に差し入れる。抵当権、質権、先取特権等の物的担保と、保証人の人的担保に分けられる。

年金現価係数　たとえば年金生活を送っていく者などが、毎回定期的に受け取る金額をあらかじめ設定しておき、それを可能にするためにはどれだけの元本が必要になるのかを把握するのに用いられる係数。これを応用すると、毎回の返済可能額から、この係数を利用することによって、借入れ限度額を把握できる。

年金終価係数　利率、期間がわかっていて、毎回一定金額の積立てを行った時に、最終的にどれだけの合計金額になるのかを把握するために用いられる係数。積み立てた資金の運用については、一般的に1年複利での計算になる。

非課税貯蓄制度　預貯金や国債等の利子は、原則として復興特別所得税を含め20.315％の源泉分離課税の対象となるが、条件を満たす個人の一定金額以下の少額貯蓄、少額公債、郵便貯金、勤労者の財形貯蓄・財形年金等に発生する利子を非課税扱いにする制度。2002年度の税制改正により老人等（年齢65歳以上の人、寡婦等の人、障害者の人等）の非課税貯蓄制度から障害者等の非課税貯蓄制度に改められることが決まった。2003年1月以後に65歳以上になった人は、非課税貯蓄制度の新たな預貯金の非課税枠（マル優等）が認められない。2006年1月から対象となる非課税貯蓄制度の障害者等とは、①遺族年金を受けている人、②寡婦年金・母子年金を受けている人、③育児扶養手当を受けている児童の母親、④障害年金を受けている人で、マル優枠350万円、特別マル優枠350万円の合計700万円の非課税枠がある。ゆうちょ銀行発足に伴い、郵便貯金枠350万円は、2007年9月で廃止され、2007年10月以降の新たな預け入れは認められない。

ライフイベント　結婚、出産、進学、住宅取得、転職、独立、定年、子供の結婚資金など顧客自身（自分自身）とその家族に今後発生する大きな出来事をいい、まとまった資金が必要になる。進学、住宅取得などある程度予測可能な出来事や、災害、病気、事故などの予測不可能な出来事もあり、あらゆるライフイベントに対して可能な限りの準備が必要である。

ライフイベント表　家族全員の将来に向けてのライフイベント（結婚、出産、教育、住宅取得、転職、退職など）を時系列で一覧表にしたもの。この表の作成目的は、顧客自身（自分自身）とその家族のライフプラン（生涯の生活設計）を明確にすることにある。いつ、だれに、どのようなライフイベントがあり、どれだけの資金が必要になるのか、それをこの表により認識することが大切である。顧客自身からの情報収集により、将来のライフイベントの方向を聴き、統計資料を参照しながら、可処分所得や家計支出などを具体的な数値にし、キャッシュフロー表作成につなげる。→ライフイベント、ライフプラン、家計支出

ライフステージ　年代別のライフイベントをいう。大まかに、①独身期（20歳代前半～）、②家族形成期（20歳代後半～30歳代前半）、③家族成長期（30歳代後半～40歳代前半）、④家族成熟期（40歳代後半～50歳代）、⑤定年退職期（60歳前後～）、の年代別に分けられる。各ライフステージの特徴や課題を類型化し、各ライフステージでどのようなライフイベントが発生し、どの程度お金がかかるのかを思慮すれば、ライフプランを漠然としたものから現実的なものとして意識せざるを得ない。ただし、実際には、人はそれぞれの価値観や目的が違うため、ライフステージの内容は画一的ではない。したがって、自分自身（の家族）だけのためのライフプラン作りが必要である。→ライフイベント表

ライフデザイン　人はそれぞれ自分の価値観に基づく生き方、人生の目的を持っている。この価値観や目的をいう。

ライフプラン　生涯の生活設計。ライフプランは、次の３つの領域から構成されている。①夢や生きがい（仕事・家族・趣味）を中心とした精神面、②それを支える基盤としての、資金・リスク対策などの経済面、③肉体的・精神的健康などの健康面の領域である。

ライフプランニング　ライフデザインに応じた本人と家族の生活設計、つまり生涯の生活設計を立てること。ライフステージごとに個別にプランニングすることができる。教育資金設計、住宅資金設計等が典型的な例。

リボルビング返済　クレジットカードなどで利用の多い返済方式。一定の利用限度額を設定し、利用限度額の範囲内で、あらかじめ設定した金額に分割して返済する。一定率あるいは一定額の返済さえすれば継続的にローンを利用できるのが特徴。

ローン　借金を、月々あるいは年間で返済していくシステム。住宅取得目的の住宅ローンは、最も代表的なローンの１つ。

第２節　年金とシルバープラン

育児休業期間中の保険料免除　育児休業中の厚生年金保険料が被保険者負担分・事業主負担分ともに免除される制度。対象となる被保険者が使用される事業所の事業主が、厚生労働大臣にその旨を申し出ると、申出をした日の属する月から育児休業が終了する日の翌日が属する月の前月までの期間に係る保険料が免除される。従来ここでいう育児休業は、育児・介護休業法に定める育児休業とされ、子が１歳に達するまでの期間につき保険料免除の対象となっていたが、2005(平成17)年４月から､育児･介護休業法に定める育児休業に準ずる休業も含まれることとなり、子が３歳に達するまでの期間、保険料が免除されることとなった。

育児休業に係る標準報酬月額のみなし措置　育児・介護休業法に定める勤務時間の短縮等の措置（これに準ずる勤務時間の短縮等の措置も含む）をとり、賃金の低下が生じた場合には、厚生年金保険料については低下した賃金に応じて徴収するが、給付額算定の基礎となる標準報酬月額に関しては、子が生まれる前の標準報酬月額を用いる制度。2005（平成17）年４月から新たに導入された。育児・介護休業法に定める勤務時間の短縮等の措置は、子が３歳に達するまでとなったことに伴い、この標準報酬月額の見なし措置は、子が３歳に達するまで適用される。なお、この措置は日本年金機構に申出書を提出することによって行われる。

遺族基礎年金　死亡した国民年金の被保険者の子、または子のいる配偶者に支給される遺族年金。遺族基礎年金は、①国民年金の被保険者、②国民年金の被保険者であった者で日本国内に住所を有する60歳～65歳未満の者、③老齢基礎年金の受給権者または受給資格期間を満たしている者のいずれかが死亡した場合に支給される。年金額は、保険料納付期間の長短にかかわらず一律の金額であり、年金法上の子の数により加算がある。

遺族厚生年金　厚生年金保険から支給される死亡を事由とする年金。遺族の範囲は、子または子のある配偶者を遺族の範囲としている遺族基礎年金より広く、配偶者・子・父母・孫・祖父母に及ぶが、妻以外の者には一定の条件がある。また、被保険者または被保険者であった者の死亡についても一定の要件に該当することが必要なため、受給資格の判定には注意が必要。遺族厚生年金の金額は、死亡した被保険者の報酬比例の年金の４分の３である。なお、夫の死亡時に30歳未満で子のない妻への給付は５年間の有期年金となる。

恩給制度　わが国で最も古い年金制度で、1875（明治８）年に始まった。恩給は、軍人や官吏の忠実な勤務に対する恩賞制度であり、加入者が保険料を負担する現在の年金制度とは異なる。この制度は、戦後共済組合に統合され現在に至っている。現在、恩給制度で給付を受けている者は、共済組合制度に移る前に公務員を退官した者やその遺族および旧軍人やその遺族に限定される。

海外居住者の国民年金　1986（昭和61）年の年金改正により、海外居住者に対する年金の取扱いが①在外邦人も国民年金に任意加入できる（65歳まで）、②1961（昭和36）年４月１日から1986（昭和61）年３月31日までの外国に居住していた期間は、カラ期間となる（20歳以上60歳未満の期間）こととなった。1926（大正15）年４月２日以後に生まれた者が対象となる。

加給年金額　特別支給の老齢厚生年金、老齢厚生年金、障害厚生年金等の受給権者に、一定の要件を満たす配偶者や子がいる場合、本来支給される年金に加えて支給されるのが加給年金額である。

学生納付特例制度　2000（平成12）年から導入された学生に対する保険料免除制度。対象は、大学（院）、短大、高等専門学校、専修学校、一部の各種学校の学生。学生は、1991（平成３）年４月より国民年金の強制加入者となったが、所得のない者に保険料を課すことには議論があった。そこで、学生本人の前年の所得が一定以下なら保険料の納付を必要としないことにしたもの。期間中、障害や死亡に対する年金は保障されるが、将来の老齢給付額の計算からは省かれる（受給資格期間には算入される）。保険料は10年以内なら追納が可能で、追納すれば、老齢年金にも反映される。適用を受けるには、市区町村へ届け出なければならない。

確定給付型年金　「給付建制度」ともいう。退職後に受給する年金額が、報酬や勤続年数によりあらかじめ確定していて、それを賄うのに必要な拠出金が年金数理計算に基づいて積み立てられるか、賦課されるかする年金。現在のわが国における公的年金および厚生年金基金等の企業年金は、この確定給付型年金である。この場合、資金は合同運用されるため、個人の持分といった考え方はない。また、年金数理計算ではあらかじめ予定運用利回りを想定するが、実際の運用が予想を下回り、積立額に不足が生じた場合は企業が不足額を補てんしなければならず、給付のリスクは企業が担うことになる。現在の低金利の状況のなかで、企業の負担増を招く要因になっている。

確定拠出年金　「掛金建制度」ともいう。個人や企業が拠出した金額とその運用収益に基づいて将来の給付額が決定される年金。確定給付型年金に対し、こちらは掛金額をあらかじめ確定しておき、積み立てた掛金の運用益によって将来の給付額が変動する仕組みになっている。資産の運用は、個人別勘定で管理して、従業員が自ら運用先を指図する。したがって、給付額の変動リスクは従業員が負う。たとえ運用に失敗しても企業が不足金の負担をすることはなく、受給者の自己責任が求められる。資金運用のリスク負担の点で、企業が負う確定給付型年金に対し、従業員が負う点が大きな相違点である。わが国の企業年金に確定拠出型年金は導入されていなかったが、米国の確定拠出型年金である401(k)プランをモデルに確定拠出年金法が成立し、2001（平成13）年10月に施行された。

確定拠出年金（企業型）　企業は、労使合意に基づいて確定拠出型年金規約を定め、厚生労働大臣の承認を受ける。企業型年金では、規約で定めれば、企業のみが拠出するだけでなく企業が拠出した額の範囲内、かつ企業と加入者の拠出合計額が掛金限度額の範囲内で、加入者が企業拠出分に上乗せして拠出できる。税制上の扱いは、企業の拠出した掛金は全額損金扱いとなる。運用段階では、運用商品の利息・配当等は非課税。本来は年金資産に特別法人税が課税されるが、2023（令和5）年3月31日までは凍結されている。給付段階では、公的年金等の控除が適用され、一時金で受け取る場合は退職所得扱いになる。資産残高は、加入者ごとに記録管理され、転職や離職した場合は、転職先の企業型確定拠出年金や個人型確定拠出年金に移すことができる。

確定拠出年金（個人型）　愛称 iDeCo（イデコ）。もともとは自営業者等のための制度として設けられ、企業の従業員の場合は、他の企業年金の制度がなく、確定拠出年金・企業型も導入されない企業の従業員なら加入できる、という制度であったが、2017（平成29）年1月からは専業主婦や公務員も加入できるようになり、20歳以上60歳未満の個人が任意で加入できる制度に改正された。掛金は加入者個人が拠出し、自営業者等は自分で払い込み、企業の従業員の場合は、原則として企業が給与から天引きし、国民年金基金連合会に払い込む。税制上の扱いは、拠出段階では加入者は所得控除、運用段階では運用商品の利息・配当等は非課税、給付段階では公的年金等の控除が適用され、一時金で受け取る場合は退職所得扱いになる。

合算対象期間　老齢基礎年金の受給資格期間としては算入されるが、年金額を計算する場合には算入されない期間。「カラ期間」ともいう。1986（昭和61）年4月1日前の旧年金制度の任意加入期間のうちで、国民年金に加入しなかった期間などが法律で定められている。任意加入しなかった専業主婦の場合が代表的な例。

加入員　厚生年金保険では、被保険者と呼称されるが、厚生年金基金の場合は、これと区別し、加入員という呼称が使われる。

加入員期間　厚生年金保険では、被保険者期間と呼称されるが、厚生年金基金の場合は、これと区別し、加入員期間という呼称が使われる。

加入可能年数　国民年金は本来20歳から60歳までの40年間、保険料を納付すると、満額の老齢基礎年金を受給できる制度である。しかし、国民年金が発足した1961（昭和36）年当時、既に20歳を超えていた者

（1941（昭和16）年４月１日以前に生まれた者）は、40年間保険料を満額納付することが不可能である。そこで、そのような者は、国民年金発足時の年齢からの加入可能年数（1961（昭和36）年４月から60歳になるまでの年数）を定め、その年数（年数×12カ月）分保険料を納めれば、満額の老齢基礎年金の受給権を得ることができる。

寡婦年金　第１号被保険者の夫が老齢基礎年金を受給しないまま死亡したとき、その妻に対して60歳から65歳に達するまでの間に支給される年金。夫の要件として、老齢基礎年金の受給資格期間を満たしていること、妻の要件として、その夫に生計を維持されていて、婚姻期間が10年以上（内縁期間含む）であることなどがある。妻が65歳になるなど一定の場合に寡婦年金の受給権は消滅する。年金額は、死亡月の前月までの夫の第１号被保険者としての被保険者期間に係る死亡日の前日における保険料納付済期間と保険料免除期間により計算した老齢基礎年金の額の４分の３に相当する額になる。

企業年金　公的年金を補完するものとして、企業が退職金等の支給のために積み上げたものを一時金ではなく、年金形式でも受け取れるようにしたものである。厚生年金基金や自社年金もあるが、最近では、確定拠出年金、確定給付年金が主流となっている。

基準障害　障害等級１・２級に当てはまらない程度の障害をもつ者が、その後被保険者期間中に他の病気やケガをして（基準傷病）、基準傷病の障害認定日以後65歳に達する日の前日までに、基準傷病による障害（基準障害）と他の障害（前からもっていた障害）とを併合して初めて障害等級１、２級の障害の状態に当てはまった場合、障害基礎年金・障害厚生年金が支給される。この場合の新たに発した病気やケガに起因する障害を基準障害という。

基礎年金　1986（昭和61）年４月から、日本に住所があるすべての者の共通の年金として施行されたもので、老齢基礎年金、障害基礎年金、遺族基礎年金がある。基礎年金は国民年金の給付であり、基礎年金の給付に要する費用は、保険料、国庫負担、他の年金制度からの基礎年金拠出金により賄われている。

基礎年金の国庫負担割合　わが国の公的年金は、社会保険方式で運営されている。公的年金制度の加入者はそれぞれ保険料を拠出し、それに応じて年金給付を受ける。年金の財源としては保険料が中心だが、その他積立金の運用収入および国庫負担がある。基礎年金の国庫負担割合は従来、給付に必要な費用の３分の１であったが、年金財政を安定させるために、2004（平成16）年の年金制度改正において、引上げの道筋が決まり、2009（平成21）年４月から２分の１へ引き上げられた。財源には年金課税の見直しによる増額分や、定率減税の廃止分などを、順次基礎年金の国庫負担に充当する計画となっている。

基礎年金番号　すべての公的年金について、

被保険者が統一的に所持するその人だけの共通番号。従来は、年金制度ごとに番号があったため数々の問題も発生していたが、1997（平成9）年の基礎年金番号の導入によりすべての公的年金が統一的に把握できることとなった。被保険者のときの年金手帳も、受給者となった後の年金証書の番号も同じである。

基本月額　在職老齢年金の年金額計算で使用され、老齢厚生年金（加給年金額を除く）を12で除したもの。この基本月額と総報酬月額相当額の合算額によって、支給停止額が決定される。

給付水準設計（厚生年金保険）　厚生年金保険の給付水準設計は、妻が専業主婦であることを前提とし、夫婦の基礎年金プラス夫の厚生年金保険で老後を保障する世帯単位の設計になっている。これに対し、①専業主婦が保険料を負担しないのは働く女性と比べて不公平、②離婚時の女性の年金額が低額であるなどの意見が、個人単位の設計の要求とともにあがっている。

給付水準の5％適正化　給付と負担の均衡を保つために行われた、2000（平成12）年の年金制度改正の柱の1つ。報酬比例部分の年金額の計算にあたって、給付乗率を機械的に5％低下させる形で行われた。すなわち、従来の計算式は「平均標準報酬月額×7.5/1000（給付乗率）×被保険者月数×物価スライド率」だったが、この給付乗率1000分の7.5が1000分の7.125に低減された。ただし、2000（平成12）年改正により計算した額が、改正前の算定方式（物価スライドを含む）による年金額を下回る場合は、改正前のものを適用するという経過措置がある。なお、2003（平成15）年4月に総報酬制が導入されたことに伴い、導入以後の被保険者期間についての給付乗率はそれぞれ1000分の5.769、1000分の5.481を用いる。

給付水準変更の弾力化（厚生年金基金）　赤字の厚生年金基金が増えているが、原因は、運用利回りの低下とされる。そうした状況に照らして、1997（平成9）年度から給付水準変更の弾力化の措置がとられた。労使の合意があれば、給付水準の引下げも認められ、また従来一律5.5％に規制されてきた予定利率も基金が合理的に設定できる。

旧令共済組合　1945（昭和20）年8月の終戦をもって、旧陸軍や旧海軍で働いていた者が加入していた共済組合、朝鮮や台湾の鉄道事業や郵政事業の職域の共済組合等が解散した。これらの解散した共済組合のことを旧令共済組合という。このうち、戦後に1年以上厚生年金保険の被保険者になった者には、1942（昭和17）年6月から1945（昭和20）年8月までの3年3カ月が、厚生年金保険の被保険者であった期間とみなされる。

共済組合　共済組合は公務員型、民間型の2種類がある。前者には国家公務員共済組合連合会と地方公務員共済組合連合会があり、後者には日本私立学校振興・共済事業団がある。年金給付（長期給付）と医療給付（短期給付）を行っていたが、年金給付は2015（平成27）年10月より厚生年金に統合された。

共済年金　共済組合から支給される年金。主として公務員の年金制度で、同じ被用者の年金である厚生年金保険に類似の制度。厚生年金保険との大きな違いは、職域加算という加算部分があることである。2015（平成27）年10月より、厚生年金に統合され、職域加算部分は廃止され「年金払い退職給付」が創設された。

繰上げ支給　老齢基礎年金は、65歳からの支給が原則として定められているが、その支給開始年齢を待たず、60歳から64歳の間で繰上げ支給の申請を認めている。ただし、65歳での支給額に比べ支給率を逓減させている。1941（昭和16）年4月1日以前に生まれた者の減額率は60歳受給の場合で42%だったが、1941（昭和16）年4月2日以降生まれの者は30%、1962（昭和37）年4月2日以降生まれの者は24%となる。なお、年金を受け取り始めた時の年金の支給率は一生変わらない。

繰下げ支給　繰上げ支給とは逆に、定められた支給開始年齢では受給しないで、より高い年齢から老齢年金を受給すること。老齢年金の支給要件を満たしている者で請求していなかった者は、66歳に達する前に申し出れば、66歳以降申し出た月以後の希望する年齢から支給を受けることができる。1年（66歳）から5年（70歳）まで（2022年4月1日以降に70歳に到達する者は10年（75歳）まで）繰り下げられ、その期間に応じて受給額が割増しになる。老齢基礎年金と老齢厚生年金の両方を繰り下げ請求することも、片方だけ繰り下げ請求することもできる。繰下げの増額率は「0.7%×繰下げ月数」で計算される。

経過的加算　65歳からの老齢厚生年金に加算されるもの。60歳から支給される特別支給の老齢厚生年金は、受給権者が65歳になったとき、老齢厚生年金と老齢基礎年金に切り替わる。このうち、特別支給の老齢厚生年金の定額部分に相当する老齢基礎年金は、当面定額部分よりも低い額になる。そこで65歳以後の年金受取額の減少をカバーするため、当分の間、特別支給の老齢厚生年金の定額部分に相当する額から、その人が厚生年金保険の加入期間につき支給される老齢基礎年金の額を差し引いた額が老齢厚生年金の年金額に加算される。その加算をいう。

経過的寡婦加算　遺族厚生年金に加算される中高齢寡婦加算に代えて、65歳以後も生年月日に応じて支給する加算額のこと。40歳から64歳までの間の妻が受給する遺族厚生年金には、一定の要件を満たすと中高齢寡婦加算が加算されるが、妻が65歳になると妻自身の老齢基礎年金が受給できるようになるため、この中高齢寡婦加算はなくなる。ところが、1956（昭和31）年4月1日以前に生まれた妻は、1986（昭和61）年3月31日までは、国民年金の任意加入対象期間があり、実際は未加入期間が長く、老齢基礎年金のほうが中高齢寡婦加算よりも少ない場合が多く見受けられる。そこで、年齢に応じた経過的寡婦加算を支給して年金額の極端な減少を防止している。なお、1956（昭和31）年４月２日以後に生まれた妻には支給されない。

月額変更届　固定的な賃金が昇給・降給したり、賃金体系の変更により賃金が増加・減少し、標準報酬月額が二等級以上変動した場合は、変動した月から４カ月目に標準報酬の改定を行うことになる。これを随時改定というが、このとき提出される書類を月額変更届という。

現況届（年金受給者現況届）　年金の受給者が生存していることを確認してもらうために、誕生月ごとに年１回、年金支払者に対して提出するはがき式の届けの用紙。現況届の提出を失念すると年金給付の差止めが行われる。ただし、住民基本台帳ネットワークシステム（住基ネット）により現況確認できた場合には原則として提出不要である。

健康保険料　健康保険などの財源に充てる保険料は、2003（平成15）年４月から総報酬制が導入され、毎月の給与（正確には標準報酬月額を用いて計算）と賞与（上限は年間累計額573万円）の両方に同率の保険料率を掛けた金額を徴収している。全国健康保険協会管掌健康保険（協会けんぽ）の場合は、都道府県ごとに異なり、全国平均2020（令和２）年度10.00%、これを労使折半して負担する。一方、組合管掌健康保険の場合の保険料率は、健保組合独自で定めている。

子　年金法では、子に年齢要件がある。子とは、18歳に達する日以後の最初の３月31日までにある者または障害等級１級、２級に該当する場合は20歳未満の者で、年金の受給権者に生計を維持されており、現に婚姻していないことが前提になる。

後期高齢者医療制度　2008（平成20）年４月に創設された75歳以上（寝たきりなど一定の障害にある者は65歳以上）を対象とする医療制度。都道府県単位で創設され、全市区町村が加入する「後期高齢者医療広域連合」が運営する。被保険者は6400円程度（全国平均。具体的には、都道府県ごとに条例で設定）の保険料を負担し、病院窓口でも、原則１割（現役並み所得者の場合は３割）（2021（令和３）年１月時点）の自己負担がある。

厚生年金基金　国が運営している厚生年金保険の業務の一部（老齢厚生年金の報酬比例部分）を国に代わって運営し、プラスアルファを加算して支給する制度。あわせて企業の実施する退職金制度を取り込み、企業独自の年金給付も行っている。基金の給付には、老齢給付、死亡・障害給付、脱退一時金給付がある。老齢給付において基金が行う代行給付とは、老齢厚生年金のうち物価スライド部分と標準報酬の再評価による増額部分を除く給付のことである。厚生年金基金は企業年金の中心的な地位を占めていたが、運用環境の変化から、代行返上や解散をする基金が多い。

厚生年金特例法　年金記録漏れ問題解決のために2007（平成19）年12月19日から施行された。厚生年金保険料が給与から天引きされていたにも関わらず、事業主から保険料の納付や資格などの届出がされていなかった場合、いままでは保険料の徴収権が時効消滅となる２年を経過すると、その記録は年金に反映されなかった。厚生年金特例法により、厚生年金保険料の給与天引きがあったことが年金記録確認第三者委員会で認定されたときは、年金記録が訂正されて年金額に反映されることとなった。

厚生年金被保険者証　現在の年金手帳に相当するもので、厚生年金保険に加入すると交付されていた証書。被保険者資格を取得した日、記号番号、氏名、生年月日等が記載され、厚生年金制度の事務手続の根幹となる証書である。

厚生年金保険　労働者を対象とし、厚生年金保険制度から支給される年金の総称。厚生年金保険の被保険者は、国民年金の第２号被保険者となり、基礎年金に上乗せされる形で厚生年金保険から給付を受ける。老齢厚生年金・障害厚生年金・遺族厚生年金の３つの年金がある。なお、老齢厚生年金は本則では65歳支給だが、現在、経過的な措置として一定の生年月日の者には、60歳台前半に特別支給の老齢厚生年金が支給されている。2015（平成27）年10月から公務員等を対象とする共済制度が統合された。

厚生年金保険の被保険者　原則として、厚生年金保険の適用事業所にて雇用される70歳未満の人が対象となる。2015（平成27）年10月の被用者年金制度一元化に伴い、被保険者は、次の４つに分けられる。第１号厚生年金被保険者：民間企業に勤めている者、第２号被保険者：国家公務員等、第３号被保険者：地方公務員等、第４号被保険者：私立学校教職員共済制度の加入者。種別には、第１種被保険者、第２種被保険者、第３種被保険者、第４種被保険者、船員任意継続被保険者がある。

厚生年金保険の保険料率　2017（平成29）年９月より、18.300％となっており、標準報酬月額および標準賞与額（上限月額150万円）に乗じた額を、労使で折半して負担している。2003（平成15）年４月から総報酬制が導入され、標準報酬月額・賞与ともに同率の保険料で徴収し、賞与からの徴収も給付に反映されることになった。なお、厚生年金保険料は、国民年金保険料と同様に、年金財政を保つために、2004（平成16）年の年金制度改正で、2017（平成29）年まで毎年0.354％ずつ保険料率が上がり、18.300％に固定された。

公的介護保険　高齢化社会を迎えるなかで、介護を社会全体で支え、介護が必要な高齢者とその家族を社会的に支援する目的で2000（平成12）年４月から始まった保険制度。保険者は市区町村である。65歳以上の者を第１号被保険者、40歳以上65歳未満で医療保険に加入している者を第２号被保険者という。要介護認定を受けた者等が介護給付や予防給付などを受けることができる。

公的年金　社会保険制度として、その加入が法律で義務化されており、国が運営について責任をもつ年金制度。国民年金・厚生年金保険の2つの制度がある。

高年齢雇用継続給付　高齢者の勤務延長を支援するために1995（平成7）年4月から新設された雇用保険の給付の1つ。雇用保険に5年以上加入していて、60歳時の賃金よりも75％未満に下がった状態で雇用を継続する60歳以上65歳未満の人に対して、その下がった賃金に15％以内の一定の支給率を乗じて得た額が、給付される。なお、2003（平成15）年に支給開始要件および給付率が改正された。

高齢任意加入被保険者　70歳に達すると、原則として厚生年金保険の被保険者資格を喪失するが、保険特例措置として、老齢年金の受給資格のない者に70歳以降の被保険者資格を認めた制度。受給権を取得するまで加入できる。この場合、事業主の同意があれば保険料の事業主負担もあるが、同意がない場合は全額被保険者負担になる。

国民年金　公的年金制度の土台ともなる年金制度で、20歳から60歳までの日本に住所を有する人は、加入が義務付けられている。1961（昭和36）年4月1日に制度が発足し、1986（昭和61）年4月1日に大幅な法改正が行われ、今日の基礎年金制度になった。

国民年金基金　国民年金の第1号被保険者の老齢基礎年金に上乗せする年金制度で、1991（平成3）年4月に創設された。今日では、都道府県に1つずつの地域型国民年金基金と同種・同業の者で組織する職能型国民年金基金の2つの形態がある。加入は任意だが、第1号被保険者に限られている。ただし、保険料免除者、農業者年金基金の加入員は加入できない。また、加入員になった場合、任意に資格を喪失することはできない。掛金は原則として月額6万8000円を上限とし、全額社会保険料控除の対象になる。基金から支給される年金には公的年金等控除が適用される。なお、2019（平成31）年4月、全国47都道府県の地域型国民年金基金と22の職能型国民年金基金は「全国国民年金基金」として統合された。

国民年金保険料　保険料とは、保険制度のうえで、給付を受けるために被保険者が拠出する金銭をいう。国民年金では、加入者の収入差による格差はなく、一律の保険料を負担する。1999（平成11）年度以後は、不況対策もあって、1万3300円で凍結されていたが、年金制度を維持するために2005（平成17）年4月より、毎年280円ずつ引き上げ、2017（平成29）年4月以降は1万6900円で固定された。ただし、実際の国民年金保険料額は、名目賃金の変動に応じて毎年度改定される。

雇用二事業　雇用二事業とは、失業の予防、雇用状態の是正、雇用機会の増大、その他雇用の安定を図るために行われる雇用安定事業、被保険者等の能力を開発し向上させることを促進するために行われる能力開発事業の2つの事業をいう。

雇用保険　労働者が失業した場合などに給付を行う制度。雇用保険の被保険者が失業した場合、原則として離職の日以前１年間に被保険者期間が通算して６カ月以上あるときは、一定条件の者に対して、失業手当（基本手当）が支給される。その他、労働者が自ら職業に関する教育訓練を受けた場合には教育訓練給付等が行われる。

雇用保険料　被保険者と事業主が、被保険者の毎月の賃金額に一定の負担率を乗じた額を納める。「一般の事業」の雇用保険料率は、1000分の９となり、そのうち被保険者負担分は1000分の３、事業主負担分は1000分の６である（2020（令和２）年度）。なお、64歳以上の高年齢労働者（一般被保険者に限る）については、労使ともに保険料は免除される。ただし、任意加入による高年齢継続被保険者、短期雇用特例被保険者および日雇労働被保険者は対象から除かれる。

財形年金貯蓄　勤労者財産形成促進法（1971（昭和46）年制定）に基づいて発足した私的年金の制度。対象者は、55歳未満の勤労者で、積立期間は５年以上。受取方法は60歳以降５年以上20年以内（生命保険は終身も可）の期間、毎年一定の時期に受け取る。非課税限度額は積み立てた元本合計額が550万円以内(生損保の場合は、払込保険料累計額385万円まで)。

在職老齢年金　老齢厚生年金（特別支給の老齢厚生年金も含む）の受給者が、厚生年金保険の被保険者であるときに、年金額の一部が支給停止される制度。60歳台前半（60歳以上65歳未満）の在職老齢年金と60歳台後半（65歳以上70歳未満）の在職老齢年金に分けられ、支給停止額の計算方法が異なる。2007（平成19）年４月１日以後、70歳以上の受給者にも在職老齢年金制度が適用されることになった(保険料負担はない)。支給停止額は、60歳台後半の在職老齢年金の仕組みと同様である。60歳台前半の在職老齢年金は、特別支給の老齢厚生年金額（定額部分も含み加給年金額は除く）を12で割ったもの（基本月額）と総報酬月額相当額の合計額が28万円を上回るときは上回った額の半分の年金額を１月につき支給停止し、さらに総報酬月額相当額が47万円を上回ったときは、上回った額の年金額を１月につき支給停止する。60歳台後半の在職老齢年金の場合は、老齢厚生年金（報酬比例部分を示し加給年金額を除く）を12で割ったもの（基本月額）と総報酬月額相当額の合計額が47万円を上回るときは上回った額の２分の１の額を１月につき支給停止する。従来60歳台前半の在職老齢年金は、総報酬月額の多少にかかわらず、一律２割支給停止する措置が行われていたが、2005（平成17）年４月よりこの２割支給停止措置は廃止された。

財政再計算　年金制度を長期にわたり保つために、給付と負担のバランスなどの財政状況を調べて財政計画を定期的に見直すこと。公的年金では５年ごとに行われている。従来は、財政再計算毎に、保険料の引上げを行っていたが、2004（平成16）年の年金改正で、保険料の引上げに関しては上限を定めたうえで毎年上昇させることが決まり、財政再計算においては、おおむね100年間の収支（給付と負担）の見通しを立てることとなった。

財政指標　年金制度の財政状態を判断するための指標。①年金扶養比率（1人の老齢・退職年金受給者を何人の被保険者で支えているかを表す）②総合費用率（標準報酬総額に対する「保険料等で負担すべき支出」の割合）、③独自給付費用率（総合費用から基礎年金部分を除いたもの）、④収支比率（保険料および運用収入の合計額に対する「保険料等で負担すべき支出」の割合）、⑤積立比率（支出額の何年分の積立額を保有しているかの倍数）等がある。

裁定請求　年金は受け取る権利を有していても、自動的に支給されるわけではない。年金の支給を受けるため、その権利の有無を確認することを裁定請求という。厚生年金保険や国民年金の裁定請求先は、国（厚生労働大臣。窓口は第一号被保険者期間のみの人は市区町村。それ以外は日本年金機構の年金事務所や全国社会保険労務士連合会が運営する「街角の年金相談センター」）になる。

最低保障　公的年金の年金額を計算する場合、一定より下位のものを最低水準まで引き上げる規定がある。①被保険者期間が15年以上20年未満で特別支給の老齢厚生年金を受給する場合、定額部分を20年（240月）とする、②障害厚生年金の場合、および短期要件の遺族厚生年金の場合、被保険者期間はいずれも最低25年（300月）とするほか、3級の障害厚生年金や障害手当金にも最低保障額が定められている。

支給開始年齢　老齢基礎年金、老齢厚生年金の支給開始年齢は、原則として65歳である。老齢基礎年金は、65歳請求で100％支給されるが、支給開始時期を早めて60歳から64歳までの間で請求すると、一定の減額率が一生続くことになる。老齢厚生年金は、1961（昭和36）年4月1日以前に生まれた者（第1号厚生年金被保険者の女性は5年遅れ）には特別支給の老齢厚生年金の支給があり、60歳から64歳の間に支給開始年齢を迎える。遺族給付としての中高齢寡婦加算は40歳、経過的寡婦加算は65歳、寡婦年金は60歳が支給開始年齢になる。

支給開始年齢の引上げ（厚生年金保険の定額部分）　1994（平成6）年の年金改正で設けられた給付抑制策の1つ。60歳から受給できる特別支給の老齢厚生年金は、定額部分と報酬比例部分とで構成されているが、その定額部分の支給開始年齢を生年月日に応じて2年ごとに1歳ずつ段階的に引き上げていき、最終的に65歳支給とする内容。対象となるのは、男性が1941（昭和16）年4月2日以降生まれ、第1号厚生年金被保険者の女性が5年遅れで1946（昭和21）年4月2日以降生まれ。2001年度（1941（昭和16）年4月2日生まれが60歳を迎える年度）から実施し、2014年度（1949（昭和24）年4月2日生まれが65歳を迎える年度）以降は、完全に65歳からの支給になる（男性の場合）。なお、60歳以後なら申請により定額部分の繰上げ受給ができるが、支給額は一定率で減額される。

支給開始年齢の引上げ（厚生年金保険の報酬比例部分）　1994（平成６）年の年金制度改正では、特別支給の老齢厚生年金の定額部分の支給開始年齢が引き上げられたが、2000（平成12）年改正では、報酬比例部分についても引き上げられた。対象となるのは、男性が1953（昭和28）年４月２日以降生まれ、第１号厚生年金被保険者の女性が５年遅れで1958（昭和33）年４月２日以降生まれ。2013年度（1953（昭和28）年４月２日生まれが60歳を迎える年度）から実施し、２年ごとに１歳ずつ段階的に引き上げていき、2026年度（1961（昭和36）年４月２日生まれが65歳を迎える年度）以降は、完全に65歳からの支給になる（男性の場合）。なお、60歳以後なら申請により報酬比例部分の繰上げ受給ができるが、支給額は一定率で減額される。

支給停止　受給権は発生しているが、他の理由によって、支給が行われない場合をいう。理由が消滅すれば、請求などにより受給できる。たとえば、①障害基礎年金と遺族基礎年金の両方の受給権をもつ場合、②60歳台前半、または65歳以後に在職している場合の在職老齢年金、③障害年金の受給者が障害の程度に該当しなくなった場合などがある。

時効（年金の時効）　国民年金や厚生年金保険等は、保険料を徴収したりその還付を受ける権利は２年を経過したときに時効により消滅し、給付を受ける権利は５年間（国民年金の死亡一時金は２年間）裁定請求をしないで経過したときに時効により消滅する。ただし、いわゆる年金の記録漏れ問題解決のために成立した2007（平成19）年７月６日施行の年金時効特例法によって、年金記録の訂正による年金の増額分は、時効により消滅した分も含めて、本人または遺族に全額支払われることとなった。また、2007（平成19）年12月19日施行の厚生年金特例法により、厚生年金保険料が給与から天引きが年金記録確認第三者委員会で認定された場合には、事業主から保険料の納付や資格などの届出がされていなかった場合でも、時効にかかわらず年金が支払われることとなった。

事後重症　障害認定日において、障害等級の１、２級に当てはまらなかった者が、障害認定日の後65歳に達する日の前日までに、そのときの病気やケガが悪化して障害等級の１、２級の障害に当てはまるようになった場合、障害基礎年金を請求することができる。これを「事後重症制度」という。厚生年金保険の事後重症制度では障害等級１、２級のみでなく、３級にも適用される。

失権　年金受給の権利がなくなること。たとえば、遺族年金の受給者が、再婚した場合は失権により支給されなくなる。いったん失権した年金は再び支給されない。

私的年金　法律で強制される公的年金に対して、企業や個人が自由な意思で設計、採択を行える年金を私的年金という。私的年金は、企業が行う企業年金と個人の自由意思で加入する個人年金に分かれる。企業年金には①確定給付企業年金、②確定拠出年金等があり、個人年金には、①生命保険の個人年金保険、②損害保険の年金払損害保険、③信託銀行の個人年金信託等がある。

死亡一時金　第1号被保険者であった者で、保険料を納めた月数（4分の3納付月数は4分の3月、半額納付月数は2分の1月、4分の1納付月数は4分の1月として計算した月数）が36月以上ある者が死亡した場合に、遺族基礎年金を受給できない遺族で、死亡した者に生計を維持されていた者に支給される一時金。遺族の範囲は、（優先順に）配偶者、子、父母、孫、祖父母、兄弟姉妹である。保険料の掛捨てになるのを防止する意味がある。金額は保険料を納めた月数に応じて12万円から32万円とされている。

社会保険制度　社会保険は、国家や公共団体が保険者となる公的保険である。社会保険を広義に解すると、健康保険、厚生年金保険、労災保険、雇用保険などの職域保険と、国民健康保険、国民年金、介護保険などの地域保険に分けられる。また、実務（狭義）では、健康保険、厚生年金保険、介護保険を社会保険と呼び、雇用保険、労災保険を労働保険と呼ぶのが一般的である。

社会保険方式　年金給付などの財源を被保険者や加入者が拠出する保険料に依拠する方式。拠出と給付の関係が明確であるのが特徴とされる。

住所・支払機関変更届　年金受給権者が住所や年金の受取り先を変えるときに提出する届出書。国民年金・厚生年金保険の場合、この用紙は年金事務所や市区町村役場のほか、銀行等の金融機関の窓口で入手できる。国民年金・厚生年金保険の場合、提出先は住所地を管轄する年金事務所や街角の年金相談センター等である。変更届の書式は老齢・障害・遺族給付を含め、同一様式に統一されている。

終身年金　生存している限り受けられる年金。老齢基礎年金や老齢厚生年金は終身年金である。有期年金・確定年金に対比される用語。

受託者責任の明確化　厚生年金基金の資産運用の規制が緩和されているが、反面、運用関係者、資産運用受託者の自己責任も強く求められることになった。法令上、個別に規制を定めるだけでは足りず、欧米のようにプルーデントマンルール（思慮あるものの原則）を敷き、包括的に責任を求めるという発想が強まっている。

種別変更届　国民年金は、その者の置かれた立場によって、第1号被保険者、第2号被保険者、第3号被保険者という区別がなされている。自身または配偶者の立場の変化により、この被保険者の区分も変化していく。たとえば、会社員で厚生年金保険の被保険者だった妻が、出産を機に専業主婦になって第3号被保険者になる場合などである。これは、国民年金の第2号被保険者から第3号被保険者への変更だが、これらの区分の変更の届けを確実にしないと被保険者期間の計算に思わぬ不利を招く場合もある。この手続を種別変更届を使用して行う。

障害厚生年金　厚生年金保険から支給される障害を事由とする年金で、障害基礎年金に上積みされる年金。障害基礎年金が障害等級１・２級だけを対象とするのに対し、３級まで支給される。

障害手当金　厚生年金における障害等級１級から３級までに該当しない程度の障害の場合で、一定要件を満たした被保険者に支給される、一時金としての障害給付。当該初診日から５年を経過する日までの間における、その傷病の治った日において、障害等級３級までには至らないが、手当金の障害の程度に該当すると受けられる。金額は、本人の報酬比例部分の年金額の２倍であるが、物価スライド率は適用されない。ただし、最低保障額が設定されている。

障害等級　障害厚生年金や障害基礎年金の受給権の有無を判定する際の障害の程度を決定する基準のことで、政令で定められている。障害厚生年金には、１級・２級・３級と障害手当金の等級が、障害基礎年金には、１級・２級がある。

障害認定日　障害厚生年金・障害基礎年金の受給資格があるかどうかを判定する日。原則として、①障害の原因となった傷病の初診日から１年６カ月後の日、②１年６カ月以内でも傷病が治った日またはその症状が固定した日があればその固定した日、のどちらか（手足の切断・ペースメーカー装着等の例外がある）で、障害等級に該当するかを診断書に基づいて認定を受ける日。

小規模企業共済制度　小規模の個人事業主や小規模の会社等の役員を対象として、その人たちが事業を廃止、倒産、退職した場合等に、生活の安定や事業の再建等を図るための共済制度。運営は、独立行政法人中小企業基盤整備機構が行っている。共済事業の他に資金の貸付、保険事業なども行っている。

職域加算　共済年金特有の加算部分で、厚生年金保険にはない。共済年金も定額部分と報酬比例部分の年金があるが、さらに職域加算部分の年金が上積みされる。厚生年金保険の報酬比例部分と同様に平均標準報酬月額に職域加算の乗率を掛けて計算する。2015（平成27）年10月に共済年金が厚生年金保険に統合されるのに伴って廃止された。代わりに民間の企業年金に相当する制度として「年金払い退職給付」が創設された。退職年金の半分は有期年金、半分は終身年金となる。

初診日　障害の起因になった傷病について、初めて医師や歯科医師に診療を受けた日。障害厚生年金や障害基礎年金の支給要件を判定する際の重要なポイントになる。初診日に、被保険者であったか、初診日の前日に保険料納付要件を満たしていたか、初診日を起算日にして、原則として１年６カ月後を障害認定日にする等、障害給付の受給資格を決定する出発点になる日である。また、遺族年金の受給要件の判定にも使用されることがある。

申請免除　法定免除者ではないが、所得がないなどの理由で保険料を納付することが困難な者が対象になる保険料の免除制度。生活扶助以外の扶助を得ているときなどで、厚生労働大臣が認定した場合なども認められる。市区町村役場の国民年金課等に申請手続が必要。

新年金制度　1986（昭和61）年4月から施行された年金制度。1986（昭和61）年3月以前の制度は旧年金制度という。新年金制度の特徴は、①公的年金の加入者がすべて国民年金の加入者になり、国民年金が基礎年金と名付けられたこと、②将来の年金財政の収支バランスを保持するため、給付水準を20年かけて徐々に引き下げる改正が行われたこと、③従来加入が強制されていなかったサラリーマンや公務員等の妻も必ずなんらかの公的年金に加入しなければならなくなり、国民年金に任意加入しなかったため年金給付を受けられなかった女性の年金権が確立されたことである。

生計維持関係　遺族年金の対象になる遺族や、老齢厚生年金の加給年金額の対象になる配偶者の要件として、被保険者と「生計維持関係」にあったことが求められる。その遺族や配偶者が被保険者の収入によって「生計を維持」していたことの認定が必要なためである。その遺族や配偶者の収入によって、次のように決定されるが、健康保険や税制での扶養関係よりは広い概念である。①前年の収入が850万円未満であること、②前年の課税所得が655.5万円未満であること、③おおむね5年以内に定年退職などの確実な理由で、①②の状態になると認められるものであること等である。

税方式　財源を税に求めるのが税方式。現在、公的年金は社会保険方式で運営されているが、最近、基礎年金は目的税（消費税等）で賄うべきだという税方式化論も聞かれる。

船員保険　民間労働者に対するわが国最初の公的年金制度で、1940（昭和15）年に施行された。船員保険は総合保険として、年金、医療保険、労働者災害補償、失業給付を包含してスタートした。職域外の年金部門は、1986（昭和61）年4月より厚生年金保険に統合され、船員は厚生年金保険の被保険者として適用を受けることになり、2010（平成22）年1月より、船員保険制度のうち、職務上疾病・年金部門は労働者災害補償保険（労災保険）制度へ、失業部門は雇用保険制度へそれぞれ統合された。また、職務外疾病部門等は全国健康保険協会が実施することとなった。

全額免除制度　申請により、国民年金保険料の全額が免除される制度。全額免除の期間は、全額納付したときに比べ、年金額が1/2として計算される（2009（平成21）年3月までは1/3として計算される）。所得基準は、前年所得が「（扶養親族の数＋1）×35万円＋22万円」の範囲内であること。

申請者本人のほか、配偶者や世帯主も所得基準の範囲内である必要がある。

総報酬月額相当額　2004（平成16）年度以後の在職老齢年金の計算に使用される新しい概念で、年金の受給権者である被保険者の「標準報酬月額」と「その月以前、1年間の標準賞与額の総額を12で割った額」との合算額をいう。この総報酬月額相当額と年金月額とを一定の額と対比させて、在職老齢年金として受給できる額を決定するのに用いる。

総報酬制　これまで厚生年金保険は、月額給与から徴収される保険料を中心として運営が行われていたが、2003（平成15）年4月から、賞与も含めた年間の総報酬を対象とした保険料徴収制度へ変革された。すなわち、標準報酬月額と賞与について、同一の保険料率により保険料が徴収され、年金額の計算もそれに基づいて行われることになる。具体的には、標準報酬月額と同様、150万円を上限とする標準賞与額が設定され、この両方から同率の保険料が徴収される。徴収対象は広がったが、保険料率は2003（平成15）年3月以前の17.35％から13.58％へ下げられたので、保険料の実質負担は総報酬制導入時においては同じ（ただし、2004（平成16）年10月から2017（平成29）年まで毎年0.354％引き上げられることとなっており、2017（平成29）年9月からは18.300％となっている。年金額の計算は、総報酬制が実施される2003（平成15）年4月以前と以後に分けて行われる。

第1号被保険者　国民年金における被保険者の種別の1つ。自営業、自由業などの者とその配偶者、大学生などで、日本国内に住む20歳以上60歳未満の者。国民年金の保険料を直接納付する義務があるのがこの第1号被保険者で、1991（平成3）年4月から学生も20歳に達した時点で強制加入になった。ただし、学生については2000（平成12）年4月から、学生納付特例制度が設けられている。

代行部分　厚生年金基金で使われる用語で、厚生年金保険のうち、基金が国に代わって保険料を自主運用し、老齢の給付も行う部分をいう。なお、再評価、スライド部分、加給年金額の代行は認められないため、基金を設置している企業の被保険者もこの部分の年金は、会社経由では国（厚生労働大臣）の名で日本年金機構に保険料を納付し、給付もそこから支給される。

第3号被保険者　国民年金における被保険者の種別の1つ。厚生年金保険や共済組合の加入者の被扶養配偶者で20歳以上60歳未満の者。本人は、国民年金保険料を直接負担しない。被扶養配偶者であるかどうかの認定基準は、健康保険と同様に被扶養配偶者の年間収入が130万円未満で、かつ扶養者の収入の2分の1未満であることが条件で、130万円以上の場合は、国民年金の第1号被保険者あるいは第2号被保険者になる。

退職共済年金　2015（平成27）年10月の厚生年金との統合前に、公務員等の共済組合加入者が老齢を事由として65歳から受給していた年金。厚生年金保険と同様、一定の生年月日の者には当分の間、60歳からの特別支給が行われている。職域加算部分が上乗せされる点が老齢厚生年金と異なる。

第2号被保険者　国民年金における被保険者の種別の1つで厚生年金保険の被保険者。第2号被保険者は、国民年金制度に自動的に加入している。つまり、厚生年金保険等の被保険者であること自体で国民年金の加入者とみなされる。保険料は給料より天引きされる。対象者は、会社員や教師、公務員等で、第1号被保険者のような国内居住条件はない。

脱退手当金　旧厚生年金保険の給付の名称で、被保険者期間が一定期間あるが、年金受給資格期間を満たさない者が60歳に達した後に一時金として支給されたもの。1986（昭和61）年の新年金への法改正で廃止が決定しているが、1941（昭和16）年4月1日以前生まれの者にはこの制度が残っている。脱退手当金を受給した期間は被保険者でなかったものとみなされるが、1961（昭和36）年4月1日から1986（昭和61）年3月31日までの期間はカラ期間として受給資格期間の計算に入る等の例外がある。

短期要件／長期要件　遺族厚生年金のうち、一般に被保険者期間が短い者が死亡したときに支給されるものを「短期要件該当」の年金、老齢厚生年金の受給期間を満たした者が死亡したときに支給されるものを「長期要件該当」の年金と区別する。短期要件には、①被保険者期間中に死亡したとき、②被保険者期間中に初診日がある傷病で、初診日から5年以内に死亡したとき、③1級・2級の障害厚生年金の受給権者が死亡したときの、3つの要件が該当する。これに対し、長期要件は、④老齢厚生年金の受給権者または受給資格を満たした者の死亡が該当する。

中高齢の寡婦加算　夫の死亡による遺族厚生年金の受給権者が、①夫の死亡当時、40歳以上65歳未満の子のない妻、または②40歳に達したときに、遺族基礎年金を受けることができる状態だったが、子が遺族基礎年金の支給要件に該当しなくなったことにより、遺族基礎年金を受けられなくなった妻の場合、40歳以上65歳未満の間、遺族厚生年金の額に一定額が加算されて支給される。妻自身が65歳になり、老齢基礎年金の支給が開始されると消滅し、その代わり、妻の年齢に応じて経過的寡婦加算が支給される。

中小企業退職金共済制度　1959（昭和34）年に「中小企業退職金共済法」に基づき設けられた社外積立型の退職金共済制度。加入できるのは、一定規模の中小企業に勤務する労働者で、1年以上加入すれば、一時金あるいは分割で退職金を受給することができる。税務上の取扱いは、掛金は必要経費または損金算入、受け取る一時金は退職所得、分割金は雑所得（公的年金等）となる。

重複取消　年金手帳の連続性が中断して、２冊以上の手帳ができてしまった場合に、それを１冊の年金手帳に集合させて重複を取り消す手続。厚生年金保険の被保険者が転職する際に、前の勤務場所での年金手帳（厚生年金被保険者証を所持している場合もある）を転職先に提出せず、新たにもう１冊年金手帳を作成してしまうこと等から起こるが、１人の者に基礎年金番号が複数存在することになるため、年金のもらい忘れの原因になっている。重複取消は年金のもらい忘れをしない準備のための手続でもある。

賃金スライド　厚生年金保険について、年金額計算の基礎になる過去の賃金を、賃金の伸びに合わせてスライドさせること。従来は５年に１度、財政再計算時に賃金再評価が行われていた。この時には過去の物価スライド分も、賃金スライドに吸収される。ここでいう賃金は、1994（平成６）年改正により名目賃金ではなく可処分所得とされた。また、2000（平成12）年改正で65歳以後の賃金スライドは行わず、物価スライドのみで年金額が改訂されることになった。なお、2004（平成16）年の年金改正でマクロ経済スライドが導入されたため、賃金の上昇などからスライド調整率を控除したうえで年金額が決定されることになった。

定額部分　特別支給の老齢厚生年金を構成する報酬比例部分以外の部分。65歳からは老齢基礎年金になる部分で、被保険者期間中の報酬の多寡を反映しない。被保険者期間の月数１月当たりの単価は1626円だが、1946（昭和21）年４月１日以前生まれの者には1626円に政令で定められた乗率を掛けて単価が決定される。

定時決定　厚生年金保険・健康保険の保険料の基礎となる標準報酬月額を年に１回見直しすること。４月から６月の算定対象月に支払われた給与等の平均を基に７月に決定され、９月から翌年の８月まで適用される。

適用事業所　厚生年金保険に加入が義務付けられている強制適用事業所と任意に加入ができる任意適用事業所がある。５人以上の従業員が働いている個人の事業所や法人の事業所で常時従業員を使用する者は強制適用事業所となり、５人未満の個人の事業所や５人以上であっても飲食・サービス業等の一定の個人の事業所などは任意適用事業所となる。

特定退職金共済制度　所得税法施行令第73条の規定に基づき、市町村（特別区を含む）、商工会議所等、の特定退職金共済団体として承認を受けた団体が行う退職金共済制度。加入事業主が特定退職金共済団体に掛金を納付することにより、退職一時金または退職年金が従業員に支払われる。

特別支給の老齢厚生年金　老齢厚生年金は、本来65歳から支給されるが、特別に、60歳から65歳になるまでの間、厚生年金保険から支給される年金。厚生年金保険の被保険者期間が１年以上ある場合に65歳未満でも受給できる。65歳からの老齢厚生年金に該当する「報酬比例部分」と老齢基礎年金に該当する「定額部分」の合計額。男性の場合、1941（昭和16）年4月1日以前生まれの者は60歳から満額支給される。1941（昭和16）年4月2日以降生まれの者は、定額部分の支給が61歳以降に順次引き上げられ、いわゆる部分年金として支給される。1953（昭和28）年4月2日以降生まれの者は報酬比例部分（部分年金）の支給も引き上げられ、1961（昭和36）年4月2日以降生まれの者には支給されなくなる。なお、第1号厚生年金被保険者の女性の場合、男性より5年遅れで支給開始年齢の引き上げが実施される（第2号～第4号厚生年金被保険者の女性の場合、支給開始年齢は男性と同じ）。

日本年金機構　2009（平成21）年12月31日をもってなされた社会保険庁の廃止に伴い、2010（平成22）年1月1日に、日本年金機構法に基づき設立された非公務員型の公法人。国（厚生労働大臣）からの委託・委任を受けて公的年金に係る一連の運営業務を担う。具体的な業務には、適用・保険料徴収・年金記録管理・年金相談・裁定・年金給付等がある。

任意加入被保険者（厚生年金保険）　厚生年金保険に加入することが強制されない者。年金の受給資格期間を満たすためや年金額を増やすため厚生年金保険に加入する。厚生年金保険の任意加入には、任意単独被保険者、高齢任意加入被保険者、任意継続被保険者がある。

任意加入被保険者（国民年金）　国民年金に加入することにつき、強制されない者。老齢基礎年金の受給資格期間を満たしたい者や、年金額を増やしたい者が任意に加入する。国民年金に任意に加入できるのは、①日本国内に住所がある60歳以上65歳未満の者、②日本国籍があるが、国内に住所がない20歳以上65歳未満の者、③被用者年金制度の老齢（退職）年金の受給権者で、日本国内に住所がある20歳以上60歳未満の者である。なお、①および②については、1965（昭和40）年4月1日以前生まれの者で、受給資格期間を満たすための場合は70歳まで任意加入が認められている。

年金支払月　年金は、老齢給付・障害給付・遺族給付とも、原則として毎年2月・4月・6月・8月・10月・12月の偶数月にその前月までの分が支給される。原則は年6回払いであるが、老齢福祉年金は4月・8月・11月の年3回払いで、恩給は毎年4月・7月・10月・12月の4回に分けて支給される。

年金支払日　年金は、支払月の15日に支払われる。15日が休日の場合は金融機関の前営業日に支払われる。なお、厚生年金基金の支払日は、15日に限定されておらず、基金の規約による。

年金事務所　公的年金について、年金相談、厚生年金保険の請求手続をする窓口。2010（平成22）年1月1日に創設された日本年金機構（社会保険庁を改組）の出先機関であり、厚生年金保険や、健康保険の適用、保険料の徴収、年金手帳の交付、各種届出の受付等の事務を行っている。

年金証書　裁定請求の結果、年金受給資格が認定されると本人宛に送られてくる証書。年金証書には受給権者の氏名・生年月日・受給権発生年月・年金の種類・年金加入期間・平均標準報酬月額・年金額・基礎年金番号・年金コードなどが記載されている。

ねんきん定期便　年金の記録漏れ問題を受け、2010（平成22）年度から送付されるようになった年金加入記録などが記載された文書。日本年金機構から国民年金・厚生年金の加入者に毎年誕生月に送付される。年金加入期間、保険料納付額や納付状況のほか、50歳未満の場合は加入実績に応じた年金額、50歳以上の場合は年金の見込み額が記載されている。通常は過去１年間の保険料納付状況等が記載されているが、35歳、45歳、58歳時には、全加入期間の保険料納付状況等が記載されている。

年金手帳　国民年金や厚生年金保険の被保険者(加入者)になると交付される。1974(昭和49）年10月以前に厚生年金保険の被保険者資格を得た者の場合は、被保険者証という１枚の証書である。この手帳の番号によって、保険料の納付を管理し、年金の受給資格が決定されるなど、年金制度の事務管理上重要な書類である。

年金の空洞化　国民年金の未加入者、保険料未納者、保険料免除者の合計は、保険料納付対象者の４割以上を占める、といわれている。厚生年金保険の場合も、未加入の強制適用事業所が存在し、未納・未加入問題は、年金の空洞化として大きな課題となっている。

年金の支給期間　年金の支給期間は、年金を支給すべき事由が生じた日の属する月の翌月から、権利が消滅した日の属する月までである。また、年金を支給中に支給を停止すべき事由が生じたときは、その事由が生じた日の属する月の翌月からその事由が消滅した日の属する月まで支給が停止される。ただし、これらの日が同じ月に属する場合は、支給は停止されない。

年金の支払機関　公的年金の受給権者は、原則として自分の希望する金融機関に年金の振込を指定することができる。金融機関とは、銀行・信用金庫・信用組合・労働金庫・農業協同組合・ゆうちょ銀行等である。

配偶者特別加算　老齢厚生年金（年金額の計算の基礎となる被保険者期間の月数が240月(中高齢の期間短縮措置に該当する者は、その期間）以上ある者に限る）の受給権者に、その権利を取得した当時その者によって生計を維持していた65歳未満の配偶者がいるときは、加給年金額の他に配偶者特別加算が加算される。ただし、受給権者が1934（昭和９）年４月２日以降に生まれた場合で、金額は生年月日に応じて定められている。

被扶養者（健康保険）　健康保険の被扶養者の範囲は、①被保険者の直系尊属、配偶者（事実上婚姻関係と同様の事情にある者も含む）、子、孫、弟妹であって、主としてその被保険者によって生計を維持されている者、②被保険者の3親等内の親族で①に該当する以外の者、事実上婚姻関係と同様の事情にある者の父母および子（配偶者が死亡した後における父母および子を含む）で、同一世帯に属し、主としてその被保険者によって生計を維持されている者である。なお、「主としてその被保険者によって生計を維持され」とは、認定対象者の年間の収入が130万円未満（60歳以上の者または障害厚生年金を受けられる程度の障害者は180万円未満）であって、かつ被保険者の収入の2分の1未満である場合をいう。

被扶養配偶者　被扶養とは、扶養されていること。配偶者とは、夫から見ると妻、妻から見ると夫になる。年金法では、婚姻届を出していなくても、事実上婚姻関係にあれば配偶者として認められている。被扶養配偶者として認定されるためには、年収要件（130万円未満）等を満たしていなければならない。

被保険者期間　資格を取得したときから資格を喪失したときまでの期間。つまり、公的年金の被保険者だった期間をいう。期間の算出においては、月を単位とし、被保険者の資格を取得した日の属する月からその資格を喪失した日の属する月の前月までを算定する。資格を取得した月にその資格を喪失（同月得喪という）したときはその月を1カ月として算入するが、その月にさらに被保険者資格を取得しても2カ月とはしない。

被用者年金　公的年金のうち、国民年金を除く厚生年金保険の総称。雇用されている職域で法によって公的年金への加入を強制される年金制度のことで、被用者とは労働者のこと。また、厚生年金保険と共済組合の加入者が所属する公的年金制度は法律で規定されている。具体的には、①厚生年金保険法、②国家公務員共済組合法、③地方公務員等共済組合法、④私立学校教職員共済法である。

標準賞与額　2003（平成15）年度以後の総報酬制の導入により、保険料や在職老齢年金の計算に用いられる新しい概念。社会保険では、名称のいかんを問わず労務の対償として、年3回以下で支給されるものを賞与という。厚生年金保険法での標準賞与額とは、実際の賞与支給額から1000円未満を切り捨てた額で、上限は1カ月当たり150万円までの額をいう。健康保険の場合は上限が年間累計額573万円であり、厚生年金保険とは金額に相違がある点に注意が必要である。

標準報酬月額　厚生年金保険の被保険者の給料（報酬）を、保険料の算出や報酬比例部分の年金額の計算の基礎にするため、32等級に区分したもの。報酬月額の中には、賞与等で臨時に支払われるものは除かれる。標準報酬月額は、被保険者の報酬月額をそのまま使用するのではなく、一定の範囲で定められる。一般には、被保険者の報酬を各区分の中央値として、9月から翌年8月まで同一の金額にし、保険料計算の簡素化を図っている。たとえば、報酬月額が23万円以上25万円未満であれば、標準報酬月額は24万円と定められている。なお、健康保険では50等級に区分されている。

付加年金　任意加入による老齢基礎年金の上乗せ給付。国民年金の第１号被保険者が、定額の国民年金保険料に上積みして付加保険料400円（月額）を納めると、老齢基礎年金を受給する際に、上積みして支給される年金。支給額は、200円に付加保険料納付済期間の月数を乗じて得た額。

物価スライド制　年金額の実質価値を保持するためにとられたもので、民間の私的年金にはなく、公的年金のみにある制度。財政再計算期ごとの年金額の見直しでは、その間に物価が上昇した場合、年金額の実質的価値が低下してしまうため、それを埋め合わせる仕組みとして導入されている。年平均の全国消費者物価指数がその前年の年平均に対して変動した場合は、その変動した率を基準として、翌年の４月以後の年金額を改定する。このスライドの基準となる全国消費者物価指数には、総務省の作成する全国消費者物価指数が用いられる。ただし、2004（平成16）年の年金制度改正でマクロ経済スライドが導入されたため、物価スライド率からスライド調整率を控除したうえで年金額を改定することになった。

物価スライド率　物価の変動による公的年金の目減りがないように、その年度の年金額に乗じて計算する係数。前年の１月～12月までの消費者物価指数に比例して決定され、その年の４月分の年金額の計算から使用される。2001（平成13）、2002（平成14）年度とも消費者物価指数は下落し、本来なら年金額も減額するはずだが、特例法を設け据置きとなった。2003（平成15）年度から物価スライド率の凍結は解除されている。なお、2004（平成16）年の年金改正で、マクロ経済スライドが導入されたため、物価上昇時においては物価スライド率からスライド調整率を控除したうえで、年金額が決定されることになった。

部分年金　特別支給の老齢厚生年金は定額部分と報酬比例部分に分けられるが、支給開始年齢の引上げによって定額部分（もしくは老齢基礎年金）の支給開始年齢まで、報酬比例部分のみの支給となる。この場合の報酬比例部分の年金を、特別支給の老齢厚生年金の一部が支給されるということから部分年金と呼んでいる。定額部分または報酬比例部分の支給開始年齢の引上げ措置によって、1941（昭和16）年４月２日以降1961（昭和36）年４月１日（女子は５年遅れ）までに生まれた者は、60歳から65歳の間に部分年金を支給されることとなる。

扶養親族等申告書　年に158万円（65歳未満の人は108万円）以上の年金（老齢給付）を受けている者は、年金額から所得税が源泉徴収される際、所得控除の適用が受けられるよう、扶養親族等申告書を提出する。この書類は、毎年11月中旬に年金受給者に送られ、12月初旬には所定事項を記入し日本年金機構・各共済組合等へ提出する。

振替加算　老齢厚生年金および障害厚生年金の加給年金額の対象になっている配偶者が65歳になると、加給年金額は消滅するが、配偶者が裁定請求することにより、加給年金額の一部が配偶者に上積み支給される。これを振替加算という。たとえば、夫が老齢厚生年金を受給中で、加算の対象となっていた妻が65歳に達し、老齢基礎年金を請求すれば、自動的にその老齢基礎年金にプラスアルファとして加算される。振替加算は、受給資格者の生年月日に応じて異なり、1966（昭和41）年４月２日以降に生まれた者は支給されない。

併給調整　異なる支給事由による公的年金を２つ以上受給する資格があるとき、どちらか１つだけに絞られること。公的年金には、全国民を対象とする国民年金と、厚生年金・共済年金等の被用者年金があり、さらに、老齢・障害・遺族の３種類の支給事由の異なる年金があるが、１人１年金の原則に基づいて同一事由による場合以外は併給調整がされる。ただし、例外的に65歳からは２つの年金の併給可能なケース（遺族厚生年金と老齢厚生年金、2006（平成18）年４月からは障害基礎年金と老齢厚生年金または遺族厚生年金）もあり、それぞれの法律で定められている。

併給調整（高年齢雇用継続給付と在職老齢年金）　雇用保険の高年齢雇用継続給付の受給中は、その者の在職老齢年金が一部支給停止になる。支給停止額の算出式は、賃金のダウンした割合によって異なる。

併給調整（基本手当と老齢厚生年金）　60歳以上65歳未満の者が雇用保険の失業給付（基本手当）と特別支給の老齢厚生年金の両方を受給できるときは、失業給付が優先され、老齢厚生年金が全額支給停止される。

平均標準報酬額　厚生年金保険からの給付額を計算する際、2003（平成15）年４月の総報酬制導入以後の被保険者期間について用いられる。平均標準報酬月額に相当するものだが、賞与分が含まれている点が異なる。具体的には、被保険者の基礎となる各月の標準報酬月額と標準賞与額の総額を当該被保険者期間の月数で除して出した平均値である。

平均標準報酬月額　老齢厚生年金や遺族厚生年金の年金額計算に使用される、被保険者の全期間の標準報酬月額を平均した金額。ただ、単純に平均しているのではなく、賃金を物価や現役世代の賃金水準に応じて再評価した金額になっている。なお、2003（平成15）年４月から総報酬制が導入されたので、それ以降の被保険者期間については、平均標準報酬額が使用されることになった。

報酬比例部分　定額部分とともに特別支給の老齢厚生年金のもう１つの年金額を構成する。被保険者期間の報酬に比例して単価が決まる年金。受給権者の標準報酬月額を全期間平均した平均標準報酬月額（2003（平成15）年以降の被保険者期間については平均標準報酬額）に、年齢別の報酬比例部分の乗率を掛けて単価を計算することで、保険料の納付額に比例した年金を支給する。また、乗率は年齢の高い者のほうが高い。

法定免除　国民年金には保険料納付義務を免除する制度がある。そのうち、法律で定めた免除制度が法定免除で、生活保護法による生活扶助受給者や障害年金受給者等で保険料の負担能力のない者が対象である。

保険事故（公的保険）　年金給付の対象になる原因。公的年金でいう保険事故は、老齢、障害、死亡の３つ。支給要件を満たした保険事故を対象に保険給付が行われる。

保険料滞納期間　国民年金の第１号被保険者が、保険料を納付しなければならないにもかかわらず納付しなかった期間。この期間は、受給資格期間に算入されず、年金額にも反映されない。なお、免除期間は、保険料滞納期間ではない。

保険料納付済期間　国民年金の保険料を納付した期間。受給資格の基礎になる期間であり、老齢基礎年金については年金額の計算の基礎にもなる。厚生年金保険や共済組合の加入者も、個別には保険料を納付しないが、それぞれの制度からまとめて保険料が納付されるため、保険料納付済期間を有する。保険料納付済期間とは、①国民年金の第１号被保険者期間（任意加入被保険者期間を含む）のうち保険料を納めた期間、②国民年金の第２号被保険者期間のうち20歳以上60歳未満の期間、③国民年金の第３号被保険者期間、④1986（昭和61）年４月１日前の国民年金の被保険者期間のうち保険料を納付した期間、⑤1961（昭和36）年４月１日から1986（昭和61）年３月31日までの厚生年金保険、船員保険の被保険者期間、共済組合の組合員期間のうち、20歳以上60歳未満の期間をいう。

保険料納付猶予制度　50歳未満の人向けの年金保険料の猶予制度。保険料免除制度が利用できない、一定以上の所得のある家族と同居している人が申請により利用できる。本人と配偶者の所得のみで所得要件は審査され、所得基準は、原則申請者本人と配偶者の前年所得が「（扶養家族の数＋１）×35万円＋22万円」の範囲内であること。納付猶予期間は、受給資格期間にカウントされるため、障害基礎年金、遺族基礎年金は障害や遺族の状態に応じた年金が受け取れるが、老齢基礎年金の年金額には反映されない。

保険料の前納（国民年金）　国民年金保険料を一括納付できる制度。前納保険料には割引制度があるので、預金利率等が低い場合には、月々保険料を納めるよりも有利といえる。６カ月、１年、２年の３種類がある。

保険料の追納（国民年金）　保険料を免除された者が、のちに保険料を納付できるようになった場合、過去10年前の分まで遡って追納することができる。ただし一定期間を過ぎて追納する場合、期間に応じた金額が加算される。付加年金や老齢基礎年金の受給権者等は追納できない。

保険料免除制度（国民年金）　一定以下の低所得者に対し、申請により、国民保険料の一部（４分の１、２分の１、４分の３の３類）を納付し、残りの保険料は免除される制度。全額納付したときに比べ、４分の１納付の場合は年金額は８分の５（2009（平成21）年３月分までは２分の１）に、２分の１納付の場合は８分の６（2009（平成21）年３月分までは３分の２）に、４分の３納付の場合は８分の７（2009（平成21）年３月分までは６分の５）に計算される。利用するには、一定の計算によるそれぞれの所得基準を満たす必要がある。なお、学生納付特例制度との重複利用はできない。

保険料免除期間　国民年金の第１号被保険者が、経済的な事情等により保険料を納めることが困難な場合など、加入中に一定の基準に基づいて、保険料の納付をしないでもよいとされる期間。この免除期間は、本人の保険料は納付されていないが２分の１の国庫負担分があるため、年金加入期間とされ、（2009（平成21）年３月分までは３分の１）老齢基礎年金の年金額の計算上は２分の１が反映する。免除には、法定免除と申請免除の２種類の免除がある。また、国民年金制度の発足した、1961（昭和36）年４月以後の期間が対象である。

マクロ経済スライド　2004（平成16）年の年金改正で新しく導入された年金額のスライド率を調整する方法。従来は、物価や賃金の上昇率が年金額改定の要素となっていたが、少子高齢化社会のもとでは、物価や賃金の上昇があっても、年金制度の支え手が減少するため、社会全体の所得や賃金は上昇しないので、その分を差し引いて年金額の改定を行うという考えに基づく。年金の新規裁定者には、賃金上昇率－スライド調整率、既裁定者には物価上昇率－スライド調整率を用いて年金額を決定する。スライド調整率とは、公的年金被保険者の減少率＋平均余命の伸びを勘案した率である。

未支給年金　年金の受給者が死亡した場合、通常、未支給年金が発生する。年金の支給は後払いで、支給月に死亡しても前月分までのものであり、その場合、死亡月分の年金が未支給年金になる。給付される順位は、死亡者と生計を同じくしていた配偶者、子、父母、孫、祖父母、兄弟姉妹の順である。

労働者災害補償保険（労災保険）　事業所で働く労働者を対象とする職域保険であり、保険料は事業主の全額負担である。労働者の業務上または通勤途上における負傷、疾病、障害、死亡に対して、被災労働者やその遺族に対して、保険給付を行うことを目的としている。

老齢基礎年金　国民年金制度から支給される、公的年金制度の土台になる年金。原則として、保険料納付済期間と保険料免除期間を合わせた期間が10年以上ある者に、65歳から支給される。

老齢福祉年金　国民年金制度（拠出制）が発足した1961（昭和36）年４月１日に、既に老齢にあった者に無拠出で支給される年金。全額国庫負担によって賄われているため、所得や他の年金給付があること等を理由として、支給制限を受ける場合もある。

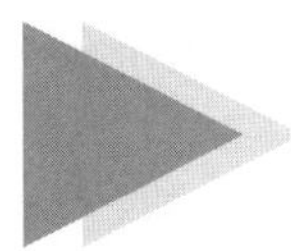

第３章 リスク管理

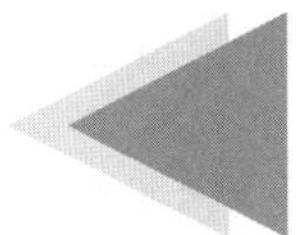

第１節　生命保険

医療特約　ケガや病気等による入院・手術をしたときに給付金が支払われる医療給付で、終身保険や個人年金保険等の主契約に特約として付加して契約される。

医療保障　民間の医療保険による保障をいう。医療保障を民間の保険で手当する方法としては、死亡保険や個人年金保険に特約として付加するか、医療保険に加入する方法がある。医療保障には、総合医療保障、がん等の特定疾病の保障、要介護時の保障等がある。

延長保険　「延長定期保険」ともいう。生命保険契約を定期保険に変更し、以後の生命保険料の払込みを中止することにより生命保険契約を継続する方法。延長保険は、解約返戻金相当額を一時払保険料として、当初の契約と同額の死亡保障を維持するが、保険期間は、当初の保険期間を超えない範囲で、解約返戻金相当額によって決められる。解約返戻金が少なければ当初の保険期間よりも変更後の保険期間は短くなる。また当初の保険期間を満たす場合、満期時に生存保険金が支給される。特約のついた契約を変更した場合、特約部分は消滅する。

エンベディッド・バリュー（EV）　生命保険会社の企業価値・業績を評価する指標の１つ。生命保険会社の「修正純資産」と「保険契約価値」の合計で表される。

解約返戻金　生命保険や積立保険を解約した場合に、当該契約の責任準備金を精算することにより受け取る金額。保険種類、経過年数等により解約返戻金の額は異なるが、通常、払い込んだ保険料より解約返戻金は少なくなる。この理由は、保険料には他の契約者の死亡時に支払われる危険保険料部分や事業費としての部分があることによる。加入後短期間で解約した場合には、契約当初に諸経費がかかるため解約返戻金がない場合がある。また保険料を安くする代わりに解約返戻金がまったくないタイプの保険も発売されている。

簡易保険　国民の経済安定と福祉の増進を図ることを目的として創設された、旧日本郵政公社による国営の生命保険契約。2007年10月に旧日本郵政公社が分割・民営化されたため、新規募集は2007年９月末で終了し、既契約は独立行政法人郵便貯金・簡易生命保険管理機構に承継された。簡易生命保険契約の保険金等の支払に関する政府保証は継続する。基本的な仕組みは民間の生命保険会社のものとほぼ同様で、種類も豊富にある。保険金の上限が1000万円（4年経過後は300万円増額可能）であることや、医師による診査のない「無診査」扱いといった特色がある。簡易保険のその他の特徴としては、加入1年6カ月を経過後に災害で死亡した場合、保険金が倍額になるという仕組みがある。

がん保険　がんで入院・手術した場合に、入院・手術給付金が支払われる保険。がんと診断されたときに診断給付金が支払われるものが一般的。なお、がんに関する保障が開始するまでには、一般に、一般の生命保険の責任開始日に相当する日から90日（もしくは3カ月）程度の免責期間（不担保期間）がある。この期間にがんと診断された場合、診断給付金は支払われず、契約は消滅する。

かんぽ生命保険　2007年10月1日、日本郵政公社の民営・分社化により誕生した日本郵政グループの生命保険会社（株式会社）。直営店と郵便局が窓口で、保険商品の種類も多様。加入の際は職業による制限はなく、どの保険商品も医師の診査は不要である。保険金額の上限は、被保険者が満15歳以下のときは700万円、被保険者が満16歳以上のときは1000万円である。ただし、被保険者が満20歳以上満55歳以下の場合は、一定の条件（加入後、4年以上経過した契約がある場合など）のもとに、累計で2000万円まで加入できる。

基礎利益　保険会社の健全性の基準をよりわかりやすくするものとして、2001年3月期の決算から公表されている。「基礎利益」とは、「経常利益」から生命保険会社が保有している資産を売却することにより得られる利益など、いわゆる本業以外での利益である「有価証券売却損益」や「臨時損益」などを除いて算出したもので、保険本業の1年間の期間収益を示す指標である。

給付金　生命保険の分野で、被保険者が死亡・高度障害以外の保険事故で支払われる保険給付金のこと。たとえば、不慮の事故による入院給付金、疾病などによる入院給付金、手術給付金などがある。

共済　同一の職業や一定の地域で働く者が加入する共済組合・協同組合等が行う、組合員（構成員）に対する福利厚生サービス。共済制度は、多数の加入者の掛金を原資とし、負傷、死亡、火災、自動車事故等に対して一定の給付を行うという点では保険制度と類似している。ただし、組合員が原則として職域または地域的に限定されていること、特別の募集組織を持たないこと、という点などで保険制度と相違している。代表的な共済制度として、ＪＡ共済、県民共済、こくみん共済COOP（全労済）等がある。

クーリング・オフ（生保）　契約撤回請求権ともいう。契約後でも所定の要件を満たせば申込みの撤回・契約の解除を認めるという契約者保護の制度。契約申込みの撤回などについての事項を記載した書面を交付された日もしくは申込みをした日、のいずれか遅い日を含めて8日（保険会社によっては8日以上の場合もある）以内に、文書（郵送）による一方的な意思表示によって申込みの撤回・契約の解除をすることができる。保険契約の場合、既払込保険料は返還される。ただし、保険会社指定の医師の診査を受けたあとは申込みの撤回ができないなど、この制度が適用されないケースについては保険業法で定められている。

組合せ型（自由設計型）の生命保険　保険料払込期間中は積立金を蓄積し、保険料払込期間満了後はその時の積立金を基にして、一定の金額までの範囲でその時の健康状態にかかわらず終身の死亡・高度障害保障を確保できる保険。利率変動型積立終身保険などの名称。この保険は、死亡保障や医療保障などの保障機能に重点を置いた保険を自由に組み合わせて契約する形が一般的である。また、積立金は一時金を投入することによって積み増したり、必要に応じて引き出すこともできる。保障のための保険料を積立金の中から払い込むことによって、保障内容は変えずに毎月の保険料を減らしたり、払込みを中止することができるなど、契約後の状況の変化に応じて柔軟に保障の見直しや払い込む保険料の調整ができる仕組みである。適用される予定利率は、市場の金利動向に応じて一定期間ごとに見直され、変動する。

契約応当日　契約日の応当日、保険料の支払が月払いなら毎月、半年払いなら半年ごと、年払いなら1年ごとの応当日となる。

契約者貸付　解約返戻金の一定範囲内で、保険契約を担保として現金の貸付を受けること。当該契約の予定利率によって貸付金利が決定される。1年複利で計算され、1年経過後に入金がなければ、利息相当分も貸付元本に組み入れられる。なお返済はいつでも行うことができ、一部返済も可能である。

契約転換制度　現在加入している生命保険の貯蓄部分と配当金を「下取り（転換）価格」として新しい保険の一部に充当する制度。下取り（転換）価格がある分、新規で同じ保険に加入するより保険料負担が少なくなる。家族構成の変化などライフプラン上のリスクが変わり保障内容の見直しが必要になった場合に現在の契約を活用して見直す方法の1つである。新しい保険の保険料は転換時の年齢、保険料率により計算される。また、通常配当は転換時に清算され、特別配当の受給権は引き継がれるものが一般的である。

契約の選択　生命保険契約にあたって、保険会社がその申込みに対し危険度の大きさを評価し、契約を承諾するか否かを決めることである。その対象となるものは、次の3つの危険である。①身体上の危険（被保険者の体格、既往症、現症、身体の障害状態などの告知）、②環境上の危険（現在の職業や仕事の内容など）、③道徳上の危険（モラル・リスク、不正に利得しようとする心理状態か否か）。

契約日　保険期間の起算日で、保険料の払込みや満期日の基準となる日。

県民共済　全国生活協同組合連合会が行っている生命共済事業。性別・年齢等にかかわらず掛金が一律（定額）。

更新　定期保険・医療保険（特約を含む）などで、保険期間が満了したときに、それまでと同一の保障内容とそれまでの保険金額以下で継続できる制度、特約または主契約保険料は更新時の年齢・保険料率が適用される。

公的保険　国が行っている保険制度で、厚生年金保険や国民年金、健康保険、雇用保険、労災保険等がある。私的保険との主な相違点は、原則「強制加入」である点。保険料や保険給付の額は法律により定められている。この観点から、保険料は全額が社会保険料控除の対象になっている。

告知　生命保険契約の締結にあたり、職業や健康状態などを申告すること。

告知義務（生保）　被保険者の健康状態、既往歴、職業などの危険度を測定するために、重要な事実を契約者または被保険者が保険会社に告知する義務。

告知義務違反　事実と相違する内容を告知すること。生命保険の契約の際に、告知義務者である契約者または被保険者が、故意または重大な過失によって、事実を告知しなかったり事実と異なることを告知したりした場合のことをいう。保険会社は告知義務違反を知った場合、契約を解除することができる。ただし、①生命保険契約が、契約日（または復活日）から２年を経過した場合、②保険会社が告知義務違反を知ってから１カ月以内に解除を行わなかった場合には、保険会社は解除できない。保険事故が発生しているときは、この事実と保険事故とに因果関係がなければ契約は解除できず、保険会社は保険金を支払わなければならない。

ご契約のしおり　生命保険契約の約款は契約の条件・範囲などを規程するもので、その範囲は多岐・詳細にわたり、法律用語が使われるなど一般に使われる文章よりも難解である。そこで、約款の中で特に契約者にとって重要・大切な部分（保険の特徴、免責事項、特約の内容等）について平易かつ簡潔に解説したものが「ご契約のしおり」である。原則として、約款と合本されており、その重要性から契約の申込みを受けるときには必ず契約者に手渡し、重要事項を説明のうえ、申込書所定の箇所に受領印の押印を求めることになっている。

こども保険（学資保険）　子どもの教育資金等の準備と、契約者である親が死亡・高度障害状態になったときの保障を兼ね備えた保険。こども保険は、原則として親が契約者、子どもが被保険者になって契約する。被保険者の子どもが決められた時期に生存していた場合、祝金が支給されるものもある。満期時（18歳・20歳・22歳等）に満期保険金（満期祝金）を受け取れる。契約者が死亡した場合には、ほとんどの商品でそれ以後の保険料の払込みが免除になる。また、育英年金が支払われるものもある。

災害入院特約　災害や事故によるケガで入院したときに入院給付金が支払われる特約。

災害割増特約　不慮の事故から180日以内に死亡または高度障害状態になったとき、および法定・指定伝染病で死亡または高度障害状態になったときに、主契約の死亡保険金・高度障害保険金に災害割増保険金が上乗せして支払われる特約。

ＪＡ共済　全国共済農業協同組合連合会（全共連）が行っている共済事業。原則として農協の組合員とその家族を対象としているが、JA ごとに組合員の利用高の２割までは組合員以外の利用が認められている。また、これとは別に、出資金を支払って准組合員となれば組合員同様に利用できる。共済ではあるが、民間の生命保険、損害保険の主要な保険種類に該当する商品が揃っており、加入限度額も民間の保険会社とほぼ変わりない。

死差益　生命保険契約における剰余金の利源の１つ。想定した死亡率よりも実際に発生した死亡率が低いときに発生する。実際の死亡保険金のほうが多いときは「死差損」になる。

失効　契約者は保障を受けるために保険料を払い込む義務があるが、この保険料を払込期日から一定期間を経過しても払い込まないと、保険契約が効力を失い、保険事故が発生しても保障を受けられない。これを契約の失効という。

疾病入院特約　病気で入院したときに入院給付金が支払われる特約。

指定代理請求制度　被保険者本人が保険金を請求できない特別な事情（本人が余命もしくは病名を知らされていないので請求できない、本人が心神喪失の状況にあって請求できない等）がある場合に、あらかじめ指定された代理人が保険金を受け取れる制度。「特定疾病保障保険」「リビング・ニーズ特約」は、被保険者本人が受取人になっているが、商品の特性上、被保険者の同意を得てあらかじめ「指定代理請求人」を指定することができる。保険会社によっては高度障害保険金や入院給付金についても指定代理請求制度を取り扱っている場合がある。指定代理請求人となれるのは、請求時において被保険者と同居または生計を一にしている被保険者の戸籍上の配偶者または３親等内の親族である。

私的保険　公的保険に対し、民間の生命保険会社や損害保険会社が取り扱う保険制度。ＪＡ共済等も私的保険に分類される。公的保険との主な相違点は「任意加入」である点。保障内容・保障額や保険料は契約により決定する。保険料のうち特定のものは、所得税法上「生命保険料控除」「地震保険料控除」として所得控除の対象になるが、公的保険の保険料（社会保険料）とは異なり、全額が所得控除の対象になるわけではない。

自動振替貸付制度　保険料の支払が滞った場合に、解約返戻金の範囲内で生命保険会社が保険料を自動的に立て替え、契約を有効に継続させる制度。なお、自動振替貸付は解約返戻金相当額によっては行えない場合がある。また、契約者の申出により振替貸付を実行しないこともできる。

死亡保険　被保険者が死亡または高度障害になった場合に保険金が支払われる保険。一定の期間を保険期間として定めた定期保険と、保険期間の定めのない終身保険がある。

死亡保険金　保険期間内に被保険者が死亡したときに支払われる保険金。死亡保険である定期保険、終身保険、生死混合保険である養老保険等にある。

社員総代会　相互会社の最高意思決定機関、契約者＝社員からなる社員総会が最高意思決定機関であるが、人数が多いために、それに代わる機関として社員総代会がある。

収支相等の原則（生保）　生命保険では、人間の生死に関し加入者がお互いに経済的に助け合う仕組みであるから預貯金と異なり、契約者全体として収支を考えるので、契約者全体が払い込む保険料の総額と、保険会社が受取人全体に支払う保険金の総額とが相等しくなるようになっている。この原則をいう。→収支相等の原則（損保）参照

終身保険　被保険者が死亡または高度障害状態になったときのみ保険金が支払われるのは定期保険と同じであるが、終身保険には満期がなく、一生涯を保障する保険。そのため定期保険よりは保険料は高額であるが、満期保険金がない分、養老保険よりは安い。なお、保険期間の満了がないことから保険期間の経過に伴って責任準備金は増加するため、解約による返戻金がある。また、所定の範囲内で将来死亡保障に変えて解約返戻金を年金受取に移行する等の変更が可能なものもある。

主契約　終身保険や養老保険、定期保険などの普通保険約款に記載されている契約で、生命保険の本体となる部分。この主契約に付加するのが特約である。保険事故が発生して主契約の保険金が支払われたり、解約、解除により主契約が消滅すると特約は同時に消滅する。

純保険料　保険料のうち、死亡・満期等の将来の保険金支払の部分に充当される保険料。なお、契約者が保険会社に払い込む保険料は純保険料と保険会社が保険事業を運営するための付加保険料の合計である。

傷害特約　災害で180日以内に死亡したときや、感染症で死亡したときには「災害死亡保険金」を、災害で180日以内に所定の身体障害の状態になったときには「障害給付金」が支払われる特約をいう。

少額短期保険　保険業法上の保険業のうち一定事業規模の範囲内において少額・短期の保険の引受のみを行う事業を指し、それ

を行う業者を少額短期保険業者と称する。2005年5月2日公布による「保険業法等の一部を改正する法律」で制度が導入され、2006年4月1日から施行された。無認可共済の破綻などで契約者が被害を受けるケースが問題になり、保険業法上の「保険業」に含めて規制の対象として保険契約者等の保護を図ることを目的に、少額短期保険業制度が導入された。

承諾　保険会社が生命保険の加入申込みを認めることをいう。→責任開始期

剰余金　生命保険の保険料は予定率に基づき計算されている。この金額と、実際に必要とした金額との差額が剰余金である。剰余金が生まれる原因は、「死差益」「利差益」「費差益」の3つに分類され、「剰余金の3利源」といわれる。剰余金の大部分は契約者配当の原資となる。

診査　保険会社の医師などによる診査で、危険度の判断（危険選択）材料にする。診査するときの告知は医師などの質問に対して口頭で行う。無診査の場合は書類で告知を行う。

生死混合保険　被保険者が一定の保険期間内に死亡するか、一定の時点で生存しているか、いずれかの場合に保険金が支払われる。養老保険がその代表で、保険期間内の死亡には死亡保険金が、満期時点で生存していたときには満期保険金が支払われる。

生存保険　被保険者が契約による一定時点に生存していたときのみ保険金が支払われる保険。学資保険や個人年金保険がこれに該当するが、これらにも死亡給付金が支払われる仕組みの商品が多く、純粋な生存保険はあまりない。

生命表　性別・年齢別にある集団が時の経過により何人死亡し減少していくか、その推移を統計的に調査し表にしたもの。保険会社は、大数の法則を応用し過去のデータから保険事故の発生率を求め、保険料計算上の1つの基礎としている。死亡率とは、ある年齢の人が1年間に死亡する割合をいい「1年間の死亡者数÷年始の生存者数」で求められる。生命表には、国勢調査による統計を基に作成した「国民（簡易）生命表」と生命保険に加入した人だけを対象として作成した「生命（経験）標準表」とがあり、現在、生命保険会社では「生命（経験）標準表」を使用し、性別・年齢に応じた保険料率を決めている。

生命保険募集人　所定の研修を受け、基礎知識を習得のうえ一般課程試験に合格し、金融庁に登録申請し受理されて初めて生命保険募集人として募集業務に従事することができる。これは、不適格者の排除と未熟な募集からの契約者保護を図るために行われている。生命保険を募集する際には、保険契約締結の「媒介」をするのか、あるいは「代理人」として保険契約を締結するのかの別を明示しなければならない。「媒介」の場合は勧誘ができるだけで、契約の成立には保険会社の承諾が必要となり、「代理」の場合は募集人に契約成立の承諾権があり、

その効果が保険会社に帰属することになる。

責任開始期　保険会社が保険契約の申込みを承諾し、契約上の責任が開始する時期。通常、責任開始期は申込み、告知（診査）、第１回保険料払込みのうち、一番遅い日になる。

責任準備金　保険会社が将来の保険金の支払に備えて準備金として積み立てておく資金。保険料は原則として毎年同額であるため、最初のころは保険金の支払が純保険料を下回っているが、期の後半になるに従って保険金の支払が多くなるため、純保険料を上回ることになる傾向がある。そのため保険会社では、保険期間の前半での純保険料と保険金支払額との差額を、準備金として積み立てておく。この準備金を責任準備金という。

先進医療特約　公的医療保険制度の給付対象となっていない先進的な医療技術のうち、療養を受けた日時点において厚生労働大臣が定める先進医療が支払対象となり、その治療費の実費が保障される医療特約。

相互会社　生命保険会社の経営形態には「相互会社」と「株式会社」の２つがある。相互会社は商法上の会社に属さない保険業法に基づいて保険事業だけに認められている経営形態で、生命保険加入者の相互扶助を目的として、株式会社の利益に当たる剰余金は、その20%以上を契約者配当金として返還することになっている。また、生命保険に加入した契約者は社員として生命保険会社の運営に参画することになる。実際には、社員の中から社員総代を選出し、総代会において会社運営上の重要事項を決定することになる。

相互扶助　保険の仕組みは、預貯金のように自身が払い込んだ元金に利息が付利され払い戻される仕組みとは異なり、自分の払い込んだ保険料が他の人の保険事故に活用され、他の人が払い込んだ保険料により自己の万一の場合の保険金が保障されるという仕組みにより成り立っている。言い換えれば、保険は「１人は万人のために、万人は１人のために」の精神により成り立っている。つまり、多数の加入者の保険料の拠出により、一個人の保険金の支払に充当するという相互扶助の精神により成り立っていることになる。

ソルベンシー・マージン　保険会社の支払余力を測る１つの基準。通常の予測をはるかに超えて発生するリスクに対応できる支払余力をどれだけ有しているかを判断するための指標をいう。保険会社の経営状態の判断に用いられ、経営の健全性を測る基準になる。基準としての比率は200%が目安とされ、基準値が高いほどリスクへの対応力が強く会社の体力があるといえる。しかし、同指標が200%を超えていながら2008年10月に大和生命が破綻したことや金融危機の教訓を踏まえ、金融庁は従来のソルベンシーマージンを計算する基準を厳しくし、2011年度（2012年３月）決算より適用している。

大数の法則　個々の事象は偶然であっても、同質のものを数多く集めることによってその発生確率が一定の範囲内に収束するという法則で保険料を算出する際の基本的な考え方である。たとえば、サイコロを６回振った場合、１から６までの目がすべて１回ずつ出るとは限らない。60回振った場合、すべての目が10回ずつ出るとも限らない。むしろバラツキがあるほうが自然であろう。しかし、これを数千回、数万回続けると、それぞれの目の出現確率は６分の１に限りなく近づいてくる。

第三分野保険　傷害・疾病保険を指す。保険業法で生・損保の兼営が禁止されているなかで、傷害・疾病保険が生・損保いずれの分野に属するか論争が起こった際、当時の大蔵省はこれらを生・損保のいずれでもない第三種保険または中間保険と考えるのが適当とした。以後、いわゆる第三分野の保険と呼ばれている。なお、第一分野は生命保険、第二分野は損害保険を指す。生・損保の兼営については、現在は子会社方式によって実質的には可能になっている。

長期平準定期保険　定期保険のうち保険期間の長いもの、つまり、保険期間満了時の被保険者の年齢が70歳を超え、かつ、加入時の年齢に保険期間の２倍に相当する数を加えた数が105を超えるものをいう。

定額保険　保険事故による保険金の支給額があらかじめ決められている保険。時点により保険金額が異なる場合でも、当初からその金額が定められているものは定額保険である。たとえば、初期10年間の死亡保険金額は2000万円、中期10年間の死亡保険金額は1500万円、後期10年間の死亡保険金額は1000万円等、保険金額は変化するが、当初より決められているので定額保険である。

定期保険　死亡保険の代表的な保険。一定の保険期間内に被保険者が死亡したときまたは高度障害になったときに死亡保険金が支払われる。安い保険料で高額の死亡保障を得ることができる。いわゆる掛捨て保険であり、満期時の返戻金は、配当金を除いてない。また無配当定期保険は、配当金もないが、通常は保険料は有配当保険より低額である。

定期保険特約付終身保険　終身保険に定期保険特約をセットした保険。できるだけ保険料を抑えた高額保障と一定額の生涯保障が同時に確保したい場合に利用される。さらに医療保障も特約でセットできる。わが国では医療保険の単品販売が規制されていたため、大手国内生保ではこのような保険の形態で医療保障を販売していたが2001年より医療保険の単品販売は解禁となった。

ディスクロージャー資料　保険契約者などが保険会社を選択するための判断材料として、保険業法に義務付けられた保険会社の事業年度ごとの業務・財産・収支状況をまとめた書類。

逓増定期保険　保険料が一定で、保険金額が期間の経過に応じて逓増していく定期保険。役員の勇退退職金準備などを目的として法人契約で活用される。

特定疾病保障定期保険特約　「３大疾病保障定期保険特約」ともいう。ガン、心筋梗塞、脳卒中で所定の状態と診断された場合に保険金が支払われる特約。ガンなど、本人に告知されないことを想定して、あらかじめ代理請求人を契約者が指名しておけば、本人に代わって請求することができる。

特別条件付契約　危険の度合（危険選択）により、優良体（健康体）、標準体、標準下体または謝絶体に分類される。優良体ならびに標準体は普通保険料、標準下体は割増保険料や保険金削減条項で契約する。謝絶体は申込みを承諾しない契約となる。会社によっては、優良体は割引保険料を適用する。この割引保険料、割増保険料または保険金削減条項を付して契約することを特別条件付契約という。

特約（生保）　主契約としての定期保険、養老保険、終身保険等に付加して、入院・手術・通院・その他特定の状態を保険事故として保障する契約。災害死亡時や障害状態になったときを保障する災害割増特約、傷害特約や、入院・手術に対する各種入院特約、特定疾病特約等が代表的であるが、現在は生命保険会社ごとにさまざまな特約が開発されている。

特約の中途付加　現在加入中の契約の保障機能を充実する制度。現在の契約の保険種類や保険期間を変えずに、定期保険特約や終身保険特約などの特約を付加して一定の範囲内で保障額を増やして保障範囲を拡大すること。また、特約の給付金額の増額を取り扱う場合もある。保障額を増額する場合は原則として診査（告知）が必要で、増額した部分の保険料は増額時の年齢で計算される。

配当　保険料は予定率により算出されるが、保険金の支払や事業費が想定より少ない場合や、運用収益が想定より多い場合に剰余金が生じる。この剰余金を主な原資として契約者に支払われるのが配当金である。配当金は、保険種類・保険金額・経過年数等により算出される。

払済保険　生命保険料の払込みを中止し、その時点の解約返戻金相当額を一時払保険料として養老保険、終身保険など元の保険契約の主契約と同じ種類の保険に切り替えること。払済保険に変更すると、保険金額は従前よりも少なくなる。付加していた特約は消滅する。

費差益　剰余金の利源の１つ。想定した事業費よりも実際に発生した事業費が少ない時に発生する。実際の事業費のほうが多いときは「費差損」になる。

人に関するリスク　残された家族の生活資金や、相続問題の発生等による「死亡のリスク」、高齢社会での老後生活資金の保障による「生きるリスク」、さまざまな医療費発生による「疾病・障害に関するリスク」をいう。

被保険者（生保）　生命保険では、保険事故発生の対象になる者をいう。つまり、生命保険の対象としてその者の生死、災害や疾病に関して保険が付されている者をいう。１契約において被保険者は１名とは限らない。また、損害保険では、一定の事故により損害を被った場合に保険者（保険会社）から損害のてん補を受ける権利を有する者をいう。

付加保険料　生命保険料のうち、事業費として生命保険会社の経費となる保険料をいう。

復活　失効した契約を一定期間内に所定の手続をとり、有効な状態に戻すこと。失効後、一定期間（一般的には３年以内）の期日があり、診査または告知と失効期間中の保険料を（保険会社によっては利息も合わせて）払い込む必要がある。保険料は失効前の保険料と変わらない。

復旧（保険）　延長（定期）保険、払済保険に変更後、所定の期間内に変更前の契約に戻すこと。告知、場合によっては診査が必要な場合がある。もちろん、その間の保険料と利息は支払わねばならない。

平均余命と平均寿命　各年齢者が将来平均して生きられる年齢を「平均余命」、０歳の平均余命を「平均寿命」という。2019年の平均寿命は、男性81.41歳、女87.45歳といずれも過去最高となった。

平準保険料　収支相当の原則に則って保険料を算出すると、死亡率は一般に加齢とともに上昇するため、保険料は本来１年ごとに高くなる。しかし、この方法では高齢になるほど保険料負担が重くなり、契約を継続するのが困難になる。そこで、毎年の保険料が同一額になるように平準化した保険料、つまり平準保険料が考え出された。平準保険料は全保険期間を通じて保険金と保険料（保険料の運用収益も含む）が収支相等になるように算出される。今日ではほとんどすべての生命保険契約がこの保険料を使用している。

変額保険　責任準備金の運用状況により、保険金額・解約返戻金額が変動する保険。資産運用が好調なときには保険金額は増加し、資産運用が不調なときは保険金額は減少する。終身保険タイプの変額保険（終身型）と養老保険タイプの変額保険（有期型）の２つがある。死亡したときには、基本保険金＋変動保険金が受け取れる。基本保険金額は、運用実績にかかわらず最低保証されるので、変動保険金がマイナスになった場合でも基本保険金額は受け取れる。ただし、解約時に受け取る解約返戻金には、最低保証はない。有期型の場合、満期保険金は受け取れるが、最低保証がない。

保険期間　保険事故が発生した場合の保険者（保険会社）が保険契約者に対して保険金の支払義務を負う責任の存続期間のこと。保険料払込期間と保険期間は必ずしも一致しない。

保険金（生保）　生命保険では、保険事故

（死亡、高度障害状態、満期まで生存したときなど）が生じたときに保険会社から保険金受取人に支払われる金額。

保険金受取人　保険金請求権を有する者。保険金受取人は保険契約者が指定するが、保険事故発生前は保険契約者は保険金受取人を変更する権利を留保している（ただし、被保険者以外を受取人とする場合は被保険者の同意が必要）。また、保険金受取人は保険金を受け取る権利を有するだけであり、保険契約の内容変更や解約等の権利は保険契約者が有する。なお、生命保険契約における入院給付金等の受取人は、通常被保険者自身であり、保険金受取人ではない。なお、保険契約者、被保険者、保険金受取人は法律上別個の地位である。

保険金の減額　生命保険契約の保障額を少なくし、その結果として保険料額を少なくすることにより生命保険契約を継続する方法。たとえば、定期保険特約付終身保険において、定期保険特約・終身保険の保障額をそれぞれ２分の１にすれば、保険料もおよそ２分の１になる。この場合、当初より変更後の保障額であった場合の変更時点での必要責任準備金を計算し、超過額があれば契約者に返金する。

保険契約者　保険契約の当事者として保険会社と保険契約を締結し、保険料の支払義務を負う者をいう。なお保険事故発生の際に保険金請求権を有するのは受取人であり、保険契約者ではない（保険契約者と受取人が同一人の場合、結果として保険契約者と同一人が保険金請求権を有していることになる）。

保険契約者保護機構（生保）　保険会社の経営が破綻したときに契約者を保護する支払保証制度を実行に移すのが、保険契約者保護機構である。保険契約者保護機構は生命保険と損害保険の２つが設立されている。その支払保証制度の仕組みは、①救済保険会社が現れた場合、破綻会社から救済会社へ保険契約を円滑に移転するための救済会社への資金援助、②救済保険会社が現れる見込みがない場合、自ら破綻会社の保険契約を引き受けるなどして保険契約者などの保護を図り、それをもって保険業の信頼性を維持する役割がある。生命保険契約者保護機構の補償として、保険業法等に基づき商予定利率契約を除き、破綻時点の責任準備金の90％までは保護される。保険契約の移転などの際に、責任準備金の削減のほかに、予定利率等の変更が行われることがある。それにより、保険金額などの補償割合が、さらに下回ることがある。一般的には、保障性の高い保険（定期保険など）では、保険金額などの減少幅は小さくなり、貯蓄性の高い長期の保険（終身保険、養老保険、個人年金保険等）では減少幅が大きくなる。

保険事故（私的保険）　保険金などの支払を約束された事故、一般的には、普通死亡、不慮の事故による死亡、高度障害、ガンに罹患、満期までの生存などがある。

保険者　保険契約者と保険契約を締結し、保険事故が発生した場合に保険金支払の義務を負う者。一般的には保険会社のこと。保険者になることができるのは、資本金10億円以上の株式会社（または基金10億円以上の相互会社）で、内閣総理大臣の免許を受けた者である。

保険証券　保険契約の内容を記載した証券。保険契約の成立と内容を明らかにするために交付される。保険会社は、保険契約者の請求によって保険証券を交付しなければならないとされている。

保険制度　多くの者がお金を出し合って蓄積しておき、一定の偶発的な事故を被った者に一定の給付を行う制度。生命保険・損害保険等の任意（私的）保険制度のほかに、健康保険や公的年金等の社会保険制度がある。

保険仲立人　「保険ブローカー」ともいう。保険会社から保険募集の委託を受けることなく、保険契約者と保険会社の間で中立的な立場に立って、保険契約の締結の媒介を行う者。保険代理店とは違い、顧客との間で保険契約を結んだり、保険料を領収する等の権限はない。保険ブローカー制度は欧米では定着しているが、日本では1996年４月１日施行の保険業法において新たに導入された。

保険募集に関する禁止行為　生命保険の募集を行ううえでは、加入者の適正な判断を確保する観点から、保険業法において禁止されている行為がある。①事実と異なる虚偽の説明、②重要事項の説明を省略するなどの不完全な説明、③告知義務違反をすすめる行為、④契約の不当な乗換行為、⑤保険料の割引などの特別利益の提供、⑥契約者を威迫したり業務上の地位を不当に利用する行為、⑦誤解を招く表示・説明などである。保険業法に違反した場合には、その内容によって行政処分、司法処分を受けることになる。

保険約款　保険契約が多数の契約者を相手として締結する契約であることから作られた、大量の取引に迅速に対応するため定めた定型的な条款。保険約款には、同一種類の保険契約すべてに共通な契約内容を定めた「普通保険約款」と個々の契約においてその内容を補充または変更する「特別保険約款」とがある。保険約款は保険会社によって作成されることから、保険契約者側に不利にならないように金融庁の認可が必要とされている。

保険料　保険事故が発生した際、保険会社が保険金を支払うのに対し、保険契約者がそれへの対価として払い込む金額。生命保険の場合、保険料は、保険種類、被保険者の性別・年齢、保険期間、保険料払込期間、保険金額によって決められる。契約者が保険会社へ払い込む保険料は、①保険会社が将来の保険金（生存の場合・死亡の場合等）を支払うための財源になる純保険料、②保険会社の新契約経費・維持管理費等の経営上の必要な費用としての付加保険料の２つから成り立っている。純保険料は、死亡保険金を支払うための財源となる死亡保険料と満期保険金の支払の財源となる生存保険料からなり、予定死亡率と予定利率を基礎として計算されている。一方、付加保険料は、予定事業費率を基礎として計算されており、それぞれの予定率に対して剰余金が発生した場合に配当金が支払われることになる。

保険料の払込方法　保険料の払込方法には、月払い、半年払い、年払い、一時払いがある。あらかじめ数回分の保険料を払い込む方法を前納といい、所定の割引率が適用される。保険料払込期間の全期間分を前納する場合を全期前納という。

保険料払込期間　保険料の払込期間で、保険期間よりも保険料払込期間が短い場合を短期払い、期間が同じ場合を全期払いという。また、一定期間払い込む有期払いと一生涯払い込む終身払いがある。

保険料払込期月　保険料払込期日、契約応当日が属する月の１日から月末までをいう。

保険料払込免除　被保険者が、契約日または復活日以後に発生した不慮の事故（疾病は該当しない）により傷害を受け、その傷害を直接の原因としてその事故の日から180日以内に所定の身体障害に該当した場合には、主契約・特約の保険料は払込みが免除されることになっている。なお、保険料払込免除後も保険契約は有効に継続することになる。上記とは別に特約を付加することにより、一定の状態になった場合、以後の保険料払込みが免除される特約もある。

保険料払込猶予期間　保険料払込期月に保険料の払込みがない場合の保険料払込みの猶予期間。生命保険の契約者は払込期日までに保険料を払い込む義務があるが、払込期日を経過しても直ちに生命保険契約が効力を失う（失効する）ものではない。つまり、払込期日から失効する前日までを猶予期間という。この期間に保険事故が発生した場合、保険金などは支払われる。猶予期間は、月払いの場合は保険料払込期月の翌月の末日まで、半年払い・年払いの場合は保険料払込期月の翌々月の契約応当日までである。

保障の見直し　現在加入している生命保険契約が年齢・家族構成やニーズの変化に対応しなくなり、保障の内容を現状に合うように見直すこと。現在の契約を解約することなく、見直す方法もある。

満期保険金　生命保険において保険期間が満了する時点で被保険者が生存していたときに支払われる生存保険金。養老保険の満期保険金は死亡保険金と同額である。

無配当保険　有配当保険に対して契約者配当金のない保険を「無配当保険」という。一般的には「無配当保険」は「有配当保険」よりも配当がない分だけ保険料は安い。

免責事由　保険会社は保険約款に定めるところにより保険金を支払う義務を負っており、一般にその保険事故の発生原因を問わないのが原則である。ただし、特殊なケースにおいては妥当性を欠き、保険収支の基礎に影響を及ぼす結果を生じることになる。そこで、商法は例外として①戦争その他の変乱による場合、②被保険者の自殺、決闘、犯罪、死刑の執行による場合、③受取人の故意による場合、④保険契約者の故意による場合には、特約等を設けない限り、保険会社の支払義務を免除すると規定している。これらの事由を「免責事由」という。通常、保険会社は改めて免責事由を規定しており、商法の規定そのものが適用されることは少なく、免責事由も保険会社により差異がある。

モラルリスク　生命保険を利用して、不正に利益を得ようとする心理状態（不純な申込み動機）の者が進んで保険契約に加入しようとする傾向。道徳的危険ともいう。モラルリスクは人間の心理状態に関する危険であり、その測定は困難である。犯罪に結びついたり、善意の契約者の利益を損なわないため、生命保険業界では「ご契約内容登録制度」を実施しその排除に努めている。その主な内容は、①申込み動機における不審点、②被保険者の年齢・職業・収入等からみた不当な保険金額、③死亡保険金受取人が第三者である場合等、④短期・重複加入の有無、である。

有配当保険　契約者配当金が分配される保険のこと。死差益・利差益・費差益を配当する配当付保険、利差益のみ配当する利差配当付保険がある。

養老保険　生死混合保険の代表商品。保険期間中の死亡には死亡保険金が支払われ、保険期間満了時には満期保険金が支払われる。養老保険では死亡保険金と満期保険金が同額である。どちらの状況でも契約どおりの保険金が支払われるため、保険料は高い。

予定基礎率　大数の法則、収支相等の原則等に基づき、保険料を算出する際の数値。予定死亡率･予定利率･予定事業費率がある。

予定事業費率　生命保険会社の事業費（諸経費）は保険料の一部で賄われている。生命保険会社の事業費として見込まれる割合が予定事業費率である。生命保険契約締結に伴い必要とする「新契約費」、生命保険契約の維持・管理に伴い必要とする「維持費」、生命保険料の徴収に必要な「集金費」から構成される。これらの予定事業費率は、保険種類ごとに定められている。

予定死亡率　危険保険料を算出する際の予定率。ある年齢の人が1年間に死亡する確率を、経験表（生命表）に基づいて算出する。経験表は生命保険の加入者を母集団としており、加入時の健康診断等が行われているため、全国民を対象とした生命表より低い死亡率を示している。

予定利率　生命保険契約は長期の契約であるため、保険会社に積み立てておくべき金額として責任準備金が発生する。この責任準備金の運用予定の利率を予定利率という。収支相等の原則で必要となる収入額（保険料）は、予定の利率で割り引いて計算される。予定利率が引き上げられれば、運用益が多く見積もられるため保険料は低下する。逆に予定利率が引き下げられると、運用益が少なく見積もられ、必要とする保険料が増加するので保険料は上昇する。2003年7月より、保険業の継続が困難となる蓋然性のある保険会社について、保険会社が既契約の予定利率引下げを行うことが可能となった。

利差益　剰余金の利源の1つ。想定した運用益よりも実際の運用益が多いときに発生する。実際の運用益のほうが少ないときは「利差損」となる。

リスクヘッジ　さまざまな危険に関して準備（保障）すること。リスクが発生したときの必要額と準備済額との差額分に対して、対策を立てる必要がある。

リスクマネジメント　リスクを予想し、リスクが現実のものとなってもその影響を最小限に抑えるように努力すること。法人でいえば、一般にリスクの発見、確認から始めて、そのリスクの頻度と企業財務の安定性に与える影響を測定する。それぞれのリスクの処理方法を多面的に検討しておき、費用と効果を勘案して最適な対処方法を選択する仕組み。一方、個人でみると、事故や災害、ケガや病気等、発生の頻度は少なくても起これば人生に与える影響は大きい。そこで、これらのリスクをヘッジするために保険料を支払って、万一の場合には保険金でその事態をカバーするように保険制度を活用している。

リビング・ニーズ特約　被保険者の余命が6カ月以内と判断された場合、請求に基づいて指定保険金額の範囲内で生前に死亡保険金が支払われる特約。特約の保険料は不要であり、生命保険に加入する際に、この特約を付加する形で契約する。保険金は所定の範囲内で指定でき、保険金を請求した場合、請求した保険金額から6カ月の保険料と利息相当分が差し引かれた額が支払われる。病状が本人に告知されないことを想定してあらかじめ代理請求人を指名しておけば、代理請求人が本人に代わって保険金を請求することができる。

連生保険　保険事故の対象となる被保険者が複数の保険。たとえば、一般的な学資保険は保険証券上の被保険者は子であるが、契約者である親の死亡によりそれ以後の保険料の払込みが免除されたり、育英年金が支給されたりする。これは契約者である親も保険事故の対象である被保険者に該当することを意味している。その他では夫婦連生終身保険、夫婦連生年金保険等がある。

第2節　損害保険

一部保険　当事者が契約した保険金額が、保険価額よりも低い保険。この場合、保険金の支払額は、保険金額の保険価額に対する割合によって決まる。→比例てん補

運行供用者　自己のために自動車を運行の

用に供する者。

価額協定保険特約　火災保険契約時に再調達価額を決めておき、その金額を限度として実際の保険金が支払われる特約。この特約をつけると、全損（全焼、全壊）の場合は、損害保険金の10％（1事故200万円限度）が特別費用保険金として上乗せして支払われる。ただし、主契約の保険期間が5年を超える長期の保険に付帯することはできない等の制限がある。

火災保険　建物（住宅、店舗、事務所、工場など）や動産（家財、商品、営業用什器・備品、機械設備など）が火災や爆発等の事故によって損害を受けたとき、その損害を補償する保険。住宅の火災保険には、補償タイプ（住宅火災保険、住宅総合保険、団地保険等）と積立タイプ（長期総合保険、積立生活総合保険等）がある。住宅火災保険は、火災、落雷、破裂、爆発、風災、ひょう災、雪災といった基本的な事故に対する損害や、臨時費用、残存物取り片付け費用、失火見舞費用、地震火災費用も支払われる。地震火災費用は、地震、噴火、津波による火災で建物が半焼以上の被害を受けた場合、あるいは、家財が全焼または家財を収容する建物が半焼以上となった場合に限り、火災保険金額の5％（最高300万円まで）が支払われる。ただし、地震による直接の損害は補償されない。これを補償するには、地震保険に加入する必要がある。住宅総合保険は、住宅火災保険よりも補償の範囲が広く、建物外部からの物体の飛来、水漏れ、騒じょう、盗難、持出し家財に生じた事故、水災の損害も加えて対象となる。なお、台風や集中豪雨などにより発生した洪水、高潮、土砂崩れ、河川のはん濫などの水災事故で、建物や家財が被害を被った場合、住宅火災保険や普通火災保険では、保険金が支払われないので、住宅総合保険などの総合保険に加入する必要がある。なお、現在は、「すまいの保険」への統合・一元化が進んでおり、販売される火災保険の主流となっている。

急激かつ偶然な外来の事故　傷害保険の支払対象となる「ケガ（傷害）」の原因となるもの。急激性とは、突発的に発生すること。たとえば、靴ズレは傷害だが、一定の時間の経過によって生じるもので、突発的なものとはいえないため保険金支払の対象外。偶然性とは、予知できない出来事。原因が偶然、結果が偶然、原因と結果がともに偶然、のいずれかであること。足を骨折中なのにボールを蹴って悪化させた場合は、十分結果予測ができたケガなので、保険金支払の対象外。外来性とは、身体の外からの作用。脳疾患で倒れ骨折した場合など、体に内在する原因によって生じたケガは保険金支払の対象外。

給付・反対給付均等の原則（公平の原則）
保険事故の発生に伴って給付される保険金・給付金に対し、保障を受けるための対価としての掛金・保険料（反対給付）が保険事故発生の確率・保障額等に見合ったものであるとする原則。たとえば、保険事故の発生確率が等しく、保障額も同額であれば、反対給付としての掛金は同額であり、発生確率が高くなれば、反対給付としての掛金も高くなる。

共同不法行為　複数の加害者が共同して他人に損害を与えた場合には、全員が損害額全額について連帯して責任（債務）を負うことになる。

クーリング・オフ（損保）　クーリング・オフ(生保)参照。ただし、保険期間が1年以内の契約、保険契約の加入が法令で義務付けられている自賠責保険などは、クーリング・オフの申出ができない。

故意・過失・重大な過失　故意とは、ある事実を知っていながらあえてする行為のこと、過失とは、普通の人が当然なすべき注意を欠いた行為のこと、重大な過失とは、不注意の程度がより重いことをいう。

告知義務（損保）　保険契約をする際に保険会社に対して申込書の記載事項など重要な事実について正しく申告しなければならない義務のことをいう。

再調達価額　保険契約の対象である物と同じ物を再取得または再購入するために必要な額。時価に対する言葉で、新価ともいう。

債務不履行責任　契約の当事者である債務者が自分の責任で契約上の義務を果たさなかった場合、債務者はその損害の賠償をする責任を負う。

時価　その物のその時のその場所における客観的な価額であり、再調達価額から経過年数による減価額を差し引いた価額となる。たとえば、建物では新築価額（再築価額）から使用年数に相当する減価額を控除した額。また、家財では新品購入価額（再買入価格）から使用年数に相当する減価額を控除した額。物保険における保険価額および損害額は、通常この時価によって算定する。

地震保険　火災保険で補償されない、地震・噴火・津波による直接の損害を補償する保険。保険の目的は居住の用に供する建物および生活用動産（家財）に限られる。地震保険は単独では加入できず、必ず火災保険に付帯して契約する。保険金額は、建物5000万円、家財1000万円を上限に主契約（建物または家財）の保険金額の30〜50%の範囲内で任意に定められる。

失火の責任に関する法律　略称「失火責任法」。火元の火災が「故意または重過失」で生じたものでない限り損害賠償責任が発生しないこととしており、一般的不法行為における「故意または過失」の主観的要件を緩和している。つまり、もらい火で家を焼失してしまった場合、失火者に不法行為に基づく損害賠償責任を追及できない。したがって、このリスクに備えるためにも必ず火災保険に加入しておく必要がある。失火法は、不法行為責任についてのみ適用されていて、債務不履行責任には適用されない。したがって、借家人が軽過失の失火によって借家を焼失させた場合でも、家主に対して債務不履行による損害賠償責任が生じる。このような場合のために、借家人としては、家財につけている火災保険などに「借家人賠償責任担保特約」を付ける必要がある。

実損てん補　「実損払い」ともいう。損害が生じたとき、保険金額を限度に実際の損害額の全額を保険金として支払うこと。

自動車損害賠償責任保険　通称「自賠責保険」。自動車保険は、「自賠責保険」（強制保険）と「自動車保険」（任意保険）の２つに大別できる。自賠責保険は、自動車損害賠償保障法によってすべての車（原動機付自転車を含む）に加入が義務付けられており、被保険者が自動車で他人を死傷させた場合の賠償損害を補償する（対人賠償のみ）。支払われる保険金の限度額は、被害者１名当たり、死亡による損害で最高3000万円、傷害による損害で最高120万円、後遺障害による損害は、その程度により75万円～最高4000万円。

自動車損害賠償保障法　略称「自賠法」。自動車の運行による人身事故の損害賠償を保障する制度で、①被害者の保護を図ること、②自動車運送の健全な発達に資すること、を目的としている。自賠法は、法律上の損害賠償責任の履行を一定額確保させるために、自動車の保有者に対して自賠責保険（自動車損害賠償責任保険）への加入を義務付けており、自賠責保険が付保されていない自動車は運行してはならないと定めている。

自動車保険（任意保険）　自賠責保険は人身事故のみを補償し、死亡保険金の支払限度も3000万円と低い。この自賠責保険では補えない範囲の賠償損害を補償するのが自動車保険（任意保険）である。任意保険の代表的な担保項目は、対人賠償保険、対物賠償保険、人身傷害保険、搭乗者傷害保険、車両保険の５つである。これらの組合せによって、保険を契約する。本人が受けた損害のうち、従来は過失相殺によって補償されなかった分を補償する人身傷害補償保険や、地域・年齢などの条件をより細かく分類したリスク細分型保険が主流となっている。

借家人賠償責任担保特約　失火・爆発などの事故により、借りている戸室や建物に損害を与え、大家への賠償責任を負った場合、損害賠償金を払う。火災保険などの家財を保険の目的とする契約に特約を付加するとよい。

収支相等の原則（損保）　保険料収入の総額が、保険給付の総額と等しくなるように、保障内容と保険料を算定するという原則。保険は加入者相互の経済的扶助を原則としていることから、契約者全体から払い込まれる保険料の総額と、保険会社が保険金等の受取人全体に支払う総額とが相等しくなるように計算される。保険事故の発生確率は、個々人としては偶発的であるが、多くの者の集団では一定の範囲に収束する。これを「大数の法則」といい、保険料は、大数の法則による確率に基づいて計算される。

傷害保険　急激かつ偶然な外来の事故により身体に傷害を被り、死亡や負傷した場合に保険金を支払う保険。保険金としては、死亡保険金、後遺障害保険金、入院保険金、手術保険金、通院保険金がある。火災保険や自動車保険などの「実損払い」ではなく、生命保険と同様に、あらかじめ定められた金額が、事由に沿って支払われる「定額払い」である。ただし、海外旅行傷害保険の治療費については、実費である。普通傷害保険、家族傷害保険、交通事故傷害保険、ファミリー交通傷害保険、所得補償保険、国内旅行保険、海外旅行保険等が代表的な保険である。→急激かつ偶然な外来の事故

使用者責任　業務に従事中の被用者（使用人）が第三者に損害を与えた場合には、その使用者（雇い主）もその損害の賠償責任を負担しなければならない。「自賠法」では、使用者も運行供用者となり、無過失責任に近い責任を負うことになる。

製造物責任法　略称「ＰＬ法」。製造物の欠陥による損害の賠償責任について定め、被害者の保護を図ることを目的とした法律。製造業者等は、製造したものの欠陥により他人の生命、身体または財産を侵害した場合、原則としてそれによって生じた損害を賠償する責任を負う。

全部保険　当事者が約定した保険金額が保険価額と同一の保険。この場合、保険金額を限度に実際の損害額の全額が保険金として支払われる。

損害賠償責任　日常生活のなかで、交通事故などで他人に不利益（損害）を与えてしまうことがある。このような場合に紛争解決の手段として「損害賠償」がある。損害賠償責任は、民法上、不法行為や債務不履行があった場合に発生する。被害者は、不法行為などにより法律上の損害賠償請求権を取得しても、加害者に賠償能力がなければ救済されない。また、加害者にとっても、一時に多額の損害賠償を負担することは容易なことではない。損害保険の商品には、自動車保険や各種の賠償責任保険があり、偶然の事故で法律上の損害賠償責任を負担した場合の損害を補償することにより被害者救済を図っている。

損害保険料　損害保険の保険料は、「損害保険料（いわゆる掛捨て部分）」と「積立保険料」に大別できる。損害保険料はさらに「純保険料」と「付加保険料」に分類される。純保険料は、偶然の事故や災害による損害を補償するために、大数の法則、収支相等の原則等に基づいて算出された保険料を指す。一方、付加保険料は、損害保険事業の運営に必要な人件費・物件費・代理店手数料などの諸費用に充てられる。そのほか、新たな危険に対応し保険事業活動を積極的に展開していくための妥当な利潤部分を付加することも認められている。

第三分野保険　→45ページ参照

大数の法則　→45ページ参照

代理店手数料　保険代理店が顧客と保険契約を締結した場合に、保険会社から代理店に対して報酬として支払われる手数料。代理店が取り扱った保険料に対して保険会社

が定める割合で支払われる。保険の種類や代理店のランク等によって異なる。

超過保険　当事者が約定した保険金額が保険価額を超えている保険。保険による利得禁止の原則によって、超過部分については、保険契約者の善意悪意を問わず無効であったが、保険法の施行により、善意・無重過失の場合は原則取消しが可能となったため、保険料が返還される場合もある。

通知義務　保険契約を締結した後（保険期間中）、契約内容に変更が生じた場合に、保険会社に通知しなければならない義務のことをいう。

積立型保険　長期の補償と貯蓄性を兼ね備えた保険。保険期間は２年以上で、保険期間の満了時には約定した額の満期返戻金が契約者に支払われる。その際、積立保険料の運用益が予定利回りを上回った場合は、契約者配当金も併せて支払われる。また、契約者貸付制度が利用でき、保険金が何回支払われても契約が失効しない限り保険金額は減額されない、などの特徴がある。

積立保険料　損害保険には、補償だけでなく貯蓄性も兼ね備えた積立型の保険があり、その貯蓄性の原資になるのが積立保険料である。積立保険料は予定利率で運用され、満期時に満期返戻金として、契約者配当金とともに受取人に支払われる（配当金は運用実績によってはつかない）。

ディスクロージャー資料　→45ページ参照

賠償責任　他人を傷つけたり、他人の物を壊したために、第三者に対して負う責任。賠償額は、逸失利益、慰謝料などを基礎に、過失割合に応じて算出される。

賠償責任保険　被保険者が、偶然な事故によって他人の生命・身体や財物に損害を与え、法律上の損害賠償責任を負担することによって被った損害を補償する保険。個人の日常生活に関する賠償責任を補償する個人賠償責任保険、専門的な職業（たとえば、税理士や弁護士）がその職業の業務遂行に起因して負担する賠償責任を補償する専門職業人賠償責任保険、企業の製造物の欠陥による賠償責任を補償する生産物賠償責任保険（ＰＬ保険）などがある。

被保険者（損保）　保険の補償を受ける人、または保険の対象となる人。保険契約者と同一でないこともある。

被保険利益　ある偶然な事故が発生することにより、ある人が損害を被る場合に、その損害を補てんする保険金を受け取るといった利害関係をいう。言い換えれば、被保険者が保険の目的につき、保険事故が発生すれば経済上の損害を被る関係にあることをいう。損害保険契約では、原則として、金銭に見積もることができる利益に限り、保険契約の目的とすることができ、被保険利益の存在が前提となる。

比例てん補　損害が生じたとき、保険金額が保険の対象物の価額に不足している場合（つまり一部保険の場合）に、その不足する割合に応じて保険金を削減して支払うこと。

不法行為責任　故意または過失によって、他人の権利を侵害した者（加害者）は、被害者に対してこれによって生じた損害の賠償をする責任を負う。

保険価額　保険事故の発生によって被保険者が被る可能性のある損害の限度額。保険による利得禁止の原則によって、当事者の約定する保険金額はこの保険価額を越えてはならない。損害保険で使われる用語。

保険金（損保）　保険事故により損害が生じた場合に、保険会社が被保険者に支払う金銭のこと。

保険金額　保険会社が損害のてん補として給付する金額の最高限度として当事者間で約定する金額。保険金額は、保険事故の発生に際して保険会社の支払うべき金額そのものではない。支払うべき金額（保険金）は実際に生じた損害額の範囲内で、その損害額に応じて約定の保険金額と保険価額の割合により決まる。損害保険で使われる用語。

保険契約者保護機構（損保）　損害保険契約者保護機構の補償として保険金・満期返戻金・解約返戻金については、原則として責任準備金に対する以下の補償割合で保護される。ただし、積立保険や介護費用保険などについて予定利率の変更が行われたときは、その保険金（介護費用保険の場合）、満期返戻金(積立保険の場合)、解約返戻金（積立保険および介護費用保険）等は補償割合を下回る。補償割合100％→自賠責保険および家計地震保険、90％→年金払積立傷害保険、その他の疾病・傷害保険、80％→自動車保険、火災保険、その他の損害保険（賠償・労災等）および海外旅行傷害保険（ただし、破綻後3カ月以内に発生した保険事故については、支払われるべき保険金の額の100％）、補償対象外→その他の保険。共済も対象外。

保険者　→48ページ参照

保険証券　→49ページ参照

保険代理店　保険会社との間に締結した代理店委託契約に基づき、保険会社に代わって顧客との間で保険契約を結び、保険料を領収することを業務とする者。顧客に適切な商品の選択ができるよう助言するとともに、事故が発生したときには、保険金の請求に必要な書類の取り揃え方や書き方を助言するなどの行為も行う。

保険の3大原則　保険制度の根幹となる基本原理。①給付・反対給付均等の原則（公平の原則)、②大数の原則、③収支相等の原則の3つがある。私的保険においては特にこの原則が厳格に守られている。

保険の目的　保険の対象となるもの。火災保険での建物や家財、自動車保険での自動車等がこれに当たる。

保険約款　→49ページ参照

満期返戻金　損害保険の積立型保険において、満期時に保険者から保険契約者に返戻される金銭。金額は保険契約締結時に約定される。

無過失責任　加害者の側に過失がなくても被害者に対して損害賠償の責任を負わなければならないこと。

物に関するリスク　火災や地震による「住まいに関する物（建物と家財）」のリスク、自分の車等が傷つくリスクや、時計・宝石等の貴金属や名画や骨董品等の高価な動産（その他の動産）の破損、盗難等のリスクをいう。

リスクマネジメント　→52ページ参照

利得禁止の原則　保険金の受取りにより利益を得るべきではないとされる原則。

第4章 金融資産運用

第1節　金融経済

IFA　Independent Financial Advisor の略。証券会社等の代理店として、金融商品の案内を行う業者。

一般会計　国および地方公共団体の会計の根幹をなし、基本的に重要な歳入歳出を経理する会計をいい、特別会計に対応する用語。国および地方公共団体の予算はもともと1つの会計で経理することが望ましいとされているが（予算単一主義）、現状では予算全体を1本にして処理するには複雑すぎるため、特別な事業や特別な資金の運用を対象とするものなどは特別会計として一般会計とは別に処理している。通常、「国家予算」という場合は一般会計予算を指す。

インターネット銀行　各種決済、振込、振替など、銀行取引の一部をインターネットで行うことができる「インターネット・バンキング・サービス」も普及したが、インターネット銀行は、原則として自らは物理的な店舗を持たない銀行である。日本初のインターネット専業銀行である「ジャパンネット銀行」が2000年10月に業務を開始した。店舗型の銀行に比べて人件費などのコストが低く抑えられるため、預金利率を高く、各種手数料を安くできるメリットがあるとされる。

インターバンク市場　銀行間取引市場。狭義では、銀行を中心とした金融機関で構成される短期の資金融通市場。事業法人や大口投資家等非金融機関も参加可能なオープン市場とともに短期金融市場を構成し、中央銀行による金融調節の場であることから、諸金利の形成上コアになる市場である。狭義ではコール市場、広義では外国為替市場等がある。

エクイティ・ファイナンス　純資産の増加となる資金調達のこと。新株の発行が代表的であるが、自己株式の処分や、株式に転換する可能性のある転換社債型新株予約権付社債や新株予約権付社債の発行も含む。普通社債の発行など負債の増加による資金調達であるデット・ファイナンスに対比して用いられる。

M２　流通しているお金の量（マネーストック）を表す指標のうち、最も代表的な指標。M２とは国内銀行等に預け入れられた現金、預貯金を指す。一般的に景気がよくなるとマネーストックも増加すると考えられる。毎月10日前後に前月分を日本銀行が公表する。

オークション方式　取引所における金融商品の売買方法の1つで、個々の売買注文のうち、最も低い値段の売り注文と最も高い値段の買い注文とを合致させて売買を成立させていく方式。「個別競争売買」ともいう。マーケットメイカーと呼ばれる者が継続的に売買値段を提示し、その売買値段と注文による売買注文とを合致させていく「マーケットメイカー制度」と対比して用いられる。

オープン市場　市場参加者が銀行等金融機関に限定されているインターバンク市場に対し、参加者が限定されず企業、地方公共団体等非金融機関も自由に参加できる短期の金融市場。証券会社の国債などの在庫資金調達の手段として、1970年代に出現した債券現先市場を初めとして発展してきたもので、CD（銀行等の譲渡性預貯金）、CP（企業の約束手形・短期社債）、TDB（国庫短期証券）、現先取引（国債などの買戻し・売戻し条件付きの売買）などがある。

外国為替市場　円や米ドル、ユーロなど異なる通貨を互いに交換（売買）する市場で外為市場ともいう。外国為替市場は、金融機関相互間で外国為替を売買する「銀行間市場（インターバンク市場）」と、金融機関が一般個人や企業等を相手として外国為替の売買を行う「対顧客市場」の2つに大別される。単に外国為替市場という場合には、一般的にはインターバンク市場を指す。その場合、「市場」と名はついているが、具体的な取引所は存在せず、銀行間等相対で取引が行われることが特徴である。当事者間の電話やネット回線・端末上で個々に値段が決められ、為替相場（通貨の交換比率）が形成される。

株式市場　広義では、株式の「発行市場」と「流通市場」の双方を指す。企業等が資金調達をするために株式を発行し、投資家がこれに応じ資金提供をする市場が発行市場である。発行市場は証券取引所のような具体的なマーケットではなく、抽象的なもので、証券会社が新株募集等を手がける機能、すなわち一般に株式が流通する前の段階を指す。既に発行・流通している株式を、その時々の時価で売買されるのが流通市場である。代表的なのは取引所市場である。

間接金融　銀行などの金融仲介機関が預金などで、個人などの貸手から資金を調達し、その資金を金融仲介機関のリスクで国や企業など借手に貸し付けること。最終的な借手と最終的な貸手との間に金融機関が介在する。この場合、金融機関は最終的な借手に対して、貸した資金の返済を請求する権利を持つ一方、最終的な貸手からは、金融機関が預金などの形で借り入れた資金の返済を請求されることになる。

機械受注統計　企業の設備投資を早期に把握するための経済統計。今後、景気が回復するという見通しであれば、消費が拡大するため、企業は設備投資を増やして生産体制を整える。機械の需要者別に「民需」

（民間企業）、「官公需」（官庁や公共団体）、「外需」（海外からの注文）、「代理店」（代理店等経由で最終需要者が不明）に分かれており、「船舶・電力を除く民需」の対前月比、対前四半期比に注目する。

企業物価指数　企業間で取引される商品の価格に焦点を当てた物価指数であり、日本銀行が毎月、調査発表している。その主な目的は、商品の需給動向を敏感に反映する取引価格の動向を調査し、マクロ経済分析のための重要な材料の１つを提供することにある。統計は主に「国内企業物価指数」「輸出物価指数」「輸入物価指数」から構成される。企業物価指数は国際商品市況（原油価格の動向等）や為替動向からも直接影響を受けるので、消費者物価指数よりも変動が激しい。

基軸通貨　「キーカレンシー」ともいう。さまざまな通貨の中でも、貿易取引などを通じて最も頻繁に用いられる通貨。現在は米ドルやユーロがこの役割を担っている。基軸通貨として認められるためには、通貨価値が安定していることや、交換が制限されていないこと、そして金融市場が発達していて資金の運用や調達が行いやすいことなどの条件を満たす必要がある。

基準割引率および基準貸付利率　日本銀行が、個別の金融機関に対して、オペレーションによることなく資金を貸し出す際の基準金利。日本銀行があらかじめ定めた条件に基づき、貸付先からの借入れ申込みを受けて、差し入れられている担保価額の範囲内で受動的に実行する貸付制度（補完貸付制度）の適用金利であり、短期の市場金利の上限を画する役割を担っている。

規制金利　金融市場における需給バランスによってではなく、政府・中央銀行によって決められている金利。規制金利の時代は、日銀の公定歩合操作によって、民間の預貯金金利や各種ローン金利なども変動した。つまり規制金利のもとでは、政府や日銀が一定の政策意図のもとに金利水準を決定していたことになる。

業況判断 DI　日本銀行が四半期ごとに行う短観（全国企業短期経済観測調査）は、全国の企業動向を把握し、金融政策の運営に役立てるために行われるもので、景気動向指数など、他の景気関連指標との相関性も高い。調査対象企業に調査表を発送し、その回答を加工・集計しており、調査表の発送から集計結果の公表までは約１カ月で、速報性が高い。その結果、今度の企業活動の動向を測るうえで注目度が高い。業況判断 DI は、収益を中心として全般的な業況について、「良い」という回答社数の割合から「悪い」という回答社数の割合を引いて算出される。業況判断 DI がピークアウトした場合には、景気は山を過ぎ後退局面入りしていることが多く、逆にボトムアウトした場合には、景気は谷を過ぎ回復局面入りしていることが多い。なお、短観の集計結果は調査対象企業からの回答を集計したものであり、日本銀行の景気判断や予測を示すものではない。

金本位制　通貨の信用の裏付けとして金を用いる通貨体制。第二次世界大戦終了後に確立したブレトンウッズ体制のもとでは、固定価格で米国がドルと金の交換に応じることを前提に、世界各国の対ドルレートは固定相場制が採られた。しかし、米国の経常収支赤字の悪化に伴いドルが世界各国に流出し、ドルを金に交換する動きが増加。1971年には当時のニクソン大統領がドルと金の交換停止を発表し、金本位制は崩壊した。

金融機関のリスク変換機能　間接金融に見られる機能。個人が企業などに直接融資をする形をとると、その企業が倒産した場合、その信用リスクを個人が直接負うことになる。しかし間接金融の形態をとれば、仮に銀行が企業に対して行っている融資が焦げ付いたとしても、そのリスクを預金者が直接負うことはない。つまり最終的な貸手と、最終的な借手との間に銀行が介在することで、最終的な貸手が負う種々のリスクを銀行に変換すること。

金融政策　各国の中央銀行（わが国では日本銀行）は、一般的に、経済の持続的な成長と物価の安定を両立させるため、金融市場に資金を供給したり、逆に資金を吸い上げたりする。これを金融政策という。主な金融政策には「公開市場操作」のほか、いわゆる「量的緩和」がある。

金利サイクル　金利水準は、一般的に、景気の良し悪しに応じて、上昇したり低下したりを繰り返す。これが金利サイクルである。通常、景気の先行きが悪いときには金利水準は低下傾向をたどり、逆に景気が過熱ぎみになると金利水準は上昇する。また金利サイクルに応じて、たとえば金利低下局面での運用は固定金利商品が有利であるのに対して、金利上昇局面での運用は変動金利商品が有利になるなど、有利な金融商品のタイプも変わってくる。

金利自由化　金融市場における資金の需給バランスによって決められる金利のことを自由金利という。金利自由化とは、政府・中央銀行によって金利が定められる規制金利から、自由金利へと移行するプロセスをいう。国内の預金金利自由化は、1994年10月に行われた流動性預貯金の金利自由化によって最終局面を迎え、現在は規制金利に基づく金融商品は当座預貯金など決済用預貯金以外存在しない。

決済用預貯金　ペイオフ制度の特例として、金融機関の破綻時にも預金保険によって全額保護される決済専用の預貯金。具体的には、利子がなく、払出しが自由で、決済（引落しなど）に用いることができる預貯金を指す。

鉱工業指数　企業の生産活動の水準や出荷の動向を図る指標。生産、出荷、在庫、在庫率の各指数がある。統計の対象は機械工業、化学工業、食料品、鉱業といった幅広い分野をカバーしている。景気がよくなれば、生産指数や出荷指数は上昇傾向をたどり、逆に不況時には低下傾向をたどる。毎月調査が行われ、その翌月には速報値が発表されるため、各種経済統計の中では景気動向を敏速に捉えることができるものの1つである。

公社債市場　広義では公社債の「発行市場」と「流通市場」を指す。発行市場は国や地方公共団体、事業法人などが新規に債券を発行する市場で、起債市場ともいう。流通市場は債券の売買が行われる場である。流通市場は取引所市場と店頭市場の2つに大別されるが、店頭市場の取引が圧倒的に多い。これは、公社債は銘柄数が多い一方で売買の当事者が少なく、取引所での上場取引にそぐわないからである。

公社債店頭売買参考統計値　債券の流通市場には、取引所市場と店頭市場とがあるが、このうち店頭市場で取引されている債券の価格を表示したもの。日本証券業協会がとりまとめているもので、証券会社から売買レートの報告を受けて、これを平均したもの。

コール市場　短期金融市場の1つで、民間金融機関が日常の営業活動のなかで生じる資金の過不足を、相互に調整するための短期の資金取引を行う市場。市場参加者は原則として日本銀行に当座預金を有する金融機関に限定され、一般企業などの参加は認められていない。コール市場で取引される資金をコール資金といい、資金調達者にとっては手許流動性資金確保の手段であり、資金提供者にとっては短期資金の重要な運用手段の1つになっている。このため、コールの金利（コール・レート）は短期金融市場の指標的金利とされている。

国際会計基準　国ごとに会計手法が異なると、国籍が異なる企業の場合、単純に財務内容を比較することができない。企業は資金を調達するために株式や債券を発行するが、国によって会計基準が異なると、それを買う投資家は企業の財務内容を正確に比較するのがむずかしくなる。そのため、企業会計に関するさまざまな内容（たとえば研究開発費の計上の仕方や、保有株式など有価証券の評価基準など）を統一することによって、国籍の異なる企業の財務内容の比較を簡単に行えるようにする。なお、一般的に国際会計基準もしくはIFRSと呼ばれるものは、米国の会計基準（FAS）と対比されるもので、日本では2010（平成22）年3月期以降、任意適用が認められている。

国際収支　日本と諸外国との間で行われているさまざまなモノやサービス、資本の取引状況を金額ベースで表したもので、「経常収支」と「資本収支」を2大項目としている。特に経常収支は、日本から海外諸国への輸出額が、海外諸国から日本への輸入額を下回るほど黒字額が減少（または赤字額が増加）する。経常収支の黒字額が増加（または赤字額が減少）すると潜在的な円高要因となり、反対に、経常収支の黒字額の減少（または赤字額の増加）は円安要因となると考えられる。

国内店頭取引　外国証券の取引方法のうち、国内委託取引と同じように日本国内で取引する方法だが、顧客と証券会社との間で相対で行われるもの。証券会社が相手方になるため、証券会社が必ずしも注文に応じられるとは限らず、取引する際にはどのような銘柄なら取引できるかを事前にチェックする必要がある。

財政投融資　税金を用いずに調達した資金を財源として、民間では対応が困難な長期・低利の資金供給や大規模・超長期プロジェクトの実施を可能とするための、政府による投融資活動。財政投融資を行うのは財投機関と呼ばれる法人で、財源は、財投機関自らが発行する債券である財投機関債と、財投債と呼ばれる国債などである。

CI（Composite Index）　「シーアイ（コンポジット・インデックス）」と読む。一般的には、内閣府が公表する「景気動向指数」の１つであるCIを指す。主として景気変動の大きさやテンポ（量感）を測定することを目的とする指標。従来、景気動向指数はDI（ディフュージョン・インデックス）を中心とした公表形態であったが、2008年４月分からCI中心の公表形態に移行された。CIには、DIと同様に、景気に対し先行して動く「先行指数」、ほぼ一致して動く「一致指数」、遅れて動く「遅行指数」の３本の指数がある。一致CIが上昇しているときは景気拡張局面、低下しているときは景気後退局面であり、その変化の大きさから、景気拡張・景気後退のテンポを読み取ることができる。

CD新発３カ月物レート　オープン市場の代表的な金利で、新規に発行される３カ月満期のCD（譲渡性預金）の金利である。一般の企業も参加するオープン市場の金利であるため、日本銀行の金融政策による直接的な影響はあまり受けないが、金利裁定取引が行われるため、このレートもインターバンク市場の金利に影響を受けるのが通常である。

GDP（Gross Domestic Product）　国内総生産。一定期間中に、その国で創出された財やサービスの付加価値の総額で、その額が大きくなるほど、その国の経済規模は大きいことになる。GDPは四半期ごとに作成・公表されており、その伸率を「GDP成長率」または「経済成長率」という。

資金援助方式　預金者保護の仕組みには、資金援助方式とペイオフ方式がある。資金援助方式とは、預金保険機構が、合併や営業譲渡等により破綻金融機関を救済する受け皿金融機関に対して資金援助を行う方式である。破綻処理の方法としては、保険金支払方式（いわゆるペイオフ方式）よりも優先して資金援助方式がとられるようになっている。預金保険機構は、破綻金融機関から受け皿金融機関への継承を容易にするため、金銭の贈与、資金の貸付、資産の買取り等の資金援助を行うことがある。

資金需要　借入れに対する需要。たとえば景気がよくなると、企業は設備投資を増やすために金融機関から借入れを起こしたり、債券を発行して資金を調達する。個人も、住宅や自動車などの高額商品を購入するために、ローンを組んだりする。このように資金を借り入れる動き、つまり資金需要が高まると、金融市場では金利水準が上昇傾向をたどるようになる。

JASDAQ　かつての店頭売買有価証券市場。代表的な新興市場で、2004年12月から証券取引所に移行。2010年４月に大阪証券取引所と合併し、同10月にかつてのヘラクレス等と市場を統合している。東京、大阪の両証券取引所の現物株取引の統合に伴い、2013年７月からは、東京証券取引所で東証 JASDAQ 市場となっている。なお、東京証券取引所は、2022年４月に市場区分の再編を行うことを予定している。

証券化　債権、不動産といった資産を担保や裏付けとして資金を調達する手法の総称。“証券”化という表現を用いるものの、実際には、ペーパー会社が資産を保有して、そのペーパー会社が資金を調達する場合には、金融機関からの借入れを利用するときも証券化という。また、信託勘定が資産を保有して、その信託勘定が受益権や借入れの形で資金を調達する方法もある。

証券取引所　証券の需要と供給を統合し、それによって証券の公正な価格を形成するための場である。有価証券市場は発行市場と流通市場とに分かれるが、証券取引所は流通市場の概念を具体化した組織といえる。わが国では４つ（東京、名古屋、福岡、札幌）の取引所がある。企業はここに株式を上場して資金を調達する一方、不特定多数が自由に株式を売買する。また株式とともに、転換社債型新株予約権付社債、国債なども上場されており、やはり不特定多数が自由に売買する。証券取引所は金融商品取引法の施行によって法律上の名称が金融商品取引所に変更されているが、証券取引所という名称を引き続き使用することは認められている。なお、東京金融取引所は旧来からのいわゆる証券取引所ではないが、金融商品取引法上の金融商品取引所であり、日経平均株価などの株価指数証拠金取引（CFD）を上場している。また、かつての大阪証券取引所は、東京証券取引所とのデリバティブ市場の統合（2014年３月）を経て、大阪取引所となっている。

消費者物価指数　総務省が毎月発表する消費者物価の変化を表す指数で、略称は CPI（Consumer Price Index）。全国の世帯が購入する家計に係る財およびサービスの価格等を総合した物価の変動を時系列的に測定するものである。つまり、家計の消費構造を一定のものに固定し、これに要する費用が物価の変動によって、どう変化するかを指数値で示したものである。消費者物価指数は、原則として毎月19日を含む週の金曜日の午前８時30分に公表される。なお、東京都区部については、１カ月早い速報値が毎月26日を含む週の金曜日に発表され、こちらも注目される。

新設住宅着工戸数　国土交通省が作成・公表している経済統計で、居室、台所等が備え付けてあり、独立して生活できる住居が新たに建設される戸数を表している。着工ベース、つまり工事が始まった時点の数値を捉えており、景気の動きに先行する傾向がある。個人消費の強弱を把握するためにも利用できる。

信用秩序　信用秩序とは、金融取引が支障なく行われ、金融システム全体が有効に機能している状態を指す。信用秩序を維持するために、金融機関には一定以上の自己資本比率を保つなど健全な経営を維持することが求められ、さらに一部の金融機関が経営破綻した場合でも、円滑な金融取引を維持できるよう、日本銀行の特別融資や預金保険機構といったセーフティネットが構築されている。

対顧客電信売相場　「TTS（Telegraphic Transfer Selling Rate）」ともいう。顧客が円貨を外国通貨に換える場合の為替レート。外国為替市場で取引されている為替相場の中心値（仲値）に取扱いコストを加えたもの。この場合、顧客は金融機関に対して円を支払って外国通貨を購入するわけだが、これを金融機関の側からみると外国通貨を顧客に売ったことになるので、「売相場」と呼ばれる。

対顧客電信買相場　「TTB（Telegraphic Transfer Buying Rate）」ともいう。顧客が外国通貨を円貨に換える場合の為替レート。外国為替市場で取引されている為替相場の中心値（仲値）から取扱いコストを引いたもの。この場合、顧客は金融機関に対して外国通貨を売って円を受け取るわけだが、これを金融機関の側からみると外国通貨を顧客から買ったことになるので、「買相場」と呼ばれる。

TIBOR　「タイボー」と読む。Tokyo InterBank Offered Rateの略称。全銀協TIBORとして、一般社団法人全銀協TIBOR運営機関が算出・公表を行っている。全銀協TIBORの算出にあたっては、まず各リファレンス・バンク（レート呈示銀行）が、毎営業日、午前11時時点における1週間物、1カ月物、2カ月物、3カ月物、6カ月物、12カ月物の6種類について、市場実勢レートを全銀協TIBOR運営機関に呈示する。次に全銀協TIBOR運営機関は、各期間における呈示レートについて、それぞれ上位2行と下位2行の値を除外して、それ以外の呈示レートを単純平均し、「全銀協TIBORレート」（日本円、ユーロ円それぞれ6種類）として全銀協TIBOR運営機関が認めた各情報提供会社を通じて公表している。全銀協TIBORは円の金利スワップや円建の融資の基準金利として用いられている。国際的に同様の指標として用いられるものにLIBOR（ロンドンでの銀行間金利）やEURIBOR（ユーロ金利）がある。なお、2021年末をもってLIBORの公表は停止されることが予定されており、TIBOR、EURIBORについても代替となる無リスク金利のあり方が議論されている。

短期金融市場　短期資金の取引が行われる市場。わが国には、円建の短期金融市場として、コール市場、手形売買市場、債券現先市場、現金担保付債券貸借市場、CD市場、国庫短期証券市場、CP 市場などがある。これらの市場では金融機関を中心に広範な市場参加者が参加していること、資金の需給関係に応じて日々変動することなどが特徴である。

長期金利　長期の資金貸借取引に伴う金利。長期国債の利回りや金利スワップのレートなどが典型的指標として用いられる。わが国では、最も新しい10年物利付国債の利回りを一般的に長期金利の指標としている。

貯金保険制度　農水産業協同組合が貯金等の払戻しができなくなった場合などに、貯金者等を保護し、また、資金決済の確保を図ることによって、信用秩序の維持に資することを目的とする制度。農水産業協同組合が加入するセーフティネットである。貯金等の保護の範囲や貯金保護の仕組みは、「預金保険制度」と同様である。

直接金融　国や企業が債券・株式などを発行し、それらの証券を個人や機関投資家などが購入することで資金調達が行われる方式。資金が余剰している貸手が、資金が不足している借手の発行する証券を購入することで、貸手から借手に直接資金が融通されるものである。直接金融の世界では、お金の借手と貸手の間に証券会社などの金融商品取引業者が介在し、借手の有価証券の発行を手伝うとともに、それを購入する投資家を探すのが一般的である。

通貨価値　お金の価値。この価値は絶対的なものではなく、相対的なものである。たとえば、インフレによって物価が暴騰すると、物価が上昇する前に比べて１万円の購買力は低下する。つまり通貨価値が下落したことになる。逆に物価が下落すれば、１万円の購買力は上昇するため、通貨価値は上昇する。このように通貨価値とは、基本的には物価との見合いにおいて語られる。

DI（Diffusion Index）　「ディーアイ（ディフュージョン・インデックス）」と読む。内閣府が公表する「景気動向指数」の１つである DI を指すことが多い。各種経済統計の中から、景気の動きに先行して動くものを「先行系列」、一致して動くものを「一致系列」、遅れて動くものを「遅行系列」とする。一般に、一致 DI が50％を上回っていれば、景気拡張局面、下回っていれば景気後退局面と判断される。

店頭市場（株式の店頭市場）　従来、株式の店頭市場は、日本証券業協会が管理・運営していたが、2001年２月からは「株式会社ジャスダック」が、管理・運営業務を引き継ぎ、呼称も「店頭市場」から「ジャスダック市場」へと変わり、さらに2004年12月にジャスダック市場が取引所市場となった。結果、現在、店頭市場はない。

TOKYO PRO Market　2008年の金融商品取引法改正により導入された「プロ向け市場制度」に基づき、東京証券取引所とロンドン証券取引所が共同で設立した TOKYO AIM を東証が１つの市場として2012年７月に統合したもの。日本やアジアにおける成長企業に新たな資金調達の場を提供するとともに、国内外のプロ投資家に新たな投資機会を提供する。直接買付けが可能な投資家は、金融商品取引法上の「特定投資家（プロ投資家）」と非居住者に限定。四半期開示や内部統制報告書が不要であること、上場のための数値基準がないこと、英語での情報開示が可能であることなどが、上場するメリットとして挙げられている。

投資者保護基金　第一種金融商品取引業者（いわゆる証券会社）は、顧客から預託された有価証券・金銭については、固有財産と分別して管理するのが原則であり、証券会社が破綻しても、これら有価証券・金銭はそれぞれの顧客に返還することが可能である。しかし、なんらかの理由によりそのすべてが返還できない場合に、顧客1人につき1000万円までの範囲で、投資者保護基金が補償を行うことになっている。2002年に日本投資者保護基金と証券投資者保護基金の2つの基金が統合され、現在の日本投資者保護基金となっている。

東証株価指数（TOPIX）　日経平均株価と並び日本を代表する株価指数の1つ。Tokyo Stock Price Indexの略称としてTOPIX（トピックス）と呼ばれる。東京証券取引所が1969（昭和44）年7月1日から算出している株価指数で、東証1部上場全日本企業を対象に、その時価総額を指数化したものである。1968（昭和43）年1月4日の時価総額を100として、時価総額がどれだけになっているかを示している。新規上場、増資等の上場株式数の変化に応じて基準の時価総額を修正することにより、指数に連続性を持たせるようにしている。この指数は上場株式の資産価値の変化がダイレクトに反映されるため、東京株式市場全体の動きを的確に反映する。しかし、発行株式数が多く時価総額の大きい株式の動きに左右されやすいといった面もある。なお、東証株価指数は段階的な移行を経て、従来の上場株式数ベースの算出方法から、浮動株数ベースの算出方法に移行している（2006年6月末移行完了）。また、東京証券取引所の市場区分再編（2022年4月予定）にともない、東証株価指数は算出ルール等の見直しが行われる予定である。

東証マザーズ　東京証券取引所が1999年12月から取引をスタートさせた市場で、新興株式市場の1つ。東証1部、2部市場に比べて、上場基準を大幅に緩和することによって、設立間もない企業でも、株式市場を通じての資金調達が容易に行えるようにした。具体的には、上場される企業の純資産や利益基準を設けず、発行株式の時価総額の基準も10億円以上とするなど、2部市場に比べて、大幅に上場基準が緩和されており、決算が赤字の企業でも上場することができる。なお、東京証券取引所は、2022年4月に市場区分の再編を行うことを予定している。

特別会計　国・地方公共団体の会計において、一般会計とは別に、歳入歳出を経理する会計。国については、①特定の事業を行う場合、②特定の資金を保有してその運用を行う場合、③その他特定の歳入をもって特定の歳出に充て一般の歳入歳出と区分して経理する必要がある場合に限り、設置が認められている。地方公共団体については、公営事業会計のほか、普通会計に含まれる特別会計がある。

日銀短観　わが国を代表するビジネス・サーベイの1つ。日本銀行が3カ月ごとに実施する企業アンケート「全国企業短期経済観測調査」の略称で、全国民間企業約1万社を調査対象として、景況観や資金繰り、設備投資意欲などについてアンケート調査を行う。なかでも、主要企業・製造業の景況観を表す「業況判断DI」が代表的な指標。

日経平均株価　東京証券取引所第1部に上場されている主要225銘柄を対象とした修正平均株価（株式分割や権利落ち、銘柄の入替え等があっても、連続性を失わないように計算されている指数）。1949年の東京証券取引所再開以来、継続している指数（算出開始は1950年）。一般的に最もなじみ深い指数で、新聞やテレビが株式市況を報道する際、株式相場の動向を示すものとして最初に触れるのが日経平均株価である。株価指数先物取引や株価指数オプション取引でも代表的な指数として利用されている。構成銘柄の単純平均株価をベースに、修正を加えて算出されるため、一部の品薄株や値がさ株の値動きに影響を受けやすい。

ネット証券　インターネットを利用して取引を行うことができる証券会社。従来型の証券会社で、顧客サービスの一環としてインターネット取引を行っているところと、もっぱらインターネット取引のみを行っている専業証券会社の2種類がある。特にネット専業の証券会社は、人件費などの経営コストを低めに抑えることができ、店舗型の証券会社に比べて、株式の売買手数料を格段に安くできるとされている。

発行市場　企業や国、政府関係機関などが株式、債券などの有価証券を発行し、それが投資家の手に渡るまでの取引の場、もしくは取引の過程のこと。そして、有価証券の発行体と投資家の間を仲介するのが、証券会社などの役割である。

発行者　株式や債券などの有価証券を発行して、資金を調達する側のことを発行者という。特に債券の場合は、発行者の信用度に応じて、債券の発行条件（利率など）が変わり、信用度が低い発行者が発行する債券ほど、利回りや表面利率は高くなるのが一般的である。

ビジネス・サーベイ　経済活動の主要な担い手である企業に対するアンケート調査、またはその調査を基に、企業の景況感や企業活動の実情を把握するための経済指標。景気の現状や先行き見通しなどについて直接、企業の経営者にアンケートを行い、その回答を集計する。代表的なものには、日本銀行が行う「全国企業短期経済観測調査（日銀短観）」や、内閣府・財務省の「法人企業景気予測調査」、日本政策金融公庫の「全国中小企業動向調査」などがある。

不動産の証券化　狭義では、事業会社等不動産を所有している主体がペーパー会社に不動産を売却したことにし、そのペーパー会社が証券の発行等を利用して資金を調達する手法。広義では、ペーパー会社を用いて不動産を裏付けに資金調達をする手法全般を指す。CMBS（商業用不動産証券化）やREIT（会社型不動産投信）などが代表的。

プライムレート　最優遇貸出金利。銀行が企業に貸出しを行う際に、最も信用度の高い一流企業に適用する金利とされており、日本では「短期プライムレート」と「長期プライムレート」がある。

保険金支払（ペイオフ）方式　預金保険制度に加盟している金融機関が破綻した場合、預金保険機構が預金者に対して保険金を支払うこと。金利が付されず決済に利用することができる、いわゆる決済用預金については全額、それ以外の預金については、１金融機関、１預金者につき元本1000万円とその利息を預金保険機構が保険金として支払うもの。保険金として支払われた金額を超える分および預金保険の対象外である預金等とその利息等については、破綻金融機関の財産の状況に応じて支払われることになるため、一部カットされることがある。

マイナス金利政策　金融機関が保有する日本銀行当座預金のうち、任意で預けている額について、マイナスの金利をつける政策。日本銀行は、2016年１月29日に開催された政策委員会・金融政策決定会合において、２％の「物価安定の目標」をできるだけ早期に実現するため、「マイナス金利付き量的・質的金融緩和」を導入することを決定した。日本銀行当座預金を３段階の階層構造に分割し、それぞれの階層に応じてプラス金利、ゼロ金利、マイナス金利を適用するとした。2016年２月16日の準備預金積み期間からマイナス0.1％の金利が適用されている。

無担保コール翌日物レート　金融機関相互間で短期資金の貸借を行うコール市場で、無担保で翌営業日には返済するという資金のやり取りを行う際のレートを「無担保コール翌日物レート」という。インターバンク市場の代表的金利とみなされている。「オーバーナイト物」「O/N物」ともいう。

メインバンク　「メイン銀行」ともいう。企業と取引のある銀行の中でも、手形の取立、手形の決済、融資や預金などの取引面をはじめとして最も取引関係の深い銀行。メインバンクは取引企業に対して、融資や預金面だけでなく、人材派遣や経営相談なども含めて、深い取引関係を築いている。特に企業業績が悪化したときに、経営再建を行ううえで、メインバンクが重要な役割を担うケースが見られる。

有価証券　広義では、手形・小切手などの貨幣証券、運送証券・倉庫証券などの物財証券、株式・債券などの資本証券に分類されるもので、その有価証券を保有する者の財産権が記されている証券。ただ、金融商品取引法でいわれる有価証券は、国債、地方債、政府保証債、社債、株式、投資信託の受益証券等、限定的に列挙されている。

ユーロ円　日本の場合、日本の金融市場以外の、たとえば欧州やアジア、米国などの金融市場で取引されている円のこと。たとえばロンドンにある銀行の口座に円で預金する、チューリッヒにある銀行から円でお金を借りるといったことがユーロ円取引である。これが米国以外にあるドルであればユーロドルになる。

ユーロ市場　一般的には、各国の通貨取引上の制約を受けず、国際間で自由に取引できる金融市場。

預金準備率　預金残高に対する支払準備金の割合（支払準備率）。日本では、民間金融機関は、預金をはじめとする債務の一定比率に相当する額を、日本銀行に無利子で預けることを義務付けられている。この制度を準備預金制度といい、日本銀行に預ける準備預金の割合を預金準備率という。日本では、かつては金融政策の手法の１つであったが、1991年以降は預金準備率は変更されておらず、重要性はほとんどなくなっている。

預金保険制度　1971年に施行された「預金保険法」によって設立された。預金保険制度の目的は、預金者の保護と資金決済の確保を図ることと定められている。この制度により、金融機関は預金保険の対象となる預金の額に応じて預金保険機構に保険料を納付することが義務付けられている。対象になる金融機関は、国内に本店のある銀行、信用金庫、信用組合、労働金庫等とされている。また、対象になる預金等は、預金、定期積金、貸付信託等とされている。ただし、外貨預金、譲渡性預金、元本補てん契約のない金銭信託などは対象外とされている。なお、農業協同組合や漁業協同組合とその上部組織は、一般金融機関とは性格が異なるため、預金保険機構には参加していないが、貯金者保護の必要性から農水産業協同組合貯金保険機構が預金保険機構とほぼ同様のシステムで貯金者保護を行っている。なお、従来、国が元利金を保証していた郵便貯金は、2007年10月の郵政事業の民営化により、民営化後に預け入れた貯金については国の保証はなくなり、預金保険制度の保護の対象になった。

LIBOR　「ライボー」と読む。London Interbank Offered Rateの略称。スイスフラン、ユーロ、英ポンド、日本円、米ドルの５通貨について、ロンドン銀行間市場で、呈示銀行が毎営業日、①実際の多数の取引レート②実際の取引レートからの計算③想定されるレートの順で、無担保での調達レートを午前11時ごろ呈示、そこから上位・下位値を除外して、それ以外の呈示レートを単純平均するICE LIBORを指す。ICE LIBORは各通貨の国際的な金利スワップや、融資の基準金利として用いられることが想定されている。なお、2021年末以降は、公表の停止が予定されている。

流通市場　既発行の有価証券の売買が行われる市場。株式や債券は、発行市場で発行された後、流通市場で不特定多数によって自由に売買される。株式や債券は、発行する側（企業や政府など）にとって長期安定資金の調達を意味するが、それを購入する投資家にとっては、いつでも自由に現金化できる流動性がないと、購入意欲が生まれない。そこで、自由に有価証券を譲渡できる市場の整備が必要になる。このような、自由に譲渡しあう市場が流通市場である。株式、債券ともに、取引所市場と店頭市場とがある。

連結決算　親会社の決算だけを見るのではなく、子会社など系列企業の決算も合わせて、企業グループ全体の決算として見る会計制度。上場会社の決算は連結決算が主であり、単体での決算は参考情報程度に扱われるのが一般的である。

第2節　金融商品と投資の考え方

アクティブ運用　資産運用の手法の1つ。市場インデックス（日経平均株価やTOPIX等）より、高い運用成果を目指すもので、いわば「市場に勝つ」ことを目標にしている。この運用は、「市場では本質的な価値からかい離した証券価格が形成されることがあり、適切に情報を収集、分析すれば、投資家は市場平均を上回る運用成果を得ることができる」という考え方を前提にしている。運用者には個別銘柄の選択やマーケット全体についての情報収集・分析が必要とされる。アクティブ運用は、投資比率の変更や個別銘柄の選択の巧拙によって、パフォーマンスが大きく異なる。組入銘柄を選択する手順や実際の作業に人手やコストがかかるため、パッシブ運用タイプのものと比べれば、運用に係る報酬は高めになりがちである。

アセットアロケーション　資産配分。株式や債券などの収益率の相関関係が異なることを利用して、いくつかの運用資産の間に投資資金を配分することをいう。資産配分比率を変動させ、できるだけ少ないリスクで高い収益をあげることを目的とする。銘柄選択よりも、アセット・アロケーションのほうが収益率に与える影響が大きいとされることが多い。

アセットマネジメント　資産管理、資産運用。顧客から資産を預かり、それを管理・運用するビジネス全般の総称でもある。投資信託や投資顧問、プライベート・バンキングなどがこれに含まれる。

暗号資産　電子的に記録され、支払に用いることのできる、政府発行通貨以外の財産的価値。いわゆる仮想通貨のことだが、資金決済法の改正により、2020年5月に呼称が変更された。ビットコインなどが有名。

安全資産　無リスク資産ともいう。投資時点で投資収益率が確定しており、投資収益率の標準偏差がゼロである資産。この安全資産の収益率を「リスクフリー・レート」と呼び、国債利回りや無担保コール翌日物レート等が使われる。

アンダーパー発行　債券が額面価格を下回った価格で発行されること。債券の償還価格は額面100円につき100円なので、98円や99円で発行されることをいう。仮に98円で発行された場合、この債券を償還まで保有すると元本が100円で戻ってくるため、差額の２円が償還差益になる。そのため、アンダーパー発行の債券を発行時に取得して償還まで保有すると、この償還差益が加味される分だけ、最終的な利回りはクーポンレート（表面利率）よりも高くなる。

アンダーライター　証券業務の１つである有価証券の「引受業務」を行うものを「引受人（アンダーライター）」と呼ぶ。アンダーライターは、企業などが債券などの有価証券を発行する場合、それが売れ残ったときに全額を買い取る義務を負っている。そうすることによって、有価証券を発行する企業などは、売れ残りを心配することなく資金調達ができるようになる。

安定型　株式投資信託で、株式等の組み入れ比率を示す目安のひとつ。主としてバランス型の投資信託（投資信託協会の区分では「資産複合」）で用いられる表現。株式の組入比率がおおむね30％まで（つまり、公社債等が70％以上）のものを「安定型」、株式と公社債の比率がほぼ50％ずつのものを「安定成長型」、株式の組入比率が70％程度のものを「成長型」とするのが一般的。ただし、安定、安定成長、成長は、そのような運用を目指すという意味であり、実際に、パフォーマンスが「安定」「安定的に成長」「成長」するかどうかは別問題である。

安定株主　会社の業績や株価の変動に関係なく、長期にわたって安定的に株式を保有する株主。株式を発行している企業の経営者は、株主が自社の株式を売却することによって株価が下落することを望まない。そのため、長期で自社の株式を保有してくれる株主、つまり安定株主の存在が望ましい。わが国では、同一企業集団に属する会社間や、事業上の親密な取引先（銀行を含む）同士でお互いの株式を保有し合う株式の持ち合いや、融資先の株式を金融機関が保有する形で安定株主を確保することも多いが、時価会計の導入や、資産の効率化の動きによってその解消も見られている。

ETF　証券取引所に上場され、売買される投資信託のこと。東証株価指数や日経平均株価指数など国内の主要な株価指数に連動するタイプのほか、外国株や金価格など国内外のさまざまな指標に連動するタイプがある。ETFのメリットとしては、通常のインデックスファンドに比べて取引コストが低く、売買も容易なことが挙げられる。東京証券取引所には、ETN（上場投資証券または指標連動証券）と呼ばれる金融機関等が発行する長期の債券が上場されている。ETNでは、価格が特定の指標に連動することを発行者が保証している。なお、実際には、ETNを日本の信託銀行に信託し、受益証券発行信託の受益証券（金融商品取引法上の有価証券）を上場するJDR（日本型預託証券）の形式が採られている。

EB　他社株転換可能債。一定の条件のもとで、発行者以外の者の発行した株式等で償還されることからこのように呼ばれる。発行者としては欧米の金融機関や国際機関が多い。償還日に、対象となる株式の株価が一定の水準を下回っていると、現金ではなく、あらかじめ決められた株数でその株式が交付されることで償還されるのが基本形。株価指数を対象に、同じ経済効果になる商品もEBと呼ばれる。ノックイン型といって、対象となる株式の株価が当初より大きく下がらない限り現金で償還されるタイプのものや、ノックアウト型といって、対象となる株式の株価が一定水準を上回ると期限前に償還されてしまうタイプのものも多い。また、複数銘柄を対象に、株価の下がり方の大きいほうの銘柄で償還されるタイプもある。

委託者　信託で、財産の管理や処分等を委ねる者のこと。その委託を受ける者を受託者、管理や処分等による利益を受ける者を受益者という。通常の投資信託では、投資信託委託会社が委託者、信託銀行が受託者、投資信託を購入する投資家が受益者である。投資信託委託会社は、自らが資産を管理・処分するのではなく、信託の委託者として運用の指示を受託者に出しており、実際の管理・処分を行うのは受託者である信託銀行である。

委託保証金　信用取引を行うに際して、投資家が証券会社に納める担保。委託保証金率は約定価額の30％以上と定められているが、株式相場が短期間のうちに急騰した場合などは、この委託保証金率が引き上げられることもある。これは、株式市場に必要以上に投機的な動きが広まらないための措置でもある。なお、委託保証金は現金のほか、有価証券で納めることも認められている（代用有価証券）。

インカムゲイン　預金利息、債券の利子、株式の配当などによる収益。値上り益を源泉とするキャピタルゲインとともに、投資の収益を構成する。ただし、債券のように満期があって、その際の元本額が原則として決まっているものと、株式のように満期がなく、売却以外に換金手段がないものとではインカムゲインの性質は異なる。というのも、配当は会社からの資産の流出であり、その分、将来のキャピタルゲインは減るからである。また、インカムゲインとキャピタルゲインとでは税制上の扱いが異なる場合もあるため、留意が必要である。

インデックス型　日経平均株価や東証株価指数（TOPIX）等の指標の動きに連動する運用成果を目標とする運用手法をとるファンド（投資信託など）。インデックスとは指数のことで、株式や債券の市場全体（あるいは一定の性格を共有するグループ）の値動きを表すために作られた指標。代表的なものとしては、日経平均株価や東証株価指数等が挙げられる。ほかにも、業種ごとの株価の動きを表す業種別株価インデックスをはじめ、外国株式インデックスや外国債券インデックス等、数多くのインデックスが公表されている。インデックス型はこうした指標とほぼ同一の投資収益を上げることを目標として運用するために、株価指数を構成する銘柄に機械的に投資するという手法を用いることが多い。このタイプのファンドは、銘柄選択のために大量の情報を収集する必要もなく、銘柄入替えの頻度も、ファンド・マネージャーが積極的に運用するファンドに比べ低くなるので、運用コストは一般的に低くなる。

インフレヘッジ機能　ヘッジとは「回避」のこと。インフレになると通貨価値が目減りするが、このインフレリスクを軽減・回避するための機能。株式、金（ゴールド）、不動産などは、インフレによって価格が上昇するのが一般的であり、通常、インフレヘッジの機能があるとされる。

インフレリスク　物価水準の上昇によって、相対的に通貨の価値が目減りする可能性のこと。たとえば利率１％の１年物定期預金で運用し、その間に物価が２％上昇した場合、定期預金に預けたお金は実質１％目減りすることになる。

運用報告書　投資信託の受益者に対して、運用の経過等を報告する書面。原則的に投資信託の決算を迎えるごとに作成されるが、毎月決算型（毎月分配型）の投資信託に代表されるような、計算期間が６カ月未満の投資信託の運用報告書の作成は６カ月に１度。重要な内容を記載した「交付運用報告書」はすべての受益者に交付しなくてはならないが、「運用報告書（全体版）」については、投資信託約款において電磁的方法により提供する旨を定めている場合には、運用会社のホームページに掲載するなどの方法で提供すれば交付したものとみなされる。

MRF　MRF（Money Reserve Fund）は、証券総合口座専用ファンドとして導入された。株式にはいっさい投資しない追加型公社債投資信託である。流動性と安全性を確保するため、運用内容が格付・残存期間等で厳しく制限されており、高格付の公社債のほか、CD、CP 等の短期金融商品で運用されている。購入単位は１円以上１円単位で、購入後いつでも手数料なしで解約できる。運用実績によって利回りが変動する実績分配型で、収益分配金を毎日計算して月末に一括して再投資するので、１カ月複利効果が得られる仕組みになっている。また、ほとんどの MMF や中期国債ファンドでは取得から30日未満の解約の際に信託財産留保額がかかっていたのに対し、MRF には信託財産留保額はない。１円単位で入出金でき、午前中に入金すれば当日の買い付けができる（証券会社によっては午後３時半まで当日買い付けが可）。金融機関の預金とは異なり、運用成果は実績に応じて変わるので、元本が保証されているものではない。

MMF　投資信託の一種。米国ではマネー・マーケット・ファンド（Money Market Fund）といい、短期金融市場で運用する。

対して国内ではマネー・マネジメント・ファンド（Money Management Fund）という名称が付けられており、運用対象は短期金融市場に限定されておらず、比較的期間が長めの債券にも投資できる。購入単位は１円以上１円単位で、営業日の午前中に入金すれば、当日の買付けができる。収益分配金については毎日計算され、月末に一括して再投資する。換金も１円単位で、ほとんどのMMFでは30日未満の換金に際しては信託財産留保額がある。なお、マイナス金利の導入に伴い、国内のMMFは償還されている。

応募者利回り　債券を償還まで保有した場合の最終的な収益率という点では最終利回りと同じだが、あえて応募者利回りという場合は、新しく発行される債券を募集、私募に応じて取得して償還まで保有した場合の利回りを指す。対して最終利回りは、既発債を購入して償還まで保有した場合の利回りとして用いられるのが一般的である。パー発行（額面の100％の価格での発行）の場合、応募者利回りは表面利率と等しくなる。

大型株／中型株／小型株　株式を分類する際に、時価総額を用いる方法。TOPIX（東証株価指数）の規模別株価指数の算出においては、東証一部銘柄のうち時価総額と流動性が高い上位100銘柄が「大型株」、それに次ぐ上位400銘柄を「中型株」、大型株・中型株に含まれないものを「小型株」として指数を算出している。一般的には、東証二部を始めとする他の市場に上場されている銘柄は小型株と認識されることが多い。

オーバーパー発行　債券の発行価格が額面価格を上回ること。額面価格100円に対して101円、102円という形で発行される。仮に102円で発行された場合、この債券を償還まで保有すると、額面価格との差額である２円分の償還差損が生じる。そのため、オーバーパー発行の債券を発行時に取得して償還まで保有すると、この償還差損が加味される分だけ、最終的な利回りはクーポンレート（表面利率）よりも低くなる。

オープンエンド型　投資信託の分類方法の１つで、原則的に、運用期間中払戻しに応じる投資信託のこと。

オープン型　投資信託の分類方法の１つで、ファンドの運用がスタートした後でも、追加設定できるタイプ。追加型ともいう。

オプション取引　商品、通貨、株式、債券など特定の資産を、将来の一定期日（または一定期間内）に一定価格で売買するあるいは、金利などの指標に基づき、将来の一定期日（または一定期間内）に一定の条件で金融取引を開始する選択権（オプションという）をオプション料（プレミアムという）の受払いによって売買すること。たとえばある企業の株式を３カ月後に1000円で買える権利があり、この権利を買うために、最初にオプション料として100円を支払ったとする。３カ月後、その株価は1500円に値上りした場合、「1000円で買える」

という権利を使えば、1500円に値上りした株式を1000円で買うことができる。買う選択権をコールオプション、売る選択権をプットオプションという。オプションは権利であり、義務ではない。オプションの買手は、一定期日にオプションを行使するか、放棄するかできるので、プレミアムを保険料として支払うことで、為替変動や有価証券の価格変動リスクを回避することが可能になる。

オプション料　オプション取引においてオプションの買手がオプションの売手に対して支払うオプションの対価。株式を1000円で買う権利であるコールオプションを100円で購入した場合、コールオプションの対価である100円がオプション料である。この場合、対象となる株式が800円などになりオプションを行使する経済的合理性がない場合にはオプションは放棄され、オプションの買手はオプション料の金額分を失うことになるが、損失はオプション料の範囲に限定される。

買入消却　債券の実質的な途中償還の方法の1つ。債券の発行者が、自らが発行した債券を流通市場で買い付けて消却する。市場価格で買い入れることになるため、債券価格が額面価格を下回っている時であれば発行者に償還益が、逆に債券価格が額面価格を上回っている時は、償還損が発生する。

海外委託取引　外国証券の取引方法の1つ。国内の証券会社が顧客から受けた注文を海外に取り次いで、海外市場で売買注文を執行する方法。

外貨建て MMF　外国投資信託の一種。海外の短期国債やCD、CP等を組み入れて運用する。株式はいっさい組み入れない。証券会社によっても異なるが、取扱通貨は米ドル、豪ドル等がある。分配金は運用実績によって毎日計算し、毎月末（最終取引日）に再投資する仕組みとなっている。為替レート等をみながら自由に買付けまたは解約をすることができる。外債の償還金および売却金を、外貨のまま外貨建てMMFの買付けに回すこともできるため、外債が償還を迎えたときに為替差損が生じていた場合など、再び円安になるまで外貨建てMMFで運用できる。外貨建てMMFの為替差損益は、2016年以降、株式の売却益等と損益通算ができるようになっている。

外貨預金　外貨で預け入れる預金。銀行等が取り扱う。円預金と同様、普通預金、1カ月、3カ月、6カ月などの定期預金などがある。自由金利商品であり、海外の市場金利などに合わせて預入時の金利が変動する。日本よりも金利の高い外貨の場合、国内預金と比較して適用金利が相対的に高いことが多いが、為替相場の変動によって満期時に円高になると元本が割れるリスクもある。また、預金保険、貯金保険の対象にならないことにも留意が必要。なお、外貨預金の為替差損益は、所得税の計算上、原則として総合課税の対象となる雑所得となり、雑所得の中で損益通算をしたうえで総合課税の対象になる。

外国為替証拠金取引　一定の金額を証拠金（担保）とし、将来の反対売買を前提に行われる外国為替の取引。金融商品取引業者等を相手方として行う店頭取引と、東京金融取引所で行う上場取引とがある。個人による店頭取引では証拠金の25倍までの取引が可能であるが、含み損失が発生すると追加での担保差入や、ロスカット（強制的な反対売買）の対象となる。個人の上場取引でも、ほぼ25倍とされる。法人による店頭取引については、一般社団法人金融先物取引業協会が毎週公表する倍率が上限となる。法人の上場取引でも、ほぼ同様の倍率となる。

外国証券取引口座設定約諾書　証券会社で外国株式や外国投資信託、外国債券などの外国証券を購入する場合、外国証券取引口座設定約諾書を提出したうえで、外国証券取引口座を開設する必要がある。

外国人投資家　一般的には日本の株式や債券に投資している海外の年金や投資信託などの機関投資家のこと。日本の企業が発行している上場株式のうち約3割は外国人が保有している。機関化が進むなかでもとりわけ、外国人投資家の比率が高いのが、近年の日本の株式市場の現状である。

会社型投信　投資信託の分類をするうえで、法人格を持つ法人（≒会社）が、出資持分（≒株式）の形態で資金を集める「会社型」と、法人格を持たない媒体が資金を集める「契約型」という分け方がある。日本の法制度上、投資信託は後者の契約型である。会社型については、1998年の金融システム改革で証券投資法人の制度が導入され、法人が投資口の形態で資金を集めることが可能になった。その後、2000年には投資対象が有価証券から不動産等に拡大され、借入れや債券（投資法人債）の形での資金調達も認められている。

買取請求と解約請求　ETFを除く投資信託の換金方法には、解約請求と買取請求とがある。解約請求とは、信託財産の一部の解約を請求するものであるのに対して、買取請求では信託財産は解約されず、証券会社など販売会社が投資信託を買い取るものである。解約ができないクローズド期間中の投資信託については、換金は買取請求でしかできないことになる。なお、公社債投資信託でマル優が適用されている場合、買取請求で換金した場合には、利子部分の源泉徴収相当額が控除されてしまうことに注意が必要である。

カイリ率（乖離率）　転換社債型新株予約権付社債の時価が、パリティ価格に対してどの程度乖離しているのかを表したもので、転換社債の時価をパリティ価格で割って求められた数値から「1」を差し引き、パーセント表示している。パリティ価格に対して転換社債の時価が高い時には、カイリ率はプラスになり、このプラスの数値が大きくなるほど、すぐに転換した場合の価値と比較して転換社債は割高に買われていると判断される。

価格変動リスク　価格の変動による投資元

本の不確実性。株式や株式型投資信託、商品などキャピタルゲインを収益の中心とする価格変動商品ほど、このリスクが高くなる。価格変動リスクを軽減させるためには、複数の価格変動商品に分散投資することが考えられる。

格付　債券はそれを発行する企業、政府関係機関などが破綻すると、元利金の支払が滞るリスク（デフォルトリスク）がある。格付は、債券がデフォルトに陥るリスクがどの程度かを、一定の記号で表示したもの。格付をするのは民間の格付会社で、スタンダード＆プアーズ（S&P）やムーディーズ、格付投資情報センター（R&I）などがある。格付会社によって格付の表記の仕方がやや異なる。

格付会社　国や企業の発行する債券等について、信用度の格付を発表する民間企業をいう。米系のスタンダード＆プアーズ（S&P）やムーディーズ、日系の格付投資情報センター（R&I）、日本格付研究所（JCR）等がある。信用度を評価する基準は多岐にわたり、債務の返済の確実性に影響を与える要因について、格付会社が独自の評価を行う。格付会社により分析の基準は異なるので、同じ債券・発行体でも、格付会社ごとに格付は違うことがある。格付は、通常は債券等の発行体からの依頼に基づいて、格付会社が一定の手数料を徴収したうえで行う。なお、日本では、信用状態に関する評価を記号や数字を用いて等級づけしたものを「信用格付」、信用格付を付与することを業務とすることを「信用格付業」としたうえで、内閣総理大臣の登録を受けて信用格付業を行う者を「信用格付業者」として規制している。信用格付業者でなくても信用格付業を行うことはできるが、金融商品取引業者が、信用格付業者でない者の付与した信用格付を利用して債券等の営業を行う場合には、その旨等を顧客に告げなくてはならない。

確定金利　ある金融商品で運用を開始する時点で、満期時までの運用利率が決まっていることを確定金利という。スーパー定期や定額貯金などが確定金利の金融商品で、預け入れる時点で表示されている利率が、たとえば中途解約したり、取扱金融機関が破綻したりしない限り適用され、確実にその利率に基づいて計算された利息を得ることができる。対して変動金利型の金融商品は、預け入れる時点の適用利率が、その後の金利情勢に応じて変動する可能性があることから、確定金利とはいえない。

確定年金　保証期間付有期年金の一種で、年金受取期間と保証期間が同一になっている。被保険者の生死に関係なく、一定の年金受取期間だけ年金が支払われる。年金受取期間内に死亡した場合は、残存期間の年金またはその時点の年金現価相当額の死亡一時金が遺族に支払われる。したがって、原則として受取年金総額が払込保険料総額を下回ることはない。

額面　有価証券の売買上の単位金額。また、国内の利付債の場合は、通常額面100円当たりの価格表示が行われる。また、この額面価格を基準に利子額が決まる。たとえば、額面価格が100円でクーポンレート（表面利率）が2％の債券であれば、年間2円ずつの利子がもらえる。また、債券が償還期日を迎えると、元本部分は額面で戻ってくる。

仮想通貨　→暗号資産（73ページ）参照

カバードワラント　オプションの取引を有価証券の売買として取引できるようにしたもので、金融機関などが発行する。対象となる株価、株価指数、商品価格などの変動率と比較すると大きく価格が動くことが多い。

株価収益率　「PER（Price Earnings Ratio）」のこと。株価をその企業の1株当たり年間税引き後利益で割って求められる、株価水準を知るうえで重要なデータ。収益に対して株価が割高か割安かを判断するもので、一般にその数値が高いほど割高といえる。

株価純資産倍率　「PBR（Price Book value Ratio）」のこと。株価を1株当たりの純資産額で割って求められる。純資産とは、仮に企業が解散するとして、その保有資産を全額売却し、そこから債務を返済して最後に残るもの。いわば会社の解散価値といえる。それが株価に反映されるのであれば、いかに株価が下がったとしても、純資産額を大きく下回ることはないと考えることもできる。したがって、PBRが1倍を下回っている銘柄は、株価水準が割安と判断できる。

株券電子化（株券のペーパーレス化）　「社債、株式等の振替に関する法律」により、上場会社の株式に係る株券等をすべて廃止し、証券保管振替機構および証券会社等に開設された口座で株主権の管理を電子的に行うこと。2009年1月5日に実施。なお、株券電子化の対象は証券取引所に上場された株式等であり、未上場の株式は対象外である。

株式投資信託　株式を組み入れて運用できる投資信託。派生商品型といわれるものには、株価が下落すると、利益の出るタイプもある。なお、株式の組入れについて約款上可能であれば株式投資信託となる。外国債券で運用する追加型の投資信託では、当初設定時の純資産価格を下回っても追加設定をするために、株式を組み入れる予定がなくても株式投資信託としているケースが多い。

株式の夜間取引　通常、個人が株式の売買を行える時間帯は、午前9時から午後3時までである。株式の夜間取引は、それ以降の株式の売買にも対応できる市場で、いわゆる私設取引システム（PTS）である。

株式分割　既に発行されている株式を細分化して発行済株式数を増加させ、その増加分を、株主の所有株式数に応じて配分する方法。株式分割を行って発行済株式数が増加しても、株主の持分である株主資本には変化がないため、理論上の株価は分割比率に応じて下がることになる。しかし、株式分割によって株数が増えた結果、株価が安くなり、投資家はその分だけ買いやすくなる。買いやすくなれば、人気が出て、株価が値上りしやすくなることもある。また、１株当たりの配当が据え置かれれば、株主にとっては実質的な増配になる。

株式ミニ投資　投資家と証券会社の間で単元未満株（ただし、売買単位の10分の１の整数倍で10分の９以下）を売買する方法。証券会社は、この単元未満株を売買単位にまとめて市場で執行する。株式ミニ投資により買い付けた株式は、証券会社名義で証券保管振替機構に預託され、投資家はその持分を有することになる。株式ミニ投資を利用することにより、投資家は単元株購入に満たない少額の資金で株式投資を行うことが可能となる。この点では、株式累積投資も同様の機能を持っている。しかし、累積投資が基本的には単元未満株を定期的（毎月一定の日）に対象銘柄を買い増していくのに対して、株式ミニ投資の場合は投資家がタイミングを計って機動的に売買を行うことが可能である。

株式累積投資　証券会社が選定する銘柄の中から投資家が指定した銘柄の株式を、当該投資家の払込金と同一銘柄を指定した他の投資家の払込金を合算した額で、定期的（毎月一定の日）に共同買付けする制度。「るいとう」という呼び名で親しまれている。１回（１カ月）の払込金額は、１万円以上100万円未満と定められているので、この制度を利用することによって、比較的少額の資金で株式投資も可能となる。短期的な値上り益を狙うのではなく、中・長期投資でその企業の株主になることを目的に株式投資を行う人にとっては、利用価値の高い制度といえる。累積投資により買い付けられた株式は、証券会社名義で証券保管振替機構に預託され、投資家は、払込金額に応じて持分を有することになる。持分が単元株に到達したら、投資家の名義に変更される。また、持分は、証券会社に売却することができる。

株主　株式会社の株式を所有する者。株主は、会社に対して各自の保有する株式の引受価額を限度とする有限責任を負担するのみで、会社債権者に対してなんら責任を負わない(株主有限責任の原則)。また、株主としての資格に基づく法律関係については、原則としてその保有する株式数に応じて平等の取扱いを受ける（株主平等の原則)。

株主優待　会社が配当のほかに、株主に対し自己の業務に関連したサービス等を行うことによって、株主を特別に優待すること。たとえば、鉄道、バス会社がその乗車券を交付したり、映画会社がその入場券を交付したりすることなどである。

仮需給　主に信用取引によって形成される需給。取引の目的としては、短期的な値ザヤ稼ぎを狙ったものになる。仮需給の占める割合が著しく大きいと、相場がきわめて投機的になる恐れがあるが、市場に厚みを持たせるうえで、仮需給の導入は必要であるとされる。

為替特約付外貨定期預金　外貨定期預金と通貨オプションなどのデリバティブを組み合わせた商品。たとえば満期時の円ドルレートが、預入時の円ドルレートよりも円安・ドル高になっていると、高い利回りが円ベースで実現する一方、預入時の円ドルレートよりも円高・ドル安になると、元本部分も含めてすべてが外貨建てで償還され、相当の為替差損を被るリスクがあるといった仕組みを持つ。

為替リスク　外国為替相場の変動によって資産の価値が増減するリスク。円高が進行すると、保有している外貨建て金融商品を換金した時に為替差損を被るおそれがあること。

カントリーリスク　海外に投資したり融資したりする場合に、投融資の対象が存在する国に起因して損失を被る可能性のこと。広義では、政権交代による企業の国営化、外国人投資家の資産凍結、通貨の交換停止などのほか、政情・社会不安に伴う経済の混乱による通貨や資産価格の下落の可能性が挙げられる。当該国そのものの信用度のことを指す場合もあり、その場合は、国債や国営企業の債券の返済可能性を意味する。

元本保証　運用成績や手数料差引き等により当初預入元本金額を下回ることがなく、中途解約や満期払出しの際に当初預入元本金額が必ず返却されること。預金は、いつ解約しても元本が保証されるが、一般的な債券は償還時のみ元本（額面金額）が保証されている。

機関投資家　多額の資金を有価証券等に投資する投資家の総称。保険会社や銀行、また、年金を運用する信託銀行や投資顧問会社、さらには投資信託を運用する投資信託委託会社などが挙げられる。なお、金融商品取引法では、これら金融機関等のほか、一定の個人や事業法人等も金融庁長官に届け出ることで同法上の適格機関投資家となる。

危険資産　リスク資産ともいう。株式等の将来の収益を事前に確定することができない資産をいう。株式だけでなく、金や不動産等、将来の価格変動によって収益が変動するものは危険資産に該当する。また、債券であっても、中途売却によって価格が変動する可能性があり、あるいは、発行者の信用リスクがある場合には、やはり危険資産と考える。危険資産に投資する際は、リスクとリターンがどの程度かを判断することが重要である。リターンの尺度として期待収益率があり、リスクの程度を測る尺度として分散や標準偏差がある。

基準価額　投資信託の価格のこと。投資信託は、日々価格の変動する有価証券（株式、債券等）に投資しているので、投資信託の純資産価値も変動する。基準価額は、その投資信託１口当たり（設定当初１口１円の場合、多くは１万口当たり）の財産的価値を示すもので、投資信託の時価を示している。単位型の投資信託を解約する際、追加型の投資信託を購入・解約する際には１日に１回（原則）計算される基準価額を基に行うことになる。

既発債　既に発行された債券のこと。新規に発行される場合の新発（しんぱつ）債と対比して用いられる。流通市場で取引されるため、その需給関係によって価格や利回りが変化する。

逆日歩　「ぎゃくひぶ」と読む。信用取引において、買付顧客は資金を借りて株を買うことになるため、弁済までの金利負担が発生するし、売付顧客は株の売却代金を貸すことになるため金利を受け取ることになる。しかし、売付顧客が売却するための株が足りなくなると、そのための株を調達する必要があり、その品貸料が発生する。これが逆日歩で、逆日歩については売付顧客が負担し、買付顧客が受け取ることになる。

キャピタルゲイン　値上り益。預金利息、債券の利子、株式の配当などインカムゲインとともに、投資の収益を構成する。金（ゴールド）など一般的にはインカムを生まない投資対象の場合、キャピタルゲインが主たる収益の源泉である。

金庫株　株式会社が自己の株式を取得することは会社法で認められており、自己株式を保有し続けた場合、その自己株式のことを一般的に金庫株という。株式を市場から買うことによって株価対策になる。

金銭信託　信託を引き受ける際の財産が金銭である信託を「金銭の信託」といい、このうち、信託終了時に信託財産を金銭に換えて、受益者に金銭を交付するものを「金銭信託」という。金銭信託は、信託財産の運用の方法によって指定金銭信託、特定金銭信託、無指定金銭信託に分けることができる。なお、金銭の信託のうち、信託終了時に信託財産を現状有姿のまま受益者に交付するものを「金銭信託以外の金銭の信託」（金外信託）という。

金利リスク　金利変動によって保有資産の価値が増減する可能性・不確実性。一般的な固定利付き債券は金利水準が低下すると値上りするが、逆に金利水準が上昇すると値下りするため、損失のリスクが生じる。

クーポンレート　債券の額面金額に対する年当たり利息支払利率。かつては、利付債券は券面にクーポンレートが記載され、債券の下部（または、横側）に１回当たりの利息相当金額の記載された利札（クーポン）がついており、利払日にその利札と引替えに利息を受け取る仕組みになっていた。「表面利率」「クーポン利率」ともいう。現在では多くの債券がペーパーレス化しており、物理的な利札は存在しないが、券面が発行されていたときの名残で、現在でもこの表現が用いられる。

クラウド・ファンディング　少額の資金を、インターネットを通じて集める手法の総称。金融商品取引上も、一定の金額までのクラウド・ファンディングには、通常よりも緩やかな規制が適用される。

繰上げ償還　債券が償還を迎える前に、発行者の選択によって発行された債券の全部もしくは一部を償還させること。任意償還ともいう。繰上げ償還が行われる場合、償還価格が額面価格で行われる場合と、一定のプレミアムが上乗せされる場合がある。

グロース　PERが高く株価が割高に見える株式は、将来の高成長を反映したものであると考えられる。そのような株式をグロース（成長）株と呼び、そのような株式に投資する戦略がグロース戦略である。

クローズドエンド型　投資信託の分類方法の１つで、運用期間中、解約に応じない投資信託のこと。

クローズド期間　投資信託などで、投資効率を上げるため解約禁止とされた設定後の一定期間。償還期日までクローズド期間のものはクローズドエンド型と呼ばれる。この期間、投資家は解約できないことになるため、証券投資信託などの購入にあたっては目論見書などを十分読んで認識しておく必要がある。

経過利子　「経過利息」ともいう。債券の売買において、前回の利払日の翌日から売買の受渡日までの経過日数に応じて日割計算された利子相当額のこと。公社債の売買は通常経過利子を含まない裸値段で行われ、買い方は経過利子分を売り方に支払う。債券の利子は利払日が到来したときに支払われるものであるため、前回の利払日と次の利払日の途中で売買が行われると、次回の利子は通期分が買い方に全額支払われる。そこで売り方投資家が売却日以前に保有していた日数に対応する利子相当額を売買の受渡しの際に買い方が売り方に対し立替え払いする。経過利子と表現しているが、厳密には利子そのものの授受ではない。

契約型投資信託　投資信託の分類をするうえで、法人格を持つ法人（≒会社）が、出資持分（≒株式）の形態で資金を集める「会社型」と、法人格を持たない媒体が資金を集める「契約型」という分け方がある。日本の法制度上、投資信託は後者の契約型である。なお、契約型の投資信託のうち、投資信託委託会社が委託者となって運用の指図を行うものを「委託者指図型」、受託者である信託銀行が委託者兼受益者となる投資家から資金を集めて自ら運用するものを「委託者非指図型」というが、通常の投資信託は前者の委託者指図型投資信託である。

決済機能　一般的には口座間の数字の付け替えで資金の移動をしたことにする機能。送金、給与振込、自動引落など、銀行を中心とした預金取扱金融機関がこの機能を有している。現在では、証券総合口座により証券会社も決済機能を有することが可能なほか、2010年４月より、資金決済法に基づく資金移動業者も決済に携わることができる。

気配価格　「気配」ともいう。「この程度の価格なら売りたい」「この程度の価格なら買いたい」というように、売手、買手それぞれが希望する売買値段のこと。取引が成立した時の価格ではない。

原資産　先物取引やオプション取引など、金融派生商品（デリバティブ）の対象とするおおもとになる金融商品。その将来の価格を現時点で取り決めたり（先物取引)、売買の権利を取引したり（オプション取引)、異なる通貨や金利の種類を交換したり（スワップ取引）する。原資産には、株価指数や債券、金利、通貨、商品がある。たとえば株価指数を原資産とするデリバティブには、株価指数先物取引や株価指数先物オプション取引がある。

権利行使　売買などの決済をする権利の取引であるオプション取引で、オプションを持っている人が、その権利を用いることによって、売買などの決済をすることを選択すること。たとえば、「日経平均株価を１万5000円で買う」という権利（正確には、日経平均株価から１万5000円を引いた金額を受け取る権利）を持っている人は、権利を行使できる日の日経平均株価が１万5000円を超えていたらこの権利を行使するが、逆に、１万5000円を下回っていたら、マイナスの金額を受け取る（つまり支払う）売買（＝決済）はせず、権利を放棄することになる。

公社債投資信託　⑴運用対象に株式はいっさい組み入れず、公社債を中心に運用する投資信託。一般的に安定した収益が期待でき、安全性の高さが特徴である。ただし、運用対象が公社債に限られるといっても、公社債市場の市況は変動するため、元本が保証されているものではない。なお、公募公社債投資信託は税法上、公募公社債同様に取り扱われる。また、追加型の投資信託では、公社債でしか運用しないものであっても、形式的に株式も組み入れられることにしておき、税法上の株式投資信託を選択しているものも多い。⑵毎月募集され、決算月がそれぞれ異なる12本の投資信託からなる追加型投資信託の一般的な呼び名。分配金が自動的に再投資されるコースと、分配金を受け取るコースとが用意されている。

公募債　証券会社、銀行等を通じて、不特定多数の投資家を対象にして広く勧誘する債券。

コールオプション　オプションのうち、対象となるものを、あらかじめ定められた価格で「買う権利」をコールオプションという。あるいは、対象となる金融指標が、あらかじめ定められた水準を超えた場合に、その差額を受け取るものという表現もできる。あらかじめ定められた価格・水準のことを、“行使価格”という。コールオプションには価値・価格があるため、コールオプションを持つためにはオプション料を支払ってコールオプションを購入しなくてはならないが、対象となるもの・金融指標が行使価格を超えて上昇した場合、行使価格との差額がコールオプションの持ち主（＝買手）の利益となる。逆に、コールオプションの売り主から見ると、コールオプションを売却した際にはオプション料を手に入れることになるが、対象となるもの・金融指標が行使価格を超えて上昇した場合、行使価格との差額がコールオプションの売り主の損失となる。

国債　国が発行する債券。広義では、世界中、どの国が発行しても国債であるが、狭義では日本の国が発行する債券（国債証券）のこと。利払いと償還の財源が主として税財源によって賄われる普通国債と、財政融資資金による独立行政法人などへの貸付回収金により賄われる財投債とがあるが、両者の差は発行根拠が異なるだけで、国の信用度を裏付けに発行されている債券としての特徴は同じである。国の信用度を背景にしているため信用度が高く、また、発行量も多いため、同じ年限の他の債券と比較すると利回りが最も低いのが一般的である。年2回の利払いを行う「利付国債」と、額面から利息相当分を割り引いて発行し額面金額で償還する「割引国債」がある。利付国債には、利率が発行時に定められ、償還期限まで改定されずに一定利率の利払いが行われる固定利付債と、利率が利払いの都度改定される変動利付債（15年、個人向けは10年）がある。国債を償還期限により分類すると、超長期国債（15年、20年、30年、40年）、長期国債（10年）、中期国債（2年、5年）、短期国債（6カ月、1年）等がある。また、物価連動国債といって、元本額が物価に連動して増減するタイプのものもある。

個人年金　広義では、公的年金や企業年金とは異なり、自助努力により財産を形成し、将来に備えるもの。貯蓄型と呼ばれるのは、銀行預金等で資金を積み立て、将来、その資金を年金の形で取り崩していくもの。一方、保険型は年金保険とも呼ばれ、保険会社に掛金を支払い、保険会社が年金や一時金を支払うもので、狭義では個人年金とはこのことをいう。

個人向け国債　法律で個人しか購入できないとされている国債。2020年1月現在、固定利付で期間が3年のもの（固定3年）と5年のもの（固定5年）、変動利付で期間が10年のもの（変動10年）の3種類が発行されている。いずれも、発行から1年が経過すれば、過去2回分の税引き後利息分が差し引かれるものの、額面での換金が可能。変動10年の利率は、2011年7月以降に発行されたものについては、利率見直しの直前に行われた10年固定利付債の入札利回りに0.66をかけたものとされている（それ以前に発行されたものについては、10年国債の利回り－0.80%）が、0.05%が下限となっている。最低1万円から1万円単位で購入でき、証券会社だけでなく、銀行など預金取扱機関や農協、郵便局で取り扱っている。

国庫短期証券　2009年2月入札分より「政府短期証券」および「割引短期国債」が統合発行されたもの。償還期間は、2カ月、3カ月、6カ月、1年の4種類。割引方式で発行され、最低額面金額は5万円。個人による購入は認められていない。

固定金利　預け入れや借入れの金利が、満期まで一定している（または、当初から定まっている）こと。市場の金利がどんなに変動しても、適用金利が変化することはない。したがって、固定金利型商品は、高金利局面および今後金利が低下していくと予想される局面の運用で強みを発揮することになる。満期までの適用金利がわかっているので、預け入れたときに、定期的に受け取ることができる利息額、あるいは満期時の元利合計額を確定することができる。一方、借入れに際しては、低金利局面および今後金利が上昇していくと予想される局面では固定金利のほうが一般的に望ましい。なお、固定金利と変動金利とを比較すると、最初の時点では変動金利のほうが低いことのほうが多いため、仮に将来の金利上昇懸念があったとしても、相当程度金利が上昇しない限り固定金利での運用のほうが結果として有利であり、また、変動金利での借入れのほうが結果として有利である可能性はある。

個別元本　2000年4月以後の証券投資信託の収益分配金にかかる所得額を計算する際の元本金額をいう。2000年3月末日以前に設定（追加設定を含む）された証券投資信託は2000年3月末日の平均信託金を個別元本とし、2000年4月1日以後に設定（追加設定を含む）された証券投資信託は「当初設定元本＋追加設定時の調整金（＝追加設定時の基準価格）」を個別元本とする。なお、分配金に特別分配金が含まれていると、以後、分配直前の個別元本から特別分配金を控除した金額が新たな個別元本になる。

コマーシャル・ペーパー（CP）　事業会社等が短期資金を調達するために無担保で発行する一種の約束手形。わが国では1987年に発行が認められた。発行には手形の額面金額1億円以上、期間1年未満という制限があったが、1998年に撤廃された。金融商品取引法上の有価証券として証券会社と金融機関の双方が販売の取扱いを行っている。事業法人や機関投資家が短期資金の運用対象として購入しており、発行市場とともに流通市場もオープン市場として発展している。銀行等の金融機関が販売の取扱いを行えるCPは原則として1年未満のものに限られる。なお、現在では物理的な手形としてのCPはほとんど発行されておらず、ペーパーレス化されたいわゆる電子CP（法律上は短期社債）の形式が一般的。また、投資法人が発行する短期投資法人債、特定目的会社が発行する特定短期社債も広義ではCPとされる。

財形貯蓄　正式には「勤労者財産形成貯蓄制度」。「勤労者財産形成促進法」に基づき、勤労者が財産形成のため事業主を通じて金融機関に行う貯蓄（≒資産の積立て）をいう。銀行等金融機関のほか証券会社や保険会社も取り扱っている。財形貯蓄は、一般的に事業主と金融機関等が協定を締結して制度を導入するもので、原則として給与天引きで預け入れられる。また、財形貯蓄に併せて勤労者の預入れに応じて事業主が金銭を拠出して財産形成を援助する給付金制度や持家促進のための融資制度がある。財形貯蓄には、一般財形、財形住宅、財形年金の3種類があり、このうち利子に対する非課税制度が認められているのは、財形住宅と財形年金である。ただし、非課税制度が適用されるためには、財形住宅は住宅購入資金目的、財形年金は年金目的での利用が前提になる。また一般財形は使途は限定されないが、利子に対して一律20.315％が源泉分離課税される。

債券価格　債券の価格のことで、発行時の価格を発行価格、流通市場で値付けされた価格を流通価格という。債券価格は金利が上昇する局面では値下りし、逆に金利が低下する局面では値上りする傾向がある。したがって、債券を購入した後で金利水準が低下傾向をたどった時は、流通市場で売却することによりキャピタルゲインを得ることができるが、逆に金利水準が上昇傾向をたどった時は、流通市場で売却するとキャピタルロスが発生する。

債券的価値　転換社債型新株予約権付社債の価格は、発行会社の株価に連動するのが原則であるが、その株価が転換価格を大きく下回ると、株式に転換できることの価値がほとんどなくなって株価との連動性が薄くなる。その場合であっても、社債として満期には額面で償還されるため、社債としての価値は失わない。つまり、株価が転換価格を大きく下回っている場合の転換社債型新株予約権付社債の価値の下限を表すのが債券的価値である。

債券利回り　債券の投資価値を測る尺度。元本、利子および償還差損益と投資期間に基づき計算される。①最終利回りは、債券を購入し満期償還日まで保有したときの利回りを表すもので、償還差損益（額面から買付価格を差し引いたもの。プラスであれば償還差益、マイナスであれば償還差損になる）を満期までの年限で割って、表面金利に加えた額を購入価額で割ることにより得られる。②直接利回りは、購入金額に対して毎年得られる利子金額の割合を表すもので、債券のクーポンレート（表面利率）をその購入価額（額面との割合）で割って得られる。最終利回りの計算の仕方としては、日本では単利方式が一般的であるが、機関投資家などは利子の再運用を考慮した複利で計算する方式を用いている。

最終利回り　その債券を償還まで保有した場合の最終的な収益率。単利で計算する場合、購入元本はその時の債券価格を基準にみる。毎年支払われる利子は額面価格に対してのものだが、債券価格は常に変動しており、必ずしも購入時の元本が額面価格と等しいとは限らない。債券価格が額面を上回っていれば、最終利回りはクーポンレートよりも低くなり、逆に額面を下回っていれば、最終利回りはクーポンレートを上回る。

先物取引　ある金融資産・商品を将来の一定期日（または一定期間内）に一定条件で受け渡す、もしくは、それと同じ経済効果となることを現在約定する契約。たとえば日経平均株価を、今から６カ月後に２万2000円で買うという先物取引を行えば、６カ月後の日経平均の水準にかかわらず、この投資家は２万2000円で日経平均株価を買い付けることになる。これに対して、売買契約の成立と同時に受渡しを行うような通常の取引を現物取引という。先物取引には株価や債券、通貨、商品を対象にしたものがある。

差金決済　通常の取引では売買の都度代金の授受を行うのに対し、買いまたは売り建玉の反対売買（転売、買戻）を行い、その差額だけを決済すること。現物で株式投資を行う場合、まずは投資資金と引換えにある銘柄の株式を買い付け、買い付けた株式を保有し、さらにある程度値上りした時点でそれを売却することでキャピタルゲインを確保しようとする。ところが先物取引の場合は、あくまでもそのモノを一定期間後に買う（もしくは売る）ことを現時点で約束するだけの契約なので、先物を買い付けた時点では、現物・資金のやりとりは行われない。したがって、反対売買によって利益を確定した場合は、現物は投資家の手元にいっさい渡ることがなく、反対売買によって得られた利益の部分が現金で渡されることになる。これが差金決済である。

指値　「さしね」と読む。上場されている金融商品を取引する際、買いたい値段、あるいは売りたい値段を指定して、注文を出すこと。取引が成立した場合には、希望した値段でのものとなるが、その値段では取引が成立しないこともある。

サムライ債　外国の企業や政府、および政府関係機関などが、日本国内において円建てで発行する債券のこと。いわゆる円建て外債。

時価総額　上場している株式につき、株価に上場株式数（≒発行株式数）を乗じたもの。個別の銘柄の時価総額を見ると、株式市場における、その銘柄が占める相対的な大きさを測ることができる。また、ある市場に上場しているすべての銘柄を合計すれば、その市場の時価総額となり、市場間の比較の目安になる。後者については、東京とロンドンやニューヨークといった比較に用いられる。

自己資本利益率　「ROE（Return On Equity）」のこと。株主の持分である自己資本を使って、企業がいかに効率よく利益を上げているかを見るための収益性指標。ROEは「（１年間の）当期利益÷自己資本」で求められ、この数値が高いほど、自己資本を効率的に用いていると考えられる。

実需　実際の需要という意味。商品市場で、取引の対象となっている商品（金属や農作物など）を実際に購入したいという需要を持っている人による取引や、外国為替市場で、貿易の決済のために外貨が必要な人による外貨の購入などが好例。実際の供給に当たる略語はないが、商品市場での生産者等や、外国為替市場での受取り外貨の売却をする人がこれに当たる。

実需給　株式市場で、信用取引の買い建て（仮需要）と売り建て（仮供給）とを合わせた仮需給に対比して、実際に決済を行う売買取引に伴う需要と供給のこと。

実績配当　資産の運用に際して、元本や利回りなどの保証がなく、運用の実際の結果（実績）に基づいて、資金の拠出者（＝投資家）の収益が決まるもの。投資信託は典型的な実績配当の商品であり、実績配当型金銭信託もそうである。

仕手筋　「してすじ」と読む。株式の特定の銘柄を大量に買い占めてその値上り益を得ることを目的とする。また仕手筋が手掛けている株式のことを「仕手株」ともいう。

自動融資　総合口座に組み入れた定期預貯金などを担保に、一定金額まで受けることのできる融資。金融機関によって詳細は異なるが、定期預金を担保にする場合はその90％、公共債を担保にする場合はその80％を上限とし、さらに、金額の上限が別途定まっているのが一般的である。金融機関によっては、ローン商品と組み合わせた自動融資もある。

品貸料　「しながしりょう」と読む。信用取引で、株券を借りてきて売りから入る、いわゆるカラ売りが急増し、信用取引での買い株数を売り株数が上回ると、不足した株券を機関投資家などから借りてくる必要性が出てくる。この株券を借りるのに支払う借り賃のことを品貸料という。

私募債　発行に際して、多くの一般の投資家を対象に取得の勧誘（＝募集・公募）された公募債以外の債券。地方公共団体が発行する債券のうち、地元の金融機関が引き受ける「銀行等引受債」が代表的。また、企業が銀行の仲介で発行する私募債もある。公募でない要件は、少人数向け（勧誘が50名未満で国内で流通しない）、またはプロ向け（機関投資家等が対象で国内では機関投資家間以外では流通しない）であり、これらの私募債も数多く発行されている。

私募投信　公募形式の投資信託は、不特定または多数の投資家に販売することを前提としている。ここでいう多数とは、50名以上を意味する。これに対して私募投信は、特定または少数の投資家向けに設定・運用される投資信託のことで、50名未満の投資家でも組成することができる。主に金融法人や年金向けに設定されている。

シャープ・レシオ　アメリカの経済学者で、資本資産評価モデル（CAPM）の創始者の１人であるウイリアム・シャープ博士が考案した、リスク調整後リターンの代表的な指標。リスク調整後のリターンを示す指標であり、「(平均リターン－安全資産利子率)／標準偏差」で計算される。この値は、リスクとリターンの両側面を捉えた指標として、ファンドのパフォーマンスを比較する場合に広く用いられており、数字が大きいほどパフォーマンスが優れていることを示す。分子は、安全資産のリターンをどのくらい上回ったかを示す超過リターンであり、これをリターンの変動度合いを示す標準偏差で割ることで、リスク１単位当たりの超過リターンの量を求める。一般に投資の世界では、「リスクとリターンのトレードオフ」という関係が成立し、リスクをとればその分高いリターンが得られる可能性が高まる。投資成績を評価する際には、単にリターンの高低だけではなく、どれだけのリスクをとっているかも考慮しなければならないが、シャープ・レシオは、このようなリスクを考慮しての投資パフォーマンスの評価尺度という意味を持っている。

ジャンク債　債券の中でも格付が低く、デフォルトリスクの高い債券。一般的に利回りが高いことから「ハイ・イールド債」という場合もある。具体的には、債券の信用格付で投資適格とされるトリプルＢマイナス（BBB－）格またはBaa３格を下回るダブルＢプラス（BB＋）格またはBa１格以下の債券を指している。デフォルトリスクは高いものの、その反面、高格付債券に比べて表面的には高い利子収入が得られる。

収益性　金融商品の収益性とは、期待リターンのことと言える。「金融商品の収益性」は、安全性の低いものほど高まり、逆に安全性の高いものほど低くなる。また一般的に、インカムゲインを収益の中心とする金融商品に比べて、キャピタルゲインを中心にする金融商品のほうが収益性は高くなる。

収益満期受取型商品　満期時に元本と一緒に利息等が支払われる商品。一定期間ごとに支払われるべき利息等がそのまま元本に組み込まれ、複利で運用されるので、同じ利率であれば、利息を都度受け取るよりも元利合計は大きくなる。複利型定期預金などが該当する。

受益者　狭義では、投資信託などの信託商品の購入者。「利益を受ける権利を有する者」という意味。各受益者の受益権を表象した証券を「受益証券」という。広義では、他の信託も含め、信託の利益を受ける当事者。

受託者　証券投資信託などでは、受益者（ファンドの購入者）の資産を管理する当事者を指す。受託業務は、信託業務を行うことのできる銀行（信託銀行）と信託会社に限られている。受託者は、信託財産を管理するとともに、投資信託委託会社からの指示に基づいて（委託者指図型投資信託の場合）、あるいは自ら（委託者非指図型投資信託の場合、）信託財産の運用を行う。なお、信託財産は、受託者固有の財産、あるいは他の信託財産とは分けて管理されている。なお、広義では、信託の財産管理等を行う当事者。

ジュニアNISA　2016年にスタートした、未成年者を対象とした少額投資非課税制度。１月１日に20歳未満である者が開設することができ、毎年80万円を上限とする株式や株式投資信託の新規購入分を対象として、その配当や譲渡益が最長５年間非課税となる。５年経過前に20歳になった場合には、その翌年の１月１日から通常のNISA口座に移管される。ジュニアNISAで購入した株式や株式投資信託は、３月31日に18歳である年の前年の12月31日までは、原則として払出しができない。課税口座に移管し、課税口座内で再投資することはできる。これに反して払出しをした場合は、非課税口座での取得時に遡って課税されることになる。なお、本制度は、2023年が最後の投資可能期間となる。

純金積立　毎月一定の金額で純金を買い付けていく商品。1年契約の自動継続が一般的で、契約解除の申出がない限りは、自動的に1年ずつ延長されることになる。月々1000円程度から利用できるため、まとまった資金がなくても金投資に参加できるのが魅力である。積み立てた金はいつでも時価で全部売却またはグラム指定による一部売却ができる。また、積み立てられた金をいつでも金地金、地金型金貨の形で受け取ることができるとしているところもある。

純資産総額　投資信託の純財産額で、ファンドに組み入れられている株式や債券の時価を計算したうえですべてを合計し、そこに未収利息などを加えたものから、未払金などの負債総額を差し引いたもの。基準価額を算出するもとになる。ファンドによって純資産総額の規模はまちまちだが、基本的に純資産総額の増減が激しいファンドや、純資産総額自体が1億円程度と非常に規模が小さいファンドは、株価や債券相場の変動などのマーケット要因以外のところで、運用実績の安定性が損なわれる可能性がある。

少額投資非課税制度（NISA）　口座開設の年の1月1日現在において、20歳以上の居住者等（海外転勤等により一時的に出国し非居住者となった場合でも一定要件を満たせば可）については、2014年から2023年までの間に非課税口座で取得した年間120万円（2014年分と2015年分は100万円）までの上場株式等について、その配当等や売却したことにより生じた譲渡益は、非課税管理勘定が設けられた日の属する年の1月1日から最長5年間非課税となる（一般NISA）。上記の一般NISAのほか、つみたてNISA（一般NISAとの選択利用）や20歳未満の居住者等が利用できるジュニアNISAがある。なお、2024年にNISA制度は刷新され、特定累積投資勘定（1階部分、年間投資限度額20万円、公募等株式投資信託のみ）と特定非課税管理勘定（2階部分、年間投資限度額102万円、上場株式等にも投資可）の2階建ての制度となる予定である。

償還　債券の満期かそれ以前における債務の返済、または一定の信託期間のある投資信託の満期（または信託期間が設けられていない投資信託の解散）に元本と収益が返還されること。一般に、債券は満期を迎えると償還されるため、債券を保有している投資家に、額面金額に基づいて元本を返済しなければならない。債券の満期は、債券が発行される時にあらかじめ決められているが、なかには繰上げ償還といって、発行時に決められた満期日前に償還されるときもある。

証券総合口座　公社債投資信託の一種であるMRF（マネー・リザーブ・ファンド）を通じて、公共料金やクレジットカード利用代金などの各種決済、ならびに給与振込などを行えるようにした証券会社版の総合口座。証券会社では、MRFを株式や債券、投資信託の購入資金の一時退避先として利用しているケースが多い。

証拠金　先物・上場オプションといった市場デリバティブ取引や、店頭金融先物取引（FX や CFD）といった店頭デリバティブ取引を行うに際して、投資家が金融商品取引業者等に預け入れる担保。一般的に、有価証券を用いることも認められている（代用有価証券）。

譲渡性預金　「CD（Negotiable Certificate of Deposit）」ともいう。満期を迎える前に、第三者に対して譲渡が可能な預金証書。CD の売買は、だれでも参加できるオープン市場で行われる。農協等が発行する譲渡性貯金も CD の一種。

商品ファンド　投資家から集めた資金を鉱物、農産物などの商品先物やオプションに投資して運用するもの。1992年に施行された、いわゆる商品ファンド法に基づいている。投資家から集めた資金の運用を専門家（商品投資顧問業者）に委託し、主に貴金属・石油・穀物などの商品、商品先物や通貨・金利先物などで運用し、その成果を実績で投資家（商品投資）に還元する投資商品。商品ファンド法が定める仕組みとしては、組合方式と信託方式がある。なお、商品ファンドは金融商品取引法上の「みなし有価証券」とされ、商品ファンドを販売するには、原則として、第二種金融商品取引業者か登録金融機関でなくてはならない。

所有期間利回り　債券が償還を迎える前に売却した場合の収益率。売却時の債券価格が購入時と比べて高い場合は、クーポン収入に売却益が加味されるため、所有期間利回りは購入時の直接利回りを上回るが、逆に購入時に比べて安い債券価格で売却した場合は、売却損が加味される分だけ、所有期間利回りは購入時の直接利回りを下回る。

信託契約　信託とは、ある人が、一定の目的に従って、財産の管理・処分等をするために必要な行為をすることで、具体的には、契約、遺言、自己信託の３つがある。このうち信託契約とは、ある人（委託者）が別の人（受託者）に財産の譲渡等をするのと同時に、受託者が、一定の目的に従って、その財産の管理・処分等をすることを約束するもの。信託契約を利用した投資商品としては、投資信託がある。

信託財産　信託の対象となった財産のことで、受託者が管理・処分をする。投資信託における信託財産とは、ファンドに組み入れられている株式や債券のことで、受託者は委託者（通常は投資信託委託会社）からファンド資産の管理を受託し、その管理や実際の売買を執行している。

信託財産留保額　「信託財産留保金」ともいう。投資信託の信託期間内に受益者がその一部を換金した場合に差し引かれる金額。ファンドに組み入れられている株式や債券の売買にかかる委託手数料などは信託財産から支払われており、受益者すべての負担になる。したがって、ある受益者が中途解約すると、解約資金を用意するために信託財産中の株式や債券を売却したときにかかる手数料等の費用も、すべての受益者の負担になってしまう。これでは保有し続けている受益者にとって不利になってしまうため、中途解約を申し出た受益者に解約にかかるコストを負担させるために設けられたのが信託財産留保額である。したがって、信託財産留保額がある投資信託では、基準価額で解約することはできない。

信託報酬　狭義では、信託で受託者に支払う報酬。一般的な投資信託では、受託者だけではなく、委託者（投資信託委託会社）に支払う運用報酬の部分、また、保護預かりをしている販売会社に支払う報酬をまとめて信託報酬という。投資信託の信託報酬は、信託財産の額に応じて信託財産の中から支払われるため、受益者が直接支払っているものではないが、信託報酬の分、信託財産が減ることになり、間接的に受益者が負担していることになる。目論見書、運用報告書では「運用管理費用（信託報酬）」と表示される。

新発債　新たに発行される債券。

新窓販国債　募集取扱方式による国債の販売方式。個人投資家による国債保有の促進を図ったもの。金融機関には売れ残りが出たときにそれを買い取る義務（簿残引受義務）がない。2021年１月現在、償還期間は２年、５年、10年の３種類で、いずれも固定金利型。購入単位は額面金額で５万円以上５万円単位。原則として、３銘柄とも毎月発行であるが、金利水準等を理由に発行されないこともある。

信用取引　証券会社が顧客に信用を供与して行う株式の売買取引。一定の保証金を担保にして、証券会社から株式の購入資金や売却するべき株式を借りて、株式を売買する。証拠金は現金で納めてもよいし、株式や債券（代用有価証券という）で納めてもよい。決済は大部分が反対売買によって行われる。買付代金を借りた顧客は、期日までに借入代金を返済するかまたは反対売買して決済する。また、売付株券を借りた顧客は、期日までに借入株式を返済するかまたは反対売買して決済する。一般的に、短期売買が中心になる。買いから入ることもできるし、株券を借りてきてそれを売却し、値下りしたところで買い戻すことによって利益を確定させることもできる。少額の資金で多額の株式売買が可能となるので投機手法として使われることも多く、ハイリスク・ハイリターンの取引であるとされる。

信用リスク　債券発行体や融資を受けた者が、金利の継続的支払、元本の予定どおりの返済ができなくなる危険の度合い。たとえば銀行預金などでは、預金保険の範囲を超える資金を預けている者は、銀行の信用リスクを見極める必要がある。債券などについても同じである。格付情報が参考になる。

ストリップス債　債券の元本部分とクーポン部分とを切り離したもの。それぞれ期日にのみあらかじめ決められた金額、もしくは、あらかじめ決められた算式に基づく金額を受け取ることができる。

スポット型　単位型投資信託の募集形態の1つ。定時定形型が毎月定期的に募集されるのに対して、スポット型はその時の経済情勢や金融環境などのタイミングを見計らって、臨時に募集されるタイプの投資信託。基本的に同じタイプのファンドは、その時の募集期間中に申し込まない限り購入できない。

スワップ取引　当事者間で、将来のキャッシュ・フロー（資金の流れ）を交換する取引。金利スワップと呼ばれる取引では、契約期間中、同じ利率を適用する固定金利と、定期的に適用金利を見直す変動金利とを交換する。通貨スワップと呼ばれる取引では、ある通貨の一定期間の元利払いを、別の通貨の元利払いと交換する取引である。

成長型　株式投資信託で、株式等の組入比率を示す目安の1つ。主としてバランス型の投資信託（投資信託協会の区分では「資産複合」）で用いられる表現。株式の組入比率がおおむね30%まで（つまり、公社債等が70%以上）のものを「安定型」、株式と公社債の比率がほぼ50%ずつのものを「安定成長型」、株式の組入比率が70%程度のものを「成長型」とするのが一般的。

政府短期証券　国庫全体または各特別会計における収入と支出の時期的なずれにより生ずる一時的な資金不足を補うために発行され、期間は原則として3カ月である。2009年2月からは、「割引短期国債」とともに「国庫短期証券」として統合発行されている。

ゼロ・クーポン債　表面利率（クーポンレート）が0（ゼロ）の債券。利回りが正（プラス）の場合は割引価格で発行されるため、満期償還金（額面）と発行価格の差が利息に相当する。発行体にとっては償還期間まで利息支払等の負担がゼロで、キャッシュ・フローの管理が簡便である一方、投資家にとっては利付債に投資した場合に発生する毎期の受取利息の再投資の問題が回避でき、当時の投資額の投資利回りが確定できるというメリットがある。

相関　2つの変量の間に、一方の変化に対応して他方が変化するとき、相関関係があるという。一方が増加すれば他方も増加するときを「正の相関」、一方が増加すれば他方が減少するときを「負の相関」という。

相関係数　分散投資の効率性を知るうえで参考になる数値。分散投資では、値動きの異なる金融商品を組み合わせたほうがリスクの相対的な低減効果が大きくなる。相関係数は、まったく同じ値動きをする場合が「1」に、正反対の値動きをする場合が「－1」になる。つまり、相関係数が1のとき、分散投資の効果はない。

総合口座　「使う」「貯める」「借りる」といった機能がひとまとめにされた口座。利用者は普通預貯金を通じて給与振込や各種決済を行い、定期性預貯金でお金を貯め、さらに定期性預貯金を担保にした自動融資で、一定金額まで借入れを起こすことができる。公共債を組み合わせられる金融機関もある。

単元株　株主総会で一個の議決権を行使するための株式数、また、その株式数が集まった株式。1株につき1議決権の場合は、単元株という表現は用いない。証券取引所に上場されている株式については、単元株式数を売買単位にするため、たとえば、100株が1単元になる株式では、株価が3000円のとき、売買単位は3000円/株×100株/単元＝30万円/単元の倍率で取引される。単元未満株の株主は、配当金を受け取ることはできるが、株主総会で議決権を行使できないなど株主としての権利が制限されるため、会社に対して単元未満株式の買取りを請求することができる。

単純平均株価　対象銘柄の株価合計を銘柄数で割って求めた平均株価。市場全体の平均的な株価水準を知ることができる。ただし、品薄株や値がさ株に左右されやすく、権利落ちの際には通常の値下りと区別がつかないことから、連続性に問題があり、過去との比較がしにくいという欠点もある。東証では第1部、第2部ごとに普通株式の全銘柄を対象とした単純平均株価を毎月発表している。

単利　⑴債券の利回り等、投資収益率の計算方法の1つ。投下（投資）した資金と回収した資金とを比較して、回収金額と投下資金との差額（＝収益）と投下資金の割合を年率換算して計算される。⑵投資における利息の取扱方法の1つで、複利（運用）と対比して用いられる。複利運用では、発生した利息は元本に組み入れられて再運用されるが、単利の運用では、利息は元本に組み入れられない。そのため、同じ利率で運用された場合、利息の利息（孫利）の分、元利合計は複利のほうが大きくなる。

地方債　広義（法律的）には、都道府県や市町村および東京都の特別区が、年度を超えて負担する債務のこと。一般的（狭義）には、そのような債務のうち、債券（地方債証券）を発行して調達する場合の、その債券のこと。広義の地方債のうち民間から調達する分の中で、市場公募地方債と、銀行等引受地方債のうち証券発行の方法で発行されるものとが狭義の地方債に該当する。市場公募地方債には、都道府県の一部と政令指定都市が発行し全国で募集される全国型市場公募地方債と、地域住民を対象に募集される住民参加型公募地方債（いわゆる「ミニ公募」）とがある。また、共同発行といって、複数の地方公共団体が共同して公募債を発行するケースが、全国型、ミニ公募の双方で見られる。

抽選償還　債券の途中償還の方法の1つ。債券の発行者は、償還の資金負担を平準化させるため、債券の一部を途中償還することにしているケースがある。その際、債券ごとに均等ではなく、抽選で償還する債券を決めるのが抽選償還である。期中償還に当たった投資家は買付時の最終利回りが期限の変更により満たされなくなる場合もあり、購入時に抽選償還の有無を確認する必要がある。

直接利回り　「直利(ちょくり)」ともいう。毎年受け取ることのできる利子が、購入価格に対して何％であるかを表示したもの。たとえば額面100円に対して毎年５円の利子が得られる債券を96円で購入した場合、96円に対する５円なので、直利は5.208％になる。

貯蓄型保険　⑴一時払養老保険など、保険機能を備えつつも、保険期間が３、５、７、10年と比較的短く、かつ保険期間満了時に保険金と積立配当金を受け取ることができるなど、貯蓄機能が高い保険をいう。なお、一時払養老保険のような金融類似商品については、期間が５年以下のもの、または５年以内に解約した場合は収益金に対して20.315％の源泉分離課税、５年超の場合は一時所得として総合課税扱いになる。⑵掛捨て型の保険と対比して用いられる表現で、満期保険料の形で支払った保険料に応じた保険金が支払われるものの総称。

つみたてNISA　2018年１月からスタートした、特に少額からの長期・積立・分散投資を支援するための少額投資非課税制度。年間40万円までの投資額から生じた収益分配金や譲渡益が非課税となる。投資期間は最長20年で、非課税投資金額は最大800万円となる。つみたてNISAの対象商品は、長期・積立・分散投資に適した公募株式投資信託と上場株式投資信託（ETF）に限定されている。なお、つみたてNISAと従来のNISAはいずれかを選択。

低位株　株価水準の高い値がさ株に対して、低位株は株価水準の低い銘柄を指す。

定期性預貯金　一定期間預け入れておくことを前提とした預貯金。将来に備えるために蓄える、貯蓄性の高い預金といえる。要求払預貯金と比較すると相対的に利率は高く設定されているが、中途解約をすると当初約定した利率より低い利率になる。

定時定型　単位型投資信託の募集形態の１つ。満期までの期間や運用方針、投資対象など商品としての性格が同じファンドが、原則として毎月定期的に募集・設定されていく投資信託。代表的なものに（商品名としての）公社債投信がある。

定性評価　投資信託など資産運用の評価方法の１つで、数値情報には現れない運用体制や運用哲学、運用担当者の考え方や能力などを分析し、総合的に評価する方法。運用会社の安定性・成長性・効率性や運用哲学・運用プロセス、運用担当社の資質などが対象となる。投資信託の評価会社が行う分析では、これらに加え、運用会社によるディスクロージャーの質等も評価の対象となる。

抵当証券　不動産担保付融資を裏付けに発行される証券で、金融商品取引法上の有価証券。

デイ・トレーダー　その日（デイ）のうちに売買収益を確定させるように売買を繰り返す個人投資家の総称。株式の委託手数料の自由化とインターネット取引の普及により、このような取引が安価かつ容易になったことが背景にある。

定量評価　投資信託など資産運用の評価方法の１つで、過去のパフォーマンス等の数値で計測されるものを対象として評価をする方法。一般的に行われている評価方法として、リスク調整後リターンがある。これは、単にリターンの大きさではなく、リスク調整後のリターンの大きさでパフォーマンスを比較し、同一分類内での順位付けを行う方法である。同じリスクを持つ運用比較では、リターンの大きいほうが優れており、同じリターンを上げた運用の比較では、リスクが小さいほうが優れていると考える。リスクとリターンの取り方によっていくつか手法があるが、代表的なものにシャープ・レシオがある。

適合性の原則　金融商品取引法や金融商品販売法などに規定されている原則。金融商品取引法では、金融商品取引業者等は、顧客の知識、経験、財産の状況および投資の目的に照らして適当な勧誘をしなくてはならないとされており、投資性の預金等については銀行法等で、投資性の保険等については保険業法で、それぞれ同様の定めがある。金融商品販売法では、金融商品全般の販売に際する説明をするうえで、顧客の知識、経験、財産の状況、投資等の目的に照らして、その顧客が理解できるような方法・程度でしなくてはならないと定めている。

デフォルト　元本や利息を期限どおりに支払えないこと。債券のデフォルトのリスクについては、格付が参考になる。

デュアル・カレンシー債　二重通貨建債券のこと。払込みおよび利払い時と元本償還時との使用通貨が異なる債券。購入代金は円建てで払い込み、利子も円建てで支払われるが、償還金は外貨建てで支払われる。最近では、一定水準まで円高が進まない限り円で償還されるタイプ（ノック・イン型）や、一定水準まで円安が進むと円での償還が確定するタイプ（ノック・アウト型）、さらには両者を組み合わせたものが多く見られる。為替動向によっては大きな為替差損が発生する可能性があることに注意が必要である。

デリバティブ　「金融派生商品」ともいう。通貨、債券、株式、商品などの資産に対して、これらの資産の価格変動を対象とした取引をいう。本源的な資産から派生した取引という意味で派生商品（デリバティブ）という。代表的な派生商品として、先物取引、オプション取引がある。派生商品は、投資のため保有している資産の価格変動リスクを回避（ヘッジ）するため、また少額で派生商品を購入することができるため、少額資金での効率的運用や投機に使われる。デリバティブを組み込んだ預金や債券、投信も多い。企業や国などの信用度を対象とするクレジット・デリバティブ、気温や降雨量を対象とする天候デリバティブなどもデリバティブの一種である。

転換価格　転換社債型新株予約権付社債

（転換社債）と取得請求権付株式のうち（普通）株式を対価にするものは、それぞれ、一定の比率で発行会社の株式を取得することができる。その割合を転換価格という。たとえば、転換社債100万円の新株予約権を行使することによって2000株を取得することになる場合、転換価格は100万円÷2000株＝500円/株である。

転換社債型新株予約権付社債　新株予約権とは、あらかじめ決められた価格で発行会社から株式を取得できる権利で、社債と同時に発行されるのが新株予約権付社債。転換社債型新株予約権付社債は、新株予約権付社債のうち、新株予約権の行使に際して、その社債の償還対価を用いることになっているもの。実質的に、社債と株式とを交換するため、転換社債型と呼ばれる。社債として満期には元本が償還されるほか、表面利率がゼロでない場合には、定期的に利息も支払われるが、その利息は、新株予約権の価値の分、同じ発行会社の社債よりも少なくなる。発行会社の側から見ると、通常の社債よりも低い利率で社債を発行できるほか、将来的な自己資本の充実も期待できる効果がある。

投機　「スペキュレーション」ともいう。株式や債券をはじめとする有価証券、通貨、商品などを対象に、その価格の変化に着目して、売買差益を目指すこと。この思惑のみで売り買いが集中し、マーケットが大きく乱高下する状況のことを「投機的な動き」と表現する。

投資　価格変化のみに注目して売買が行われる「投機」に対して、価格変化以外の根源的な価値に着目して資金を投じること。たとえば株式であれば、短期的な株価の変動によるキャピタルゲインの確保のみを目指すのではなく、配当収入や増資なども含めて、その企業の成長性によってもたらされる利益分配の確保も目的に含まれてくる。

投資家　狭義では投資をする経済主体という意味。広義（一般的）には、金融市場に参加する、金融仲介業者以外の主体すべてを指す。金融商品取引法では、専門的な知識を有する「特定投資家」と、それ以外の「一般投資家」との区分があり、特定投資家にはさらに、金融機関など投資の専門性が一層高い「適格機関投資家」という分類がある。

投資信託　通称「投信」。投資家から資金を集め、その資金を株式や債券などの有価証券に投資し、その運用収益を投資家の出資口数に応じて還元する投資商品。収益分配が運用実績に応じて行われる実績配当商品であり、MRF での例外を除き、元本保証はない。少額の投資資金を多数の投資家から集められること、投資信託委託会社などの専門家が運用すること、各種の有価証券に分散投資を行って運用リスクの軽減を図れることなどが特徴である。運営の仕組みとしては、信託を使った契約型と法人形態をとったいわゆる会社型がある。

当日決済取引　売買契約が成立した当日に受渡しを行う取引方法で、「即日決済」ともいう。

投信直販　投資信託（投信）の受益証券の販売を、投資信託委託会社自らが手がけること。

投信評価会社　国内で運用されている投資信託の運用実績を分析し、その評価・格付を行う民間会社。代表的な評価会社にモーニングスター社がある。過去の運用実績をベースに評価するため、そこでの評価は、過去の運用実績に基づいたもので、将来の運用実績を予測したものではない。

投信窓販　投資信託（投信）の受益証券を銀行・保険会社など金融機関が販売すること。

特定投資家　金融商品取引法上のプロの投資家のこと。金融商品取引法では、投資家をプロ（特定投資家）とアマ（一般投資家）に区分して、規制の柔軟化が図られている。たとえば、特定投資家については契約締結前交付書面の交付義務などの行為規制が除外される。なお、所定の手続をすることで、一定の特定投資家は一般投資家に、一定の一般投資家は特定投資家に、それぞれ移行することが可能。

特別分配金　追加型株式投資信託の分配金の種類で、当初または追加設定時の基準価格等（個別元本）から配分される分配金をいう。非課税。たとえば、分配前の基準価格１万2000円で分配金1500円のとき、個別元本１万1000円の受益者の分配金の内訳は普通分配金1000円（源泉課税対象）と特別分配金500円（源泉税非課税）となり、以後の個別元本は１万500円（＝旧個別元本１万1000円－特別分配金500円）になる。

特別マル優制度　少額貯蓄非課税制度とは別枠で、障害者等が利付国債および地方債に投資した場合に限って適用される非課税制度。対象者の条件はマル優と同じで、債券の額面価格350万円を上限に、その利子についてマル優と別枠で所得税が免除される。

匿名組合　投資信託や投資法人でない、いわゆる集団投資スキームの設定形態の１つ。投資事業を行う主体（営業者）が、投資家（匿名組合員）から、商法上の匿名組合契約を締結することで資金を集めるもの。クラウド・ファンディングで利用されることが多い。

トップダウン・アプローチ　アクティブ運用でポートフォリオを構築するアプローチの１つ。まず金利や為替、景気等の経済指標という広い視点から分析（マクロ分析）を開始して、その見通しに沿って投資する業種の配分を決め、最後に個別銘柄の選別をするという手順をとる運用手法である。たとえば国内株式を投資対象とするファンドの場合、まず日本の経済成長率やインフレ率、金利、為替水準等について予測を行い、それに基づいて好調と予測できる業種への投資比率を高め、その後に各業種の中からファンドに組み入れるのに値する企業を選択していく。

ドル・コスト平均法　値動きのある金融商品（株式等）で、同じ商品（銘柄）を定期的に一定の金額で継続して購入する投資方法。この方法によれば、価格が高いときには少ない量を、価格が安いときには多くの量を購入することができる。この結果、相対的に平均購入単価を引き下げることができるし、誤った時点で多くの資金をつぎ込んでしまうというリスクを避けることもできるとされる。ドル・コスト平均法は特に長期の投資に向いているとされており、定期的に一定の投資を長く続けるほど、より幅広い価格で証券を購入することができるからである。もっとも、ドル･コスト平均法を用いても、利益が約束されるものでも、マーケットの下落時に損失が回避されるものでもない。

成り行き　株式等を売買するに際して、指値を行わずに取引所に注文を出すこと。したがって、ある銘柄を買う場合、その銘柄に買い注文が殺到している時などは、思わぬ高値で買うことになったり、逆に売る場合、その銘柄に売り注文が殺到していると、非常に安い値段で売却せざるを得なくなるケースもある。ただし、取引所での売買成立は、成り行き注文は指値注文に優先させて取引を成立させていくため、指値注文に比べて取引は成立しやすい。

NISA（ニーサ）　→93ページ参照

値がさ株　株式を株価から見て分類した言葉で、値段の高い銘柄をいう（値がかさむことから）。値がさ株、中位株、低位株という分類が一般的である。ただ、いくらから上が値がさ株かという基準はなく、市場全体の株価の水準によって異なる。

値幅制限　株値など上場されている金融商品の１日における変動の限度幅。価格が極端に上げたり下げたりすると、市場が混乱をきたし、投資家保護のうえでも問題があるため、取引所は値幅制限をしている。たとえば、東証では、株式では株価が100円未満の場合は30円、200円未満は50円、500円未満は80円、700円未満は100円、1000円未満は150円、1500円未満は300円、2000円未満は400円、3000円未満は500円、5000円未満は700円、7000円未満は1000円、１万円未満は1500円などとなっており、これ以上は翌日の株価が上下しない。仮に、前日の終値が805円であった株に翌日好材料が出て人気化し、買いが殺到したとしてもその日は955円を超えて株価は上がらない。これを「ストップ高」という。逆に悪材料が出て売りが殺到したとしても、その日は655円を超えて株価は下がらない。これを「ストップ安」という。値幅の基準になるのは、前日の終値、または最終気配値と定められている。値幅制限は、先物や上場オプションにもある。

年平均利回り　定額貯金等の収益満期受取型の複利商品の金利の表示方法で、ある一定期間で得られる利息や収益を1年当たりでいくらになるかを計算し、それを預入元本で割ったものをいう。期間最後まで預け入れた場合の平均利回りであり、毎年この利率分の利息がつくわけではない。

ノーロード投信　販売手数料を取らないファンド。一般的に、信託報酬率は、有手数料型ファンドと比較して高くなっている。

パー発行　「額面発行」ともいう。債券を額面価格と同じ価格で発行すること。パー発行の場合、その債券を償還まで保有した時の利回りは、債券のクーポンレート（表面利率）と同じになる。

配当性向　会社の当期純利益のうち、配当金としてどれだけ株主に支払ったかを示す指標。１年間の配当総額を、対象となる年度の当期純利益で割って求められる。なお、一般的に、配当性向が低いということは、当期純利益のうち会社に内部留保する部分が多いことを示すため、内部留保率が高いことを意味する。

配当利回り　株価に対して１年間で受け取ることができる配当金の割合のこと。１株当たり配当金を株価で割って求められる。

売買高　「出来高」ともいう。売買高とは、売買が成立した株数のことをいう。たとえば、買い１万株、売り１万株の売買が成立した場合、売買高（出来高）は１万株と計算する。株価が全体的に上昇傾向にあるとき売買高は増加し、下落しているときや低迷しているときには売買高は減ることが多い。ただし、株価の下げが予想され投資家が株式を一斉に手放すことによって出来高が急増する場合もある。

派生商品型　投資信託の運用形態の１つ。株価指数先物取引やオプション取引などのデリバティブ（派生商品）を積極活用して、ハイリターンの実現を目指すタイプのファンド。ブル・ベア型ファンドも派生商品型の一種である。

発行日決済取引　上場企業の増資などが決まると、新株の割当てが行われるが、新しい株券が出てくるまでの間、その予約売買を行うもの。新株の割当てを受けた者が、売りの予約をしておき、新株が発行された時点で受渡しを行う。

パッシブ運用　特定の指数(インデックス)の動きと連動した投資収益を達成することを目指す運用方法。パッシブ（passive：受動的）運用という呼び方は、個別証券の割高、割安等を運用者が判断して売買を行うアクティブ（active：能動的）運用に対して、運用者の判断を交えずインデックスに追随することを目指す運用であることに由来している。銘柄の選択や売買などに関するコストがあまりかからないため、運用関係の手数料がアクティブ運用のファンドに比べて低めというメリットがある。

パリティ価格（Parity）　転換社債型新株予約権付社債に投資する際の重要な投資基準の１つ。転換社債の理論価格のことで、その発行企業の株価を転換価格で割って求められる。たとえば、転換価格が800円の転換社債であれば、発行会社の株価が1000円のときのパリティは125（1000円÷800円×100）となる。つまり、転換社債を株式に転換して、その株式をその時点の株価で売却した場合の転換社債の価値を表す。

バリュー株　PERが低く、株価が割安と思われる株をバリュー（価値）株と呼ぶ。そのような株式に投資する戦略がバリュー戦略である。

反対売買　損益を確定させるために、以前に行った取引を解消することで、買いから入った取引では売り、売りから入った取引では買いと、当初の取引と売買の方向が反対になる売買。信用取引は反対売買による弁済が原則であるし、先物取引や上場オプション取引も、期限前に反対売買することによって損益を確定させることができる。

販売手数料　金融商品を購入する際に購入者が負担する手数料。投資信託では、購入する際に投資家が販売金融機関に対して支払う。同一の投資信託でも、販売金融機関が異なれば、販売手数料率に差が生じるケースもある。

日歩　「ひぶ」と読む。⑴金利の表示の方法で、通常は金利は年率で表すが、１日当たりの金利で表示するもの。⑵信用取引で、資金を借りて株を買うことになる買い方が負担する金利、また、借りた株を売却して得た資金を運用することになる売り方が得る金利のこと。

標準偏差　金融商品のリスクは、一般的に、リターンの平均からのばらつきとされる。それを計測するために、リターンの分散と、その平方根である標準偏差が用いられる。これが大きいほど平均からのばらつきが大きく、リスクが高いことになる。

標準物　債券の先物取引では、実際に取引されている債券ではなく、架空の債券を対象にした先物を取引する。この架空の債券のことを「標準物」という。債券は銘柄数が多いが、利回り（価格）の変動はおおむね同じ方向となるため、このような標準物を対象とする場合でも、先物取引の効果が期待できる。なお、世界各国の主要な国債の先物取引は、日本同様、標準物を対象とした取引である。

ファミリーファンド型　マザーファンドと呼ばれる親ファンドと、マザーファンドに投資するベビーファンドという２層構造になっている投資信託の運用方式。運用対象が同じでも、決算月が違ったり、あるいは、収益分配を行うものと再投資を続けるものとに分けたりする場合に用いられる。

ファンダメンタルズ　⑴経済の基礎的諸条件。「ファンダメンタルズから見て今の為替相場は円が売られ過ぎている」などと表現されるが、実際に何をもってファンダメンタルズとするかは明確に規定されているわけではない。⑵チャートに依存する「テクニカル分析」と対比する「ファンダメンタルズ分析」として用いる表現で、会社であれば業績、株価指数や債券あるいは外国為替であれば経済動向などを指す。

ファンド・オブ・ファンズ　複数の投資信

託に投資する投資信託のこと。投資対象となる投資信託等は独立した１つの運用対象である点が、ベビーファンドからの投資を受け入れるためだけにマザーファンドを設立するファミリーファンド型とは異なる。そのため、運用にかかる報酬（≒信託報酬）は、投資対象となる投資信託等の段階と、ファンド・オブ・ファンズの段階とで二重に課されることになる。

ファンドマネジャー　投資信託や年金等の資産の運用者。投資信託の場合、ファンドマネジャーの裁量に任されて運用されるファンドを「アクティブ型」といい、ファンドマネジャーの運用能力が、実績に反映される。

フィンテック（FinTech）　金融（Finance）とテクノロジー（Technology）を組み合わせた言葉。本人確認、セキュリティ、運用技術、決済技術など、さまざまな分野でフィンテックが進んでいる。

含み益　資産の簿価に比して時価が高い場合における資産の時価と簿価との差額。企業が保有している不動産や有価証券の中には、時価ではなく取得価格で評価しているケースがある。この場合、仮にこれらの資産が値上りしても、その値上り益はバランスシートに反映されない。バブル崩壊以降長期間にわたる地価と株価の下落により多くの企業では含み益が消え含み損になっているケースも多い。

複利　⑴債券の利回り等、投資収益率の計算方法の１つ。投下（投資）した資金と回収した資金とを比較して、回収金額の現在価値が投下金額と等しくなるような利率。同じ金額でも、早く受け取るほうが現在価値が高くなるため、複利の利回りは高くなる特徴がある。⑵投資における利息の取扱方法の１つで、単利（運用）と対比して用いられる。単利運用では、発生した利息は元本に組み入れられず、再運用されないが、複利の運用では、利息は元本に組み入れられて再運用される。そのため、同じ利率で運用された場合、利息の利息（孫利）の分、元利合計は複利のほうが大きくなる。

普通株　会社法では、権利内容の異なる数種の株式の発行を認めている。このうち、標準的な権利内容に制約あるいは優先権がない、いわば標準となる株式のことを「普通株」という。現在、日本で発行されている株式のほとんどが、この普通株である。

普通取引　株式の取引方法の１つで、売買契約が成立した日から起算して、休日を除く３営業日目に決済される取引方法。証券取引所で行われる取引のほとんどは、この普通取引である。休日を除く３営業日目ということは、たとえば木曜日に売買契約が成立すると、祝日がなければ、翌週の月曜日が決済日になる。

普通分配金　追加型株式投資信託の収益分配金の種類で、当初または追加設定時の基準価格等（個別元本）を上回っている部分から配分される収益配分金をいう。源泉税が徴収される。

物価連動国債　元金額が物価の動向に連動して増減する国債。償還期間は10年。購入単位は額面金額で10万円以上10万円単位。発行後に物価が上昇すれば上昇率に応じて想定元金額が増加し、物価が下落すれば下落率に応じて想定元金額が減少する。利子の額は、想定元金額に、発行時に固定した表面利率を乗じて算出する。物価上昇により想定元金額が増加すれば利子の額も増加し、物価下落により想定元金額が減少すれば利子の額も減少する。なお、2013年度以降に発行される物価連動国債については、償還時の元本保証（フロア）が設定されるが、利息にはフロアの効果はない。

プットオプション　オプションのうち、対象となるものを、あらかじめ定められた価格で「売る権利」をコールオプションという。あるいは、対象となる金融指標が、あらかじめ定められた水準を下回った場合に、その差額を受け取るものという表現もできる。あらかじめ定められた価格・水準のことを「行使価格」という。プットオプションには価値・価格があるため、プットオプションを持つためにはオプション料を支払ってプットオプションを購入しなくてはならないが、対象となるもの・金融指標が行使価格を下回って下落した場合、行使価格との差額がプットオプションの持ち主（＝買手）の利益となる。逆に、プットオプションの売り主から見ると、プットオプションを売却した際にはオプション料を手に入れることになるが、対象となるもの・金融指標が行使価格を下回って下落した場合、行使価格との差額がプットオプションの売り主の損失となる。

不動産投資信託（REIT）　不動産を投資対象とする会社型投資信託の総称でReal Estate Investment Trustの略、「リート」と読む。日本では、「投資信託及び投資法人に関する法律」に基づく投資法人のうち、実質的に不動産で運用しており、投資家の持分（＝投資口）を証券取引所に上場しているものを、J-REITと呼ぶほか、非上場のいわゆる私募REITがある。実際の運用対象は、不動産を信託した受益権のケースがほとんど。一定の条件のもと、利益の90％以上を配当すれば、その分は投資法人の損金となるため、実質的に投資法人の段階では課税されないところに特徴がある。

プライベート・エクイティ　非公開会社の株式に投資する手法、または、そのような手法で投資を行う主体のこと。上場会社の全株式を取得して非公開化するほか、上場会社の子会社など非公開会社を買収することもある。一般的に、投資事業有限責任組合の形でファンドを組成して、機関投資家等の資金を集め、その資金で投資を行う。

ブル・ベアファンド　相場が上がることを「ブル」、逆に下がることを「ベア」という。ブル・ベアファンドとは、対象になる市場が値上りすると、その値上り率の何倍もの運用成績となるブル型ファンドと、市場が値下りするほど運用実績が上昇するベア型ファンドがセットになって設定・販売されているもので、ファンドの購入者が自分の相場判断に基づいて、このいずれかを選択する。

分散　金融商品のリスクは、一般的に、リターンの平均からのばらつきとされる。それを計測するために、リターンの分散と、その平方根である標準偏差が用いられる。これが大きいほど平均からのばらつきが大きく、リスクが高いことになる。

分散投資　投資運用の大原則の１つ。「１つのカゴに全部の卵を入れてはならない」という格言があるように、リスクのあり方が異なる証券や金融商品など多様な投資対象に投資することで、あるいは多様な銘柄の証券に投資することで、投資リスクを分散することが可能になる。

分別管理　投資家が証券会社に保護預りにしている資産を、証券会社自身の資産とは分けて管理されていること。したがって、仮に証券会社が破綻した場合でも、保護預りにしている顧客資産については、差押えなどの対象にはならないのが原則である。先物取引やオプション取引、信用取引の証拠金（代用有価証券も含めて）や有価証券関連デリバティブ取引についても、分別管理の対象である。さらに、有価証券関連デリバティブ取引以外のデリバティブ取引においては、証券会社を含む金融商品取引業者等は、証拠金・保証金として預託を受けた財産を区分して管理しなくてはならない。この「区分管理」は預託を受けた金銭について特に厳格で、店頭外国為替証拠金取引（店頭FX）に代表される通貨関連デリバティブ取引等については、原則として、信託会社に信託しなくてはならない。

平均配当利回り　株式投資によって得られる収益は大方がキャピタルゲインだが、配当金というインカムゲインもある。この配当収入が、株式への投資元本に対して何％かを表したものを配当利回りという。日本経済新聞は、上場されている株式の配当利回りの平均を平均配当利回りとして掲載している。

平均利回り　それぞれの運用期間における収益率を平均したもの。特に複利運用型の金融商品の収益性を表す場合に「年平均利回り」という概念が用いられる。これは、一定期間を複利で運用した場合に、満期時の元利合計金額から元本額を控除し、元本額で除したものを運用年数で割るもので、１年当たりの単利での平均利回りが求められる。また、各期の収益率が異なるときの平均利回りの意味もある。この場合、算術平均と幾何平均の差にも注意。

ヘッジ　リスクの回避手法、または、リスクを回避すること。たとえば、株式のポートフォリオの値下りリスクをヘッジするには、日経平均株価や東証株価指数の先物を売ることが考えられるし、金利上昇による国債価格の下落のリスクをヘッジするには、国債先物を売ることができる。

変額個人年金保険　生命保険会社が、資産を特別勘定で運用し、運用実績に応じて、年金や解約返戻金の額が増減する保険。将来受け取る年金額の増加もありうる反面、払込保険料（元本）を割り込むというリスクもあるが、将来の基本年金額を保証している商品もある。生命保険会社の中には、特別勘定内に複数のファンドを設定し、契約者がファンドの種類や繰入比率を任意に指定できる商品を販売している会社もある。銀行や証券会社が窓口で販売しているものもある。

ベンチマーク　投資信託など資産運用の運用実績の良し悪しは、基本的に市場の値動きに対して勝ったのか、それとも負けたのかという観点から判断すべきである。この、運用実績の比較対象になる市場の値動きを表すものがベンチマークである。たとえば日本株に投資するファンドであれば、日経平均株価や東証株価指数が、米国株に投資するファンドであればダウ工業株30種平均やS&P500が、ベンチマークとしての役割を果たす。

ベンチャー・キャピタル　新興企業の株式に投資して、その会社の上場や、他社による買収によってキャピタルゲインを得ようとする投資をする主体。また、そのような投資手法のこと。投資事業有限責任組合などの形式でファンドを組成して、事業会社や機関投資家から資金を集め、その資金で投資をすることが一般的。

変動金利　預け入れや借入れの金利が、満期までの間、金利情勢によって変動すること。変動金利型商品は、市場の金利水準の変化に連動して適用金利が見直される。運用に際しては、今後、金利が上昇し、運用期間に対応する固定金利を（事後的に）上回ることが予想される局面で選択される。借入れに際しては、逆に、今後も金利が上昇しない、あるいは、運用期間に対応する固定金利を上回らないことが予想される局面で選択されることになる。

変動金利預金　適用利率が一定のルールで変動する定期性の預金。通常の定期預金など固定金利型の預金と対比されるもの。最低預入金額、適用金利（金利の見直し頻度を含む）、預入期間は各金融機関が自由に決定することができる。農協、漁協等に同様の貯金商品もある。

ポートフォリオ　複数の銘柄を組み入れた運用手法のこと。一般的には分散投資の効果を目指してポートフォリオを組むものとされる。

保護預り　金融機関等が、顧客が購入し、あるいは保有している資産を預かること。有価証券ではペーパーレス化が進んでいるため、口座管理のことを保護預りと呼ぶことが多い。

ボトムアップ・アプローチ　アクティブ運用で対象銘柄を選定する手法の1つ。個別企業を調査・分析して、銘柄を発掘する運用手法である。ボトムアップ・アプローチでは、経済指標やマーケット動向の分析はあまり重視されない。

マル優制度　障害者等が保有する一定金額

以下の預金､有価証券の利子などについて所得税を免除する制度。①遺族年金、寡婦年金などを受給している寡婦であること、②身体障害者である者、のうちいずれかを満たすことが条件になる。一個人について利用できる金額はマル優枠で350万円、特別マル優枠で350万円の計700万円までである。

ミリオン　「従業員積立投資プラン」ともいう。企業と証券会社との提携によって、給与天引きで投資信託を毎月積み立てていく制度。財形貯蓄に似ているが、収益に対する非課税制度はない。

目論見書　有価証券の募集・売出しに必要な開示資料の１つ。投資信託については、「投資家に必ず交付しなければならない目論見書（交付目論見書）」と「投資家から請求があったときに交付する目論見書（請求目論見書）」の２つがある。

約款　一般的には、多数の取引を画一的に処理するためにあらかじめ定められた契約内容として、定型的に作成されている契約条項のことをいう。証券会社の総合取引約款、保険約款などがある。投資信託では、個別の投資信託の仕組みや運営方法などの契約を指し、交付目論見書にその概要が、また、通常は請求目論見書に全文が、それぞれ記載されている。

有期年金　10年、15年など、支給される期間があらかじめ定められている年金。その期間に達しなくても、本人が死亡すれば支払われない。ただし、保証期間があり、保証期間中に本人が死亡した場合には、残りの保証期間に対応する年金または一時金が支払われる「保証期間付」の個人年金保険もある。

優先株　種類株式のうち剰余金分配請求権、あるいは残余財産分配請求権について普通株よりも優先的な地位を与えられている株式の総称。その代わり、経営参加権は制限されているのが一般的で、多くの場合は無議決権株となっている。このうち、剰余金の配当については、所定の優先株主配当金以外に普通株主配当を受けられる参加型と、所定の優先株主配当しか受けられない非参加型とがある。また、ある事業年度において一定額の優先配当金の分配を受けられなかった場合には、その未払分が次の決算期に繰り越されて支払われる累積型と、未払分が繰り越されずに打ち切られてしまう非累積型とがある。

ユーロ（Euro）　1999年１月からスタートした欧州通貨統合によって誕生した統一通貨。ドイツマルク、フランスフラン、イタリアリラ、スペインペセタなど、欧州通貨統合に参加した12カ国の通貨を「ユーロ」に統一した。ユーロ建ての紙幣やコインの流通も2002年１月から始まっている。2021年１月現在での参加国は19カ国。

ユニット型　「単位型」ともいう。投資信託の一形態で、ファンドの運用がスタートした後は、原則として追加設定できないタイプ。募集形態の違いによってスポット型と定時定型とに分かれる。

要求払預金　預入期間が決まっておらず、預金者の要求によっていつでも払い戻すことのできる預金をいう。要求払預金には、当座預金、普通預金、貯蓄預金、通知預金、別段預金、納税準備預金があり、農漁協等の当座貯金、普通貯金、貯蓄貯金、通知貯金、別段貯金、納税準備貯金も要求払いである。ゆうちょ銀行の振替貯金、通常貯金、通常貯蓄貯金も同様。

予定配当率　信託商品の収益率を表示する場合に用いられる用語。配当率は分配率と同様、利率と同じ概念だが、「予定」という言葉が入っているのは、将来の利回りが保証されていないからである。そのため、将来において実現する予定の配当率という意味で、予定配当率という言葉が用いられる。

呼値　取引所での取引に際して、証券会社から提示される売り買いの注文価格。株価は、その価格帯によって呼値の単位が決まっている。東京証券取引所において、TOPIX100構成銘柄以外では、たとえば、株価が3000円以下のときには１円単位、3000円超5000円以下のときには５円単位、5000円超３万円以下のときは10円単位となっている。

ライツ・オファリング　会社法上の株主割当増資のことで、既存の株主すべてが、保有株式数に応じて増資に応じることができる権利を与えるもの。増資に応じたくない株主は、その権利である新株予約権を売却することができる。開示規制が2012年４月１日に緩和され、上場会社による活用がみられる。

ライフサイクル型　投資家の運用期間やリスク許容度に応じて、リスク・リターン特性を選択できるタイプ。リスク資産の組入比率が異なる複数のファンドで構成され、購入者は自分のライフプランに応じて、適すると思われるリスク・リターンの度合いを持つファンドを選択できる。日本株式、日本債券、海外株式、海外債券というように、複数の資産クラスに分散投資されている。購入者が自分で負えるリスク・リターンの程度を判断し、それに適したファンドを選択できるタイプを「スタティック型」、運用年数を経るごとに自動的にリスク資産の比率が低減されるタイプを「ターゲットイヤー型」と称する。ライフサイクル型は、老後の年金資金を準備するために開発された商品であるが、一般的な投資家を想定して運用商品の資産配分を決定しているので、実際に購入者のリスク許容度に合致しているとは限らない。

リスク　「危険」と邦訳されるが、資産運用に関しては、一般的にリターンのばらつきを意味し、標準偏差で表す。したがって、損失だけでなく、予定以上の利益を得ることもリスクと考える。一般的に、リスクが高い資産運用では期待収益率は高いが、リスクが高いということは期待収益率を大きく下回ることもある。逆に、リスクが低い資産運用では期待収益率を大きく下回ることは多くないが、期待収益率は低い。

リスク限定型投資信託　オプション取引や先物取引などのデリバティブ技術を用いて、あらかじめ償還時に元本の一定率を確保できるように仕組んだ株式投資信託。たとえば、償還まで保有すれば元本の90％までを確保するものであれば、運用開始時の元本が１万円とすると、その後に株価が暴落しても償還時には9000円の基準価額が確保される仕組みの投資信託である。なお、2011年４月１日以降、デリバティブを用いた投資信託については、原則として、「元本確保型」「条件付元本確保型」「リスク低減型」「リスク限定型」等の名称は用いないこととされている。

リスク・リターン分析　効率的な市場では、リターンのばらつきを分散や標準偏差で計測したリスクと、期待リターンとはトレード・オフの関係にある。その前提のもとで、許容できるリスクと期待リターンとの組合せを分析すること。

リターン　⑴資産運用による収益。資産運用の結果、つまり実現リターンのこと。⑵将来期待できる収益率のこと。リスクとリターンという表現を用いるときは、通常後者の意味で用いる。

利付債　利息が毎年決まった時期（日本では通常、年２回）に支払われる債券。利付債には、償還までの間、適用利率が変化しない「固定利付債（確定利付債）」と、適用利率が市場金利等により変化する「変動利付債」がある。

リバース・デュアル・カレンシー債　円建てで購入し、償還時には円建てで元本部分が戻ってくるが、利子は外貨建てという債券。元本部分の為替リスクはないが利子についてはその時の外為相場次第で、円ベースの受取金額は上下する。「外貨金利－円金利」で利息が計算される「パワード・リバース」、利払いをする通貨を発行体が選択できる「チューザー型」などの種類があり、また、発行体がいつでも期限前償還できるようにして円安時の利払い負担（投資家の期待収益）を減らすことによって当初の利率を高めるものなどがある。一般的に期間が長く、円高が進展することによって価格が下がりやすいことだけでなく、発行体の信用リスクにも注意が必要とされる。

リバース・モーゲージ　不動産を所有している高齢者が、その不動産を担保に老後資金を借り入れ、契約者が死亡した場合、担保不動産をもって回収されるという仕組み。老後の生活資金を充実させるための手段として考えられている。リバース・モーゲージのメリットは、高齢者が、自ら保有している不動産を担保に借入れを行うことで公的年金に加えて新しい資金ルートを得られる点にあるが、高齢者が予想以上に長生きした場合、リバース・モーゲージによって融資する金額がかさみ、担保不動産の担保価値を超えてしまうケースが考えられる。さらに地価が下落した場合も、担保不足が発生するおそれが出てくる。

利札　もともと、債券は券面が発行されていた証券であり、利息を受け取るためには、元本部分に付されている利札を切り離し、銀行等金融機関に持参する必要があった。現在ではほとんどの債券はペーパーレス化されているが、証券が発行されていたときの名残で、利息のことをクーポン、表面利率のことをクーポンレートという。

利回り曲線　「イールドカーブ」ともいう。債券の残存期間の違いによる利回りの分布状況を曲線で表したもの。一般的には縦軸に最終利回りを、横軸に残存期間をとり、残存期間の長短に応じて最終利回りがどのような曲線を描くかを表示する。基本的には、より残存期間の長い債券ほど利回りが高いため、右上りの曲線になるが、急激な金融引き締めなどで短期金利が高水準になった時は、右肩下りの曲線になる。これを「逆イールド」という。

リミテッド・パートナーシップ　組合契約のうち、無限責任を負うジェネラル・パートナーと有限責任しか負わないリミテッド・パートナーとからなるもの。日本では投資事業有限責任組合がこの形態に当たる。海外で設立されるファンドでは一般的な形態で、日本でも、ベンチャー・キャピタルやプライベート・エクイティ投資のためのファンドで見られる。

流通利回り　債券が流通市場で自由に売買されることによって成立する利回り。通常、満期償還時まで保有した時に実現する最終利回りで表示される。「市場利回り」「市場実勢利回り」「実勢利回り」という場合もある。

流動性　換金・現金化の容易さのこと。たとえば国債はたいていの場合いつでも市場実勢での売却が可能であるが、国債以外の債券だと、市場実勢が必ずしも明らかではなく、かつ、仮に市場実勢がわかったとしてもその価格で常に売却できるとは限らない。また、上場株式も、通常は売却は容易であるが、市場が混乱して買手がいなくなると、売却はきわめて困難である。したがって、安全性が必要な資金の運用に際しては、流動性にも注意が必要である。

流動性預金　定期性預金との対比で用いられる表現で、一般的には、払出しがいつでも可能な、当座預金、普通預金、貯蓄預金、別段預金をいう。農漁協の当座貯金、普通貯金、貯蓄貯金、別段貯金も流動性預金の一種といえる。

流動性リスク　必要なときにまったく、あるいは理論的な価値で現金化できないリスク。

劣後株　種類株式のうち利益配当請求権、あるいは残余財産分配請求権について普通株に対して地位が劣る株式の総称。劣後株は相対的に普通株の投資魅力を向上させる効果をもっている。

ロボアドバイザー　人手を介さず、AI（人工知能）などを利用して運用する手法、またはその技術を用いたポートフォリオ構築サービス。一般的に、投資家のリスク・リターン属性を聴き取り、運用手法を提案する。投資知識がなくても始められる気軽さやコストの低さなどから、昨今、利用が増え、注目を集めている。

割引債　利息が支払われず、額面金額より低い金額で発行され、満期償還時に額面金額で償還される。発行価格（払込金額）と額面金額の差額が利子に相当することになる。

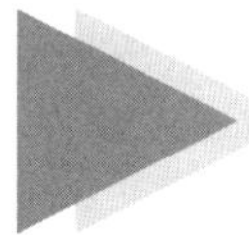

第５章　タックスプランニング

第１節　税金の仕組み

課税対象　課税の対象とされる物・行為または事実をいう。所得税や法人税では個人または法人が稼得した所得が、相続税や贈与税では相続・遺贈または贈与によって取得した財産が、消費税では資産の譲渡等が、それぞれ課税対象とされる。

課税標準　課税対象について税額を計算するためには、課税対象を金額等で表し、税額計算の基礎としなければならない。これを課税標準という。法人税や所得税では一定の方法で計算された所得の金額が、相続税や贈与税では一定の方法で評価された財産の価額が、消費税では資産の譲渡等の対価の額が課税標準とされる。

間接税　納税義務者と担税者が異なると予定された税金をいう。具体的には、消費税・酒税などが該当する。

軽減税率（消費税）　消費税の税率が2019年10月に８％から10％に引き上げられたことから、低所得者向けの痛税緩和策として、一部の対象品目に適用される税率のこと。具体的には、加工食品を含む飲食品全般（酒類・外食を除く）を対象品目とし、８％（国税6.24％＋地方消費税1.76％）の税率を適用する。軽減税率の導入によって、インボイス（事業者の納税額を正確に捕捉するために、事業者の登録番号、品目ごとに適用される税率、税率別の消費税額の合計などを記載したもの）も導入されるが、義務化されるのは2023年10月からで、その間はみなし課税などの経過措置がとられることになっている。

消費税　国内において、事業者が事業として対価を得て行う資産の譲渡、資産の貸付、役務の提供および保税地域から引き取られる課税貨物に対して課される税金をいう。原則、課税資産の譲渡等の対価の額に係る税額から課税仕入れ等に係る税額を控除した残額について確定申告書を提出し納付する。税率は10％（国税7.8％＋地方消費税2.2％）である。課税期間の基準期間（個人事業者は前々年、法人は前々事業年度）における課税売上高が1000万円以下の事業者は、一定の場合を除きその課税期間は納税義務が免除される。

所得税法　所得税に関する取扱いを規定した法律をいう。

申告納税方式　納税者自ら税額を計算し申

告および納税する方式をいう。国税については大部分の税目の税額確定方式が申告納税方式によっている。この申告納税方式に対し、納付すべき税額がもっぱら税務署長等の処分によって確定する方式を賦課課税方式といい、各種加算税等はこの方式によっている。

制限税率　地方団体が地方税を課税する場合に、超過課税が行われる際の最高税率をいう。

税率　税額を算出する際に課税標準に対して適用される比率をいう。税率は、主に百分率が税率として使用されるが、印紙税等は一定の金額をもって税率とされる。前者の場合の税率は比例税率と累進税率に分かれる。

相続税法　相続税および贈与税に関する取扱いを規定した法律をいう。贈与税法という法律はなく、1つの税法に相続税と贈与税の2つの税目（一税法二税目）が規定されている。

租税特別措置法　政策的な目的等から各種税目の特別な取扱いを規定した法律をいう。たとえば、所得税法（本法）においては退職所得、山林所得のみが分離課税であり譲渡所得は総合課税とされているが、租税特別措置法において不動産や株式の譲渡所得は分離課税とする旨を規定している。租税特別措置法は本法に優先する。

担税力　税金を負担する能力をいう。所得税の場合、一般的に所得の高い人ほど担税力が高く、所得の低い人ほど担税力が低いと想定される。

地方消費税　国税たる消費税額（税率7.8％）を課税標準とし一定の割合により課せられる消費税（一般に10％とされる消費税のうちの2.2％部分）をいう。消費税の課税事業者の本店所在地等、あるいは課税貨物については保税地域の所在地の都道府県が徴収する。ただし、当分の間は国（税務署）により消費税と一括して代理徴収される。

超過累進税率　課税標準が増えるに応じて累進して高くなる税率のことをいう。具体的には、所得税において課税総所得金額に適用する税率（195万円以下5％、195万円超330万円以下10％…）などが該当する。

直接税　納税義務者と担税者が同一になる税金をいう。具体的には、所得税・法人税・相続税・贈与税などが該当する。

納税義務者　実際に納税を行う義務のある者をいう。実際に税金の負担をする者を担税者というが、納税義務者と担税者は一致するとは限らない。

標準税率　地方団体が地方税を課税する場合に通常適用される税率のことをいう。総務大臣が地方交付税の額を定める際に基準財政収入額の算定の基礎として用いる税率である。

比例税率　課税標準の大きさに関係なく一定率の税率をいう。具体的には、所得税において土地建物等を譲渡した場合の分離課税の譲渡所得に対する税率（長期譲渡の15.315%・短期譲渡の30.63%）などが該当する。

累進税率　課税標準が増えるに従って税率が高くなっていくこと。超過累進税率はこの一形態であり、課税標準を段階的に区分し、その区分した一定の金額を超える部分について順次高率となるような税率を適用する構造となっている税率をいう。所得税、相続税、贈与税などの税率がこれに当たる。

第2節　所得税・住民税

青色事業専従者　青色申告者と生計を一にする配偶者やその他の親族（年齢15歳未満の者を除く）のうち、その青色申告者の営む事業に、原則としてその年を通じて6カ月を超える期間、もっぱら従事した者をいう。原則として、生計を一にする親族等への給与等は必要経費として認められないが、青色事業専従者に支払った給与のうち、①労務の対価として相当である、②「青色事業専従者給与に関する届出書」に記載した金額の範囲内である、など一定の要件を満たす給与は「青色事業専従者給与」として必要経費とすることができる。

青色事業専従者給与　不動産所得、事業所得または山林所得を生ずべき事業を営む青色申告者が、青色事業専従者給与に関する届出書に記載した方法に従い、記載された金額の範囲内で青色事業専従者に給与の支払をした場合は、相当と認められる金額を限度として、その青色申告者の営む各種所得の金額の計算上、必要経費に算入する。なお、必要経費に算入した青色事業専従者給与の金額は、その青色事業専従者の給与所得の収入金額とされる。

青色申告制度　一般の記帳より水準の高い記帳をし、その帳簿書類に基づいて正しい申告をする者に対し、所得の計算などについて有利な取扱いをする制度をいう。この場合に使用する確定申告用紙を「青色申告書」といい、この申告をする者を「青色申告者」という。なお、青色申告を行おうとする者は、原則として、青色申告をしようとする年の3月15日までに「青色申告承認申請書」を提出しなければならない。

青色申告特別控除　青色申告者で、不動産所得、事業所得を生ずべき事業を営む者が、これらの所得金額にかかる取引を正規の簿記の原則に従い記録している場合は、一定の要件のもとで、その年分の不動産所得の金額もしくは事業所得の金額の計算上55万円（e-Taxによる申告（電子申告）または電子帳簿保存を行う場合、65万円）を控除することができる。また、上記以外の青色申告者で、不動産所得、事業所得、山林所得を生ずべき業務を営む者については、一定の要件のもとで、これらの所得の金額の計算上10万円を控除することができる。

e-Tax　国税電子申告・納税システム。これにより、所得税、消費税、贈与税などの申告や法定調書の提出などの各種手続を、インターネットを通じて行うことができる。

一時所得　所得の分類の1つ。営利を目的とする継続的行為から生じた所得以外の一時の所得で労務その他役務または資産の譲渡の対価としての性質を有しないもの（懸賞の賞金、競馬の馬券の払戻金、生命保険の満期の場合に受ける一時金など）をいう。

一括償却資産　取得価額が10万円以上20万円未満の減価償却資産（使用可能年数が1年未満のものを除く）については、通常の減価償却によらず取得価額の合計額の3分の1ずつを、業務の用に供した年以後3年間の必要経費に算入することができる。この一括償却を適用した資産を一括償却資産という。

一般の扶養親族　扶養親族のうち、年齢16歳以上19歳未満の者と23歳以上70歳未満の者をいう。

医療費控除　所得控除の1つ。納税者が、本人または本人と生計を一にする親族にかかる医療費を支払った場合、確定申告を要件に認められる。控除額はその年中に支払った医療費の金額から保険金等により補てんされる金額を控除した医療費の額を基準とし、その医療費の額から10万円（課税標準の合計額が200万円未満の場合には、その5％相当額）を控除した残額（最高200万円）になる。

売上原価　販売した商品の原価相当額をいう。年初棚卸資産の棚卸高にその年の仕入高（または製造原価）を加算した金額から年末棚卸資産の棚卸高を控除する方法で計算する。なお、棚卸しすべき資産は、商品・製品・仕掛品・貯蔵品等で、その評価は資産の種類別に、原価法（個別法、先入先出法、総平均法、移動平均法、最終仕入原価法、売価還元法）あるいは低価法（青色申告者のみ選定可能）のうち、あらかじめ税務署に届け出た方法によって評価する。ただし、届出をしない場合は、法定評価方法である最終仕入原価法による。また、仕入高には、仕入代金のほか引取運賃、荷役費、運送保険料、購入手数料等仕入に直接かかった費用が含まれる。

延納（所得税）　確定申告により納付すべき所得税の2分の1以上を3月15日までに納付した場合に、延納の届出書を提出することで、5月31日までその残額を延納することが認められている。この場合には一定の年利率の利子税が課税される。

確定所得申告　所得税では、納税者本人が自ら税額を計算し申告する、いわゆる申告納税制度を原則としている。この申告納税制度に基づいて、納税者本人が、1月1日から12月31日までの間に生じた所得金額および所得税額を計算し、それを原則として翌年2月16日から3月15日までの間に申告し納付を行う。この申告を確定所得申告という。

確定申告　確定所得申告と確定損失申告の

総称をいう。

確定申告書　所得税の確定申告書は、A様式とB様式の２種類があり、これに別表化された分離課税の申告書の第三表、損失申告書の第四表、修正申告書の第五表がある。

確定損失申告　純損失が生じたことなどにより確定所得申告書の提出義務が生じない場合でも、その年の翌年以降において「純損失の繰越控除」もしくは「雑損失の繰越控除」の適用を受け、または「純損失の繰戻しによる還付」を受けようとするときは、確定損失申告書を提出することができる。この申告を確定損失申告という。

貸倒損失　事業の遂行上生じた売掛金、貸付金、前渡金などの債権が、その債務者の資産状況、支払能力から見て回収不能となったときの損失をいう。回収できないことが客観的に明らかとなった場合やその他一定の場合には、その金額は不動産所得の金額、事業所得の金額、山林所得の金額あるいは雑所得の金額の計算上必要経費に算入する。

課税所得金額　課税標準の金額から所得控除額を控除した後の金額をいい、税率を乗じる直前の金額をいう。具体的には、①課税総所得金額、②課税短期譲渡所得金額、③課税長期譲渡所得金額、④株式等に係る課税譲渡所得等の金額、⑤課税山林所得金額、⑥課税退職所得金額などがある。

課税標準の合計額（総所得金額等）　純損失、雑損失、特定の居住用財産の譲渡損失の繰越控除等を適用して計算した総所得金額、長期譲渡所得の金額(特別控除前)、短期譲渡所得の金額（特別控除前)、申告分離課税を選択した株式等にかかる譲渡所得の金額、山林所得金額、退職所得金額（２分の１後）の合計額をいう。

寡婦控除　納税者が寡婦に該当する場合に認められる。控除額は所得税27万円、住民税26万円。寡婦とは、①夫と離婚した後婚姻（事実婚等を含む）をしていない者で扶養親族を有する者、②夫と死別した後婚姻（事実婚等を含む）をしていない者、③夫の生死の明らかでない一定の者のいずれかで、「ひとり親」に該当しない合計所得金額500万円以下の者をいう。

基礎控除　所得控除の１つ。税額計算にあたり、特別な手続を経ることなく認められる所得控除である。控除額は、原則として、所得税48万円、住民税43万円である。ただし、納税者本人の合計所得金額が2400万円超2450万円以下の場合は32万円（住民税は29万円)、2450万円超2500万円以下の場合は16万円（住民税は15万円)、2500万円超はなしとなる。なお、2019年分以前は、合計所得金額に関係なく、すべての場合について控除額は、所得税38万円、住民税33万円であった。

寄附金控除（所得控除）　所得控除の１つ。納税者が、特定寄附金(国または地方公共団体に対する寄附金など特定のもの）を支出した場合に、確定申告を要件に認められる。控除額は、その支出した寄附金の額（課税標準の合計額の40％を上限）から足切り額2000円を控除した残額になる。また、政党等や公益社団法人等、認定NPO法人等、特定の震災関連の寄附についてはこの所得控除と税額控除を選択することができる。

寄附金控除（税額控除）　税額控除の1つ。政治活動に関する寄附金のうち政党または政治資金団体に対する寄附金、認定NPO法人等に対する寄附金、公益社団法人等に対する寄附金、特定震災指定寄附金については所得控除に代えて税額控除を選ぶことができる。税額控除額は寄附金の金額から足切り額2000円を控除した残額の40％（政党等に対する寄附金控除は30％）になる。

給与所得　所得の分類の1つ。俸給、給与、賃金、歳費および賞与などの給与による所得をいう。

給与所得控除　給与所得の金額の計算上、給与等の収入金額から行われる控除のことをいい、給与所得に認められていない必要経費を概算的に控除するという趣旨のものである。控除できる金額は、収入金額に応じて計算されるが、最低55万円から最高195万円の控除額がある。いわゆる15種類の所得控除には含まれないため、注意が必要である。

業務　なんらかの取引、あるいは利益を求めて行う行為全般をいう。所得税法上の用語である。

居住者　国内に住所があり、または現在まで引き続いて1年以上居所がある個人をいう。居住者以外の者を非居住者という。また、居住者のうち、日本国籍がなく、かつ、過去10年以内に国内に住所または居所があった期間の合計が5年以下の者を非永住者という。

均等割　住民税の課税形態の1つ。所得の多寡にかかわらず均等の額で課税されるもの。個人の道府県民税の均等割額（標準税率）は全国一律年1000円だが、市町村民税の均等割額（標準税率）は全国一律3000円である。したがって、年4000円の負担になる。ただし、2023年度分までは、東日本大震災の復興財源に充てるため、道府県民税、市町村民税の均等割は、それぞれ500円ずつ引き上げられている。

勤労学生控除　所得控除の1つ。納税者が勤労学生に該当する場合に認められる。控除額は所得税では27万円、住民税では26万円である。なお勤労学生とは、①小学生、中学生、高校生、大学生、専門学校生その他一定の学生であること、②自分の勤労により得た給与所得等があること、③合計所得金額が75万円以下であること、④給与所得以外の所得の金額が10万円以下であることのすべてを満たす者をいう。

経常所得　損益通算を行う場合の区分で、10種類の各種所得金額のうち、基本的に毎年経常的に発生する、利子所得・配当所得・不動産所得・事業所得・給与所得・雑所得の６つの所得をまとめて経常所得という。

決定　税務署長が、確定申告書を提出すべき義務があると認められる者がその申告書を提出しない場合に、調査によりその者の課税標準や税額を確定する処分をいう。

減価償却　固定資産は、土地等の非減価償却資産を除き、時の経過によりその物質的な価値が減少する。この価値の減少(減価)を見積もり、その固定資産の耐用年数にわたり経費として配分する手続をいう。減価償却の方法のうち主なものに定額法と定率法がある。

源泉控除対象配偶者　納税者（その年の合計所得金額が900万円以下の者に限る）と生計を一にする配偶者（青色事業専従者として給与の支払を受ける人および事業専従者（白色）を除く）で、その年の合計所得金額が95万円以下（給与所得だけの場合は、給与の収入金額が150万円以下）の者をいう。また、この源泉控除対象配偶者に該当するかどうかの判定は、原則としてその年の12月31日の現況により判定する。なお、配偶者は正式な婚姻関係にある者をいうため、いわゆる内縁関係者は含まれない。

源泉徴収制度　特定の所得（原則として①利子所得、②配当所得、③給与所得、④退職所得だが、上記のほかにも報酬・料金その他特定の所得も対象になる）について、その所得の支払者（給与所得の場合は給与の支払をする会社、預金の利子の場合は金融機関など）がその支払の際に所定の所得税額を天引徴収し、納税義務者に代わって一定の期限（原則として翌月10日）までに納付する制度をいう。源泉徴収税額も予定納税額と同様、所得税の前払いの性格であるため、源泉分離課税になる場合を除き、確定申告において精算される。

源泉分離課税　分離課税とされる所得のうち、源泉徴収のみで課税が終了し確定申告の必要のないものをいう。

権利金（税金）　資産の利用または役務の提供などの契約締結に際して授受される金銭等のうち、敷金、保証金などとは異なり、契約が終了しても返還しないものをいう。借地権等の設定の対価として収入した権利金は、所得税においては原則として不動産所得にかかる収入金額とされるが、その土地の価額の２分の１に相当する金額を超える場合には譲渡所得とされる。また、譲渡所得に該当しない場合で一定の場合には臨時所得とされ平均課税の対象になる。→権利金（不動産）

合計所得金額　純損失、雑損失、特定の居住用財産の譲渡損失の繰越控除等を適用しないで計算した総所得金額、長期譲渡所得の金額(特別控除前)、短期譲渡所得の金額（特別控除前)、申告分離課税を選択した株式等にかかる譲渡所得の金額、山林所得金額、退職所得金額（２分の１後）の合計額をいう。

控除対象配偶者　同一生計配偶者のうち、その年の合計所得金額が1000万円以下である所得者の配偶者をいう。

更正　税務署長が、確定申告書の提出があった場合に、その申告書に記載された課税標準等または税額等の計算が法律の規定に従っていなかったり、調査したところと異なるとき、調査によりこれを確定する処分をいう。

更正の請求　確定申告書を提出した後で、その申告書に記載した所得金額や税額等についてその計算が法律の規定に従っていなかったり、計算違いをしたことにより、税額が過大であったり、還付金の額が過少であったりした場合は、原則として確定申告書の提出期限から５年以内に限り、更正の請求をしてその訂正を求めることができる。

５棟10室基準　不動産所得を生じる業務が、事業（事業的規模）に該当するかしないかを形式的に判断する基準をいう。たとえば、その対象になる不動産がアパート等の場合、部屋数が10室以上あれば、特に反証がない限りその不動産所得は事業的規模になる。また、貸家等の独立家屋が５棟以上あれば事業的規模になる。

５分５乗方式　課税所得金額の５分の１に相当する金額を求め、この金額に税率を適用して得た税額を５倍して計算する方法をいう。この方法は、課税所得金額を５分の１することにより超過累進税率を緩和（低い税率を適用）する効果がある。所得税においては、山林所得に対して５分５乗方式が適用される。

雑所得　所得の分類の１つ。利子所得、配当所得、不動産所得、事業所得、給与所得、譲渡所得、一時所得、山林所得、退職所得以外の所得（公的年金等、非営業貸金利子、一般の人の原稿料など）をいう。

雑損控除　所得控除の１つ。納税者本人または本人と生計を一にする親族（課税標準の合計額が48万円以下の者に限る）の所有する生活に通常必要な資産について、災害・盗難・横領により損害を受けた場合、確定申告を要件に認められる。なお、所得控除はこの雑損控除から行い、控除しきれない場合には翌年以降３年間の繰越控除（雑損失の繰越控除）が認められる。

雑損失　納税者本人または生計を一にする親族（課税標準の合計額が48万円以下の者に限る）の保有する生活に通常必要な資産について、災害・盗難・横領により損害を受けた場合に、その損失額のうち一定の金額をいう。雑損失の金額は、まず雑損控除（所得控除）として課税標準から控除するが、控除しきれない場合の控除不足額は翌年以後３年間にわたって繰り越して控除することができ、これを「雑損失の繰越控除」という。

山林所得　所得の分類の１つ。山林の伐採または譲渡による所得（ただし、取得後５年以内に伐採または譲渡した場合は事業所得または雑所得となる）をいう。

事業所得　所得の分類の1つ。商工業、自由業（医師・弁護士)、農業、漁業などの事業による所得（不動産所得または譲渡所得に該当するものを除く）をいう。

事業専従者　白色申告者と生計を一にする配偶者やその他の親族（年齢15歳未満の者を除く）のうち、その白色申告者の営む事業に、その年を通じて6カ月を超える期間、もっぱら従事した者をいう。事業専従者がいる場合、青色事業専従者のような給与の支払は認められていないが、一定の金額を白色申告者の営む事業にかかる所得から控除することができる。この控除額を「事業専従者控除」という。

事業専従者控除　白色申告者の営む不動産所得、事業所得、山林所得を生ずべき事業に従事する事業専従者がいるときは、各事業専従者につき、不動産所得、事業所得、山林所得を生ずべき事業から生じた各種所得の金額を（事業専従者の数＋1）で除した金額を限度として、配偶者である事業専従者は年86万円、配偶者以外の事業専従者は年50万円を、それらの所得の金額の計算上、事業専従者控除額として必要経費とみなす。なお、事業専従者控除額は、その事業専従者の給与所得の収入金額とみなされる。

地震保険料控除　所得控除の1つ。損害保険料控除が改組されたものであり、納税者が一定の地震保険料を支払った場合には、所得税ではその支払った保険料を控除（最高5万円）でき、住民税ではその支払った保険料の2分の1を控除（最高2万5000円）することができる。

資本的支出　固定資産について、修理・改良等の名目により支出された金額のうち、その資産の使用可能年数を延長させる、またはその資産の価値を増加させるような支出をいう。資本的支出に該当した支出金額は、その固定資産の取得価額に算入され、減価償却を通じて必要経費になる。

社会保険料控除　所得控除の1つ。納税者が、本人または本人と生計を一にする親族が負担すべき社会保険料を支払った場合に認められる。控除額は、その年中に支払った、または給与から控除された健康保険料、国民健康保険料、雇用保険料、厚生年金保険料、国民年金保険料などの全額である。会社員の場合は、一般には年末調整で精算できるが、年金受給者では、国民健康保険の保険料や配偶者の第1号被保険者としての国民年金保険料等は、確定申告をしないと社会保険料控除を受けることができないため、毎年、確定申告が必要である。

修正申告　確定申告書を提出した後で、その申告書の記載事項に誤りがあり、その申告書に記載した税額が過少であったり、還付額が過大であったり、税額を記載しなかったところに納付すべき税額があったりした場合には、更正を受けるまでは修正申告をし、不足税額を納付することができる。修正申告をした場合、正当な理由のない限り、過少申告加算税が賦課される。ただし、税務署の調査による更正を予知したものでない場合は、過少申告加算税は賦課されない。なお、青色申告書を提出した者の修正申告書は、青色申告書によらなければならない。

修繕費　固定資産について、修理・改良等の名目により支出された金額のうち、その資産の現状維持または管理のための支出をいう。修繕費に該当した支出金額は、その支出した年の必要経費になる。

住宅借入金等特別控除　税額控除の１つ。住宅ローン等を利用して自己の居住用住宅を新築、取得、または増改築した場合に、一定の要件を満たせば、住宅ローン等の年末残高の一定割合（限度額あり）を所得税額から控除できる。なお、居住の用に供した時期や住宅の種類などによって、控除期間、控除額等が異なるので注意が必要である。

住民税　地方税である道府県民税（都民税を含む）と市町村民税（特別区民税を含む）の総称である。個人に対する個人住民税と法人に対する法人住民税とに区分される。

取得の日　他から取得した、あるいは他に請負わせて建設等した資産については資産の引渡しを受けた日を、自ら建設、製作または製造した資産についてはその建設等が完了した日をいう。譲渡所得の計算上は、譲渡に関する契約の効力発生の日を「取得の日」としてもよい。また、相続、遺贈（限定承認を除く）あるいは贈与により取得した場合には、被相続人または贈与者の取得した日を引き継ぐ。

取得費　譲渡した資産を取得する際にかかった金額に、取得後に加えた設備および改良にかかった費用の額を加算した額をいう。取得する際にかかった金額には、購入代金以外に仲介手数料、印紙税、登録免許税、不動産取得税などの付随費用も含まれる。また、建物など時の経過により価値が減少する資産の場合、上記の金額から譲渡時までの減価償却費相当額を控除した額が取得費になる。なお、取得費が不明な場合や低額である場合には、譲渡対価の５％を取得費とする概算取得費が認められる。

準確定申告　年の途中で死亡した人については、相続人が１月１日から死亡した日までの所得を計算して、相続のあったことを知った日の翌日から４カ月以内に税務署に所得税の申告および納税をしなければならない。この申告を準確定申告という。

純損失　損益通算をしてもなお控除しきれない損失の金額をいう。この純損失の金額は翌年以後３年間の課税標準の計算上、繰り越して控除することができ、これを「純損失の繰越控除」という。ただし、青色申告者であれば、純損失の全額を繰越控除することができるが、白色申告者の場合には特定の損失しか繰越控除することはできない。また、青色申告者については、純損失の金額を前年に繰戻して還付を受けることもでき、これを「純損失の繰戻還付」という。

省エネ改修工事に係る税額控除　税額控除の１つ。納税者が2021年12月31日までの間に一定の要件を満たす省エネ改修工事をした場合に認められる。控除額は、改修費用の額に10%を乗じた金額（最高25万円）である。なお、省エネ改修工事と併せて太陽光発電装置を設置した場合には控除額は35万円となる。

障害者控除（所得税）　所得控除の１つ。納税者本人が障害者であるとき、または同一生計配偶者や扶養親族が障害者である場合に認められる。控除額は、障害者１人につき所得税27万円、住民税26万円（特別障害者は、所得税40万円、住民税30万円、控除対象配偶者や扶養親族が同居特別障害者に該当する場合は、所得税75万円、住民税53万円）である。なお、障害者とは、心神喪失の常況にある者などをいい、特別障害者とは、障害者のうち精神または身体に重度の障害のある者をいう。

障害者等　障害者等の利子非課税制度（いわゆるマル優等）の適用対象者をいい、具体的には、①遺族年金を受け取ることができる妻である者、②寡婦年金を受け取ることができる妻である者、③身体障害者手帳の交付を受けている者、④その他一定の者をいう。

少額の減価償却資産　使用可能年数が１年未満または取得価額が10万円未満の減価償却資産をいう。少額の減価償却資産に該当した場合は、取得価額の全額を業務の用に供した年分の必要経費に算入するため減価償却を行う必要はない。

少額配当　１銘柄１回に支払を受ける配当金額（源泉徴収前）が10万円に配当の計算期間の月数を乗じてこれを12で除して計算した金額以下の配当をいう。非上場株式の配当金が少額配当に該当した場合、所得税では、①確定申告に含める、②確定申告に含めない（申告不要）の選択ができるが、住民税では他の所得と総合して課税される。

小規模企業共済等掛金控除　所得控除の１つ。納税者が小規模企業共済等掛金を支払った場合に認められる。控除額は、支払った小規模企業共済等掛金の全額である。なお、小規模企業共済等掛金とは、小規模企業共済法に規定する共済契約に基づく掛金、心身障害者扶養共済制度に基づく掛金および確定拠出年金法に規定する掛金である。

譲渡所得　所得の分類の１つ。資産の譲渡による所得をいう。譲渡所得の計算は総収入金額から取得費および譲渡費用を控除して求める。土地、建物等の譲渡による譲渡所得については、他の所得と総合せずに分離して所得税額を計算する。また土地、建物等の譲渡については、譲渡の日の属する年の１月１日をもって所有期間が５年を超えるものが長期譲渡所得、５年以下のものが短期譲渡所得になる。

譲渡の日　譲渡所得の総収入金額として計上すべき時期をいう。原則的には譲渡所得の基因となる資産の引渡しがあった日を指すが、その譲渡に関する契約の効力発生の日により申告することもできる。

譲渡費用　資産を譲渡するためにかかった費用をいう。具体的には、仲介手数料、印紙税、登録免許税、家屋の取壊し費用などが該当する。

所得　収入金額から必要経費を控除した残額である正味のもうけ。なお、給与所得や退職所得、公的年金等に係る雑所得については、必要経費にかえて一定の算式で計算した控除額を差し引いた残額が所得になる。

所得金額調整控除　①一定の要件を満たす、給与等の収入金額が850万円超の給与所得者、②給与所得控除後の給与等の金額と公的年金等に係る雑所得の金額がある給与所得者で、その合計額が10万円を超える者に認められる。①の要件は、次の(1)〜(3)のいずれかに該当すること。(1)特別障害者に該当する(2)23歳未満の扶養親族を有する(3)特別障害者である同一生計配偶者や扶養親族を有する。①の控除額は、「給与等の収入金額（その給与等の収入金額が1000万円超の場合は1000万円）－850万円」×10％」。②の控除額は、「給与所得控除後の給与等の金額（10万円超の場合は10万円）＋公的年金等に係る雑所得の金額（10万円超の場合は10万円）－10万円」。

所得控除　納税者の個人的事情を考慮し、税負担を調整するために課税標準から控除するもので、15種類設けられている。課税標準から控除する順序は、15種類の所得控除のうち、まず雑損控除から行い、その他の所得控除については、雑損控除の金額を控除後なお課税標準の残額がある場合に限り控除することができ、控除しきれない場合には切捨てになる。なお、所得控除は税率を乗じる前の課税標準から控除するため、その税負担の軽減額は、所得控除の額にその納税者に適用される税率を乗じた金額になり、高所得者ほど控除のメリットは大きくなる。

所得税　個人が1暦年間に得た所得に対して課税される国税である。所得は、その源泉ないし性質に応じて10種類に分類され、その種類に応じた所得金額の計算方法が定められており、最終的には原則として各種所得を総合して課税する建前をとっている。所得は暦年ごとに計算され、その年の所得について、翌年2月16日から3月15日までの間に確定申告を行う。

所得割　個人に対する住民税の課税形態の1つ。個人の所得の額に応じて課税される。住民税の所得割額は前年の所得金額を基礎として計算され、計算方法は所得税における取扱いとほぼ同様だが、配当所得における少額配当、所得控除、税額控除、税率などについて所得税と異なる点がある。

白色申告者　不動産所得、事業所得、山林所得を生ずべき業務を行う者で、青色申告者以外の者をいう。

申告分離課税　分離課税とされる所得のうち、確定申告の必要のあるものをいう。土地建物等の譲渡所得、株式等の譲渡所得、山林所得、退職所得等がある。

税額控除　一定の要件に該当する場合に、一定金額を算出税額の合計額から控除すること。所得税では、配当控除や住宅借入金等特別控除などがある。なお、税額控除は算出税額の合計額から控除するため、その税負担の軽減額は控除額そのものになり、高所得者も低所得者もメリットに差はない。

生活に通常必要でない資産　趣味、娯楽、保養、鑑賞の目的で所有するもの（別荘、ヨット、ゴルフ会員権など）や、時価30万円超の貴金属、絵画、骨董品など。生活に通常必要でない資産を譲渡して譲渡損が生じた場合には、損益通算の対象にはならない（譲渡益は課税される）。また、生活に通常必要でない資産が災害等によって損失を受けた場合、雑損控除の対象にはならず、その年分または翌年分の譲渡所得から控除することができるだけである。

生計を一にする　通常は同一の家屋に起居し、生活の資を共通にしていることをいうが、必ずしも同一の家屋に起居している必要はない。日常の起居をともにしていない場合でも学費や生活費等の送金が常に行われていれば生計を一にしていることになる。たとえば、親からの仕送りで１人暮らしをしている大学生の子どもなどが該当する。

生命保険料控除　所得控除の１つ。納税者が一定の生命保険料を支払った場合に認められる。支払った保険料に応じて、一定の額がその年の契約者（保険料負担者）の所得から控除される。所得税の生命保険料控除は、2012年１月１日以後に締結した保険契約（新契約）については、一般の保険料、一定の要件を満たす個人年金保険料および介護医療保険料のそれぞれについて、８万円までの部分が控除の対象になり、実際に控除される金額は最高４万円（合計で最高12万円）になる。また住民税の生命保険料控除は、一般の保険料、個人年金保険料および介護医療保険料のそれぞれについて５万6000円までの部分が控除の対象になり、実際に控除される金額は最高２万8000円（合計で最高７万円）になる。なお、2011年12月31日以前に締結した保険契約（旧契約）については、一般の保険料（介護医療保険を含む）および個人年金保険料の２区分とされており、控除額の上限はそれぞれ５万円（住民税は３万5000円）になる。また、新契約と旧契約の双方の控除の適用があるときにおける控除限度額は12万円（住民税は７万円）となる。

セルフメディケーション税制　所得控除の１つである医療費控除の特例。本人または本人と生計を一にする親族にかかる特定の医薬品の購入費を支払った場合、本人が健康の保持増進および疾病の予防として一定の取組みを行っているときにおける医療費控除については、本人の選択によりその年中に支払った特定の医薬品の購入費の合計金額が１万2000円を超えるときはその超える部分（８万8000円を限度）が控除額になる。

総合課税　所得税では所得をその発生原因

に応じ10種類に分類して計算するが、この分類した所得を一定のルールで合計（総合）し、その合計した総所得金額に対して超過累進税率を適用して課税する方法をいう。

即時償却資産　2003年４月１日から2022年３月31日まで（2020年度税制改正で２年延長）の間において、取得価額が30万円未満の減価償却資産を取得した場合には、その取得価額の全額（取得価額の合計額が300万円以下の部分に限る）を業務の用に供した年分の必要経費に算入できる。

租税公課　国、その他の公共団体により、賦課徴収される税金その他各種賦課金の総称である。これらの中には必要経費になるものとならないものがあり、原則的に必要経費になるものとして、固定資産税、自動車税、事業税、登録免許税、不動産取得税、印紙税、消費税等が、必要経費にならないものとして所得税、都道府県民税、市町村民税、特別区民税、相続税、贈与税、加算税、延滞金、加算金等がある。

損益通算　所得税の課税標準を計算するにあたり、不動産所得金額、事業所得金額、山林所得金額または譲渡所得金額の計算上損失（土地建物等の譲渡を除く）が生じた場合に、これを一定の順序で他の各種所得の金額から控除すること。なお、上記４種類の所得金額の計算上生じた損失の金額であっても、特定の損失（不動産所得における土地等を取得するための負債の利子や譲渡所得における株式の譲渡損など）は損益通算の対象外とされているものがあるため注意が必要である。なお、2016年１月１日からは特定公社債等の利子所得、配当所得および譲渡所得等の所得間と上場株式等の配当所得および譲渡所得等との損益通算が可能となった。

損害保険料控除　以前は所得控除の１つであったが、2007年分以後の所得税より地震保険料控除に改組され、2006年12月31日までに契約した長期損害保険にかかる損害保険料を支払った場合のみ、地震保険料控除の対象となる。

退職所得　所得の分類の１つ。退職手当、一時恩給その他退職により一時に受ける給与などによる所得をいう。

退職所得控除額　退職所得の金額の計算上、退職手当等の収入金額から控除される。控除できる金額は勤続年数（一年未満は切上げ）に応じて計算され、原則として、勤続年数が20年以下の場合には「40万円×勤続年数（最低80万円）」、20年超の場合には「800万円＋70万円×（勤続年数－20年）」の算式で求められる。いわゆる15種類の所得控除とは異なるため、注意が必要である。

退職所得の受給に関する申告書　退職手当等の源泉徴収税額を計算する基礎となるもので、国内で退職手当等の支払を受ける者が、その支払を受けるときまでに所定の事項を記載し、支払者を経由して所轄税務署長に提出する申告書をいう。この申告書を提出した場合、退職手当等の支払時に徴収される源泉所得税は退職所得の金額に所得税の累進税率を適用して計算したほぼ正確な税額になるため、原則として確定申告の必要はないが、提出がなかった場合には、退職手当等の金額に一律20.42%の税率を乗じて計算された額が徴収されることとなり、確定申告により精算を行う必要がある。

耐震改修税額控除　税額控除の１つ。居住者が2021年12月31日までの間に居住用家屋について一定の耐震改修を行った場合には所得税額から耐震改修費用の10％（最高25万円）を控除する。

定額法　減価償却方法の１つ。毎年均等額の償却費を計算する方法であり、所得税法上は有形減価償却資産の法定償却方法とされている。なお、1998年４月１日以後に取得した建物ならびに2016年４月１日以後に取得した建物附属設備および構築物の償却方法は定額法となる。１年分の償却費は、取得価額×定額法による償却率に基づき計算される。

定率法　減価償却方法の１つ。毎年の償却費が一定の割合で逓減するように償却費を計算する減価償却方法であり、法人税法上は有形減価償却資産の法定償却方法とされている（ただし、一定の資産は定額法）。１年分の償却費は（取得価額－減価償却累計額）×定率法償却率により計算される。なお、2012年４月１日以後に取得した減価償却資産については、定額法による償却率を２倍（200％）した率を定率法償却率として計算することとされている。

同一生計配偶者　納税者と生計を一にする配偶者（青色事業専従者として給与の支払を受ける人および事業専従者（白色）を除く）のうち、その年の合計所得金額が48万円以下（給与所得だけの場合は、給与の収入金額が103万円以下）の者をいう。また、この同一生計配偶者に該当するかどうかの判定は、原則としてその年の12月31日の現況により判定する。なお、配偶者は正式な婚姻関係にある者をいうため、いわゆる内縁関係者は含まれない。

同居老親等　老人扶養親族のうち、納税者本人またはその配偶者の直系尊属（父母・祖父母）で、納税者本人またはその配偶者と同居を常況としている者をいう。

同族会社　株主等の３人以下ならびにこれらの者と特殊の関係にある個人および法人（同族関係者）が所有する株式の総数または出資金額の合計額が、その会社の発行済株式総数または出資金額の50％を超える会社をいう。

特定寄附信託に係る利子所得の非課税
いわゆる「日本版プランド・ギビング信託」に係る利子所得の非課税。特定寄附信託契約に基づき設定された信託の信託財産につき生ずる公社債もしくは預貯金の利子または合同運用信託の収益の分配については、所得税を課さない。

特定口座　投資家が一定の要件を満たす特定口座を証券会社等に設定し、その特定口座を通じて取得した特定口座内上場株式等の譲渡については、「特定口座源泉徴収選択届出書」を提出することで、所得税15.315％・住民税５％を源泉徴収することで申告不要とすることができる制度である。

特定公社債等　特定公社債（国債、地方債、外国国債、外国地方債、公募公社債、上場公社債その他一定のもののこと）、公募公社債投資信託の受益権、証券投資信託以外の公募投資信託の受益権および公募の特定目的信託の社債的受益権をいう。

特定支出　給与所得者が特定支出の控除の特例の適用を受ける場合の基礎となる支出で、①通勤費、②職務の遂行に直接必要な旅費、③転任に伴う転居費、④職務の遂行に直接必要な研修費、⑤職務の遂行に直接必要な資格取得費、⑥単身赴任者の帰宅旅費、⑦職務の遂行に直接必要なもの（図書費、衣服費、交際費等）のうち、一定の要件を備えているものをいう。ただし、その支出に関し、給与等の支払者から補てんされた金額のうち非課税とされる部分の金額は除かれる。この特定支出の金額が給与所得控除額の２分の１を超える場合には、その超える部分の金額は確定申告により給与所得控除額控除後の金額から控除することができる。

特定扶養親族　扶養親族のうち、年齢19歳以上23歳未満の者をいう。

特別徴収　住民税の徴収方法の１つ。給与の支払者に住民税を源泉徴収させる方法をいう。この場合、給与の支払者は、給与支払報告書（前年の給与の支払状況等を記入したもので、所得税の源泉徴収票と同様の様式）を１月31日までに市町村へ提出する。市町村はこれに基づき税額を計算し、特別徴収税額通知書（だれから毎月いくら徴収するかを記載したもの）を給与の支払者に送付する。給与の支払者はこれに基づき、６月から翌年５月までの12回に分けて、毎月の給与の支払のときに住民税を源泉徴収し、納付することになる。

内部通算　同一所得内で損益を通算することをいう。総合課税となる譲渡所得同士、土地建物等の譲渡所得同士、上場株式等の譲渡所得同士、一般株式等の譲渡所得同士での通算や、一時所得内での通算などが該当する。

年少扶養親族　扶養親族のうち、年齢16歳未満の者をいう。

年末調整　給与所得については、その支払のときに所得税が源泉徴収されているが、この源泉徴収税額は毎月の給与等の額に応じて算定されているため、年間の給与所得に対する正しい所得税額とは若干の差額が生じる。そこで、給与の支払者は、その年最後に給与等の支払をするとき、つまり年間の給与所得が確定するときに正しい所得税額を計算し、源泉徴収税額の合計額との過不足を調整する。この精算手続を年末調整という。

配偶者控除（所得税）　所得控除の１つ。所得税および住民税の配偶者控除は、納税者に控除対象配偶者がいる場合に認められる。控除額は、一般の控除対象配偶者が所得税38万円、住民税33万円、老人控除対象配偶者が所得税48万円、住民税38万円である。なお、老人控除対象配偶者とは、控除対象配偶者のうち年齢70歳以上の者をいう。ただし、2018年分以後の所得税については、納税者の合計所得金額が900万円超950万円以下の場合には配偶者控除は26万円（老人控除対象配偶者は32万円）、合計所得金額が950万円超1000万円以下の場合には配偶者控除は13万円（老人控除対象配偶者は16万円）、合計所得金額が1000万円を超える場合には配偶者控除は受けられない。

配偶者特別控除　所得控除の１つ。合計所得金額が1000万円以下の納税者に、生計を一にする配偶者がいる場合に認められる。控除額は配偶者の合計所得金額に応じて一定の算式で計算されるが、最高でも所得税38万円、住民税33万円であり、配偶者の合計所得金額が48万円以下および133万円超の場合には控除額は０円である。

配当控除　税額控除の１つ。納税者が内国法人から受ける利益の配当等がある場合に認められる。ただし、配当所得のうち、基金利息、証券投資信託の収益の分配、外国法人から受ける利益の配当、申告不要制度を選択した配当等、申告分離課税制度を選択した配当等は、配当控除の適用はない。控除額は、原則、対象になる配当所得の金額に10％（課税総所得金額等が1000万円以下の場合）を乗じた金額である。

配当所得　所得の分類の１つ。法人から受ける剰余金の分配、基金利息または公社債投資信託以外の証券投資信託の収益の分配などによる所得をいう。

バリアフリー改修工事に係る税額控除　税額控除の１つ。一定の居住者が2021年12月31日までの間に居住用家屋について一定のバリアフリー改修工事を行った場合には所得税額から一定額を控除する。

非課税（所得税）　所得の中には、その性格や担税力、社会政策的理由等により課税することが適当でない所得がある。このように、特定の所得に対しては課税しないことを「非課税」といい、その非課税とされる所得を「非課税所得」という。

ひとり親控除　所得控除の１つ。納税者がひとり親（その者と生計を一にする子を有する者で、婚姻（事実婚等を含む）していない合計所得金額500万円以下の者）に該当する場合に認められる。控除額は、所得税35万円、住民税30万円である。

賦課課税方式　納付すべき税額がもっぱら税務署長等の処分によって確定する方式をいう。たとえば、市町村等が税額を計算し、納税者に納税通知書が送られ、その通知書に従って納税者が納付する固定資産税等が該当する。この賦課課税方式に対し、納税者自ら税額を計算し申告する方式を申告納税方式という。

普通徴収　住民税の徴収方法の１つ。市町村が住民税の申告等に基づき税額を計算し、納税通知書を納税者に交付することにより住民税を徴収する方法をいう。納税者は納税通知書により、年税額を４回（通常６月・８月・10月・翌年１月の４期）に分けて納付することになる。

復興特別税　東日本大震災からの復興財源に充てるため、2011年12月２日に公布・施行された「東日本大震災からの復興のための施策を実施するために必要な財源の確保に関する特別措置法」による増税のこと。

不動産所得　所得の分類の１つ。不動産・不動産上の権利・船舶・航空機の貸付によって生じる所得をいう。土地の貸付に際し受領する権利金の額が、土地の価額の２分の１を超えるときは不動産所得ではなく譲渡所得になる。不動産の貸付を事業的規模で行っている場合であっても、その所得は不動産所得になる。

扶養控除　所得控除の１つ。納税者と生計を一にする16歳以上の扶養親族（青色事業専従者として給与の支払を受ける人および事業専従者（白色）を除く）がいる場合に認められる。控除額は、一般の扶養親族１人につき38万円（住民税33万円）、特定扶養親族１人につき63万円（住民税45万円）、老人扶養親族１人につき48万円（住民税38万円）、同居老親等１人につき58万円（住民税45万円）である。なお、年少扶養親族（16歳未満の扶養親族）は扶養控除の対象にならない。

扶養親族　納税者と生計を一にする親族等のうち、合計所得金額が48万円以下である者をいう。ただし、その親族等が給与の支払を受ける青色事業専従者や事業専従者（白色）に該当する場合、扶養親族にはならない。また、扶養親族に該当するかどうかの判定は、原則としてその年の12月31日の現況により判定する。なお、親族等とは、①６親等内の血族および３親等内の姻族（配偶者を除く）、②児童福祉法の規定により里親に委託された児童、③老人福祉法の規定により養護受託者に委託された老人をいう。

ふるさと納税　自分の選んだ自治体に寄附を行った場合に、寄附額のうち2000円を超える部分について、所得税と住民税から原則として全額が控除される制度（一定の上限がある）。その寄附した自治体から特産品等の返礼品が送付されてくるのが一般的である。控除を受けるためには、原則として、ふるさと納税を行った翌年に確定申告を行う必要があるが、確定申告の不要な給与所得者等は、ふるさと納税先の自治体数が５団体以内である場合に限り、ふるさと納税を行った各自治体に所定の申請をすることで確定申告が不要になる「ふるさと納税ワンストップ特例制度」の適用を受けることができる。

分離課税　政策上の理由などにより、一定の所得を総合課税の対象から分離し、単独で税額を計算する方法をいう。分離課税には、確定申告を必要とする「申告分離課税」と、源泉徴収のみで課税が終了し確定申告の必要のない「源泉分離課税」とがある。

平均課税制度　年々の変動が激しい所得（変動所得）や数年分の収入が一括して支払われる性質の所得（臨時所得）は、毎年平均して発生する所得と比較して、累進税率の性質上税負担が重くなる。そこで一定の要件のもとに、これらの所得の税負担の緩和措置として平均課税制度（5分5乗方式による課税）が設けられている。

変動所得　事業所得または雑所得に該当するもののうち、年々の変動の激しい所得として限定列挙された、①漁獲またはのりの採取から生じる所得、②はまち、まだい、ひらめ、かき、うなぎ、ほたて貝または真珠（真珠貝を含む）の養殖から生じる所得、③原稿または作曲の報酬にかかる所得、④著作権の使用料にかかる所得をいう。変動所得は限定列挙であるため、類似した内容の所得でも、前記以外のもの（講演料、イラストの報酬、特許権の使用料など）は変動所得にならず、したがって平均課税の対象にはならない。

予定納税基準額　所得税の予定納税額の基礎になるもの。具体的には、前年の所得税額（ただし、譲渡所得、一時所得、雑所得等の臨時的な所得はなかったものとして計算）からそれに対応する源泉徴収税額を控除した金額をいう。

予定納税制度　所得税では、歳入の確保その他の理由から、一定の金額を本年分の所得税額の前払として納付すべきこととしている。この前払納付する制度を「予定納税制度」といい、納付する金額を「予定納税額」という。予定納税額は前年分の所得税額を基礎として計算され、その3分の1ずつを7月（第1期）と11月（第2期）に納付する。予定納税額は確定申告において精算される。

利子所得　所得の分類の1つ。①預貯金および公社債の利子、②合同運用信託、公社債投信信託および公募公社債等運用投資信託の収益の分配による所得をいう。

利子割　預貯金や公社債等の利子等については、所得税15.315%の源泉徴収のほか、5%の住民税が徴収され、合計20.315%の税額が源泉徴収される。この徴収される住民税を利子割額という。なお、2016年1月1日以後に法人が支払を受ける利子等については利子割額は課税されないことになった。

臨時所得　不動産所得、事業所得または雑所得に該当するもののうち、数年分の収入が一括して支払われる性質の所得として例示列挙された、①職業野球選手などが3年以上の期間、特定の者と専属契約を結ぶことにより一時に受ける契約金で、その金額が報酬年額の2倍以上のものの所得、②不動産などを3年以上の期間、他人に使用させることにより一時に受ける権利金などで、その金額が使用料年額の2倍以上であるものの所得などをいう。臨時所得は例示列挙であるため、前記以外の所得でも、内容が類似するものは臨時所得として平均課税の対象になる。

老人扶養親族　扶養親族のうち、年齢70歳以上の者をいう。

第6章 不動産

第1節　不動産と不動産取引

委託者指図型不動産投資信託　信託契約による契約型不動産投資信託の1つ。投資信託委託業者（運用会社）が信託会社と信託契約を締結し、その特定資産（不動産等）の運用指図までを委託業者が行う。投資家は、受益証券（小口化された信託受益権）を購入し、その受益証券に基づき分配金を受け取る。

委託者非指図型不動産投資信託　信託契約による契約型不動産投資信託の1つ。委託会社が介在せず、信託会社自らが投資家から金銭の信託を受け、その特定資産（不動産等）の運用までを自らが行う。投資家は、受益証券(小口化された信託受益権）を購入し、その受益証券に基づき分配金を受け取る。

一般媒介契約　媒介契約のうち、依頼者が他の業者にも重ねて依頼ができ、かつ自己発見取引もできる形態をいう。

移転登記　土地や建物の売買、相続、贈与などにより所有権が移転した場合に行う登記のこと。これにより、対象不動産に関する所有権の第三者対抗要件を具備する。

違約手付　手付の一種で、債務不履行が発生した場合、その金額が没収される形態のもの。損害賠償の予定額とされており、手付額以上の損害が発生してもそれ以上の請求はできない。

内金　売買代金の一部として支払われる金銭をいう。名称にかかわらず金額状況等により解約手付とみなされることがあるので、解約手付の意味を持たない場合は性格を明記する必要がある。

SPC（Special Purpose Company）
特別目的会社。不動産の証券化における証券発行主体となる会社の一般的名称。TMKはSPCの中の1つである。

SPT（Special Purpose Trust）　「資産の流動化に関する法律」により設定される特定目的信託をいう。資産の流動化を目的として、資産を信託した委託者が所有する信託受益権を小口化して複数の者に取得させる制度。

解約手付　解約手付は、相手方が契約の履行に着手するまでは、契約を解除することができる性格のものである。売買契約においては通常、手付を交付した買主は、手付金を放棄して、売主は受領した手付金の倍額を現実に提供して契約を解除することができる。民法は、手付金の性格について特に契約で定めなかった場合、解約手付と推定している（第557条）。

家屋番号　建物の表示の登記が申請されたときに、地番区域ごとに建物の敷地の地番と同一の番号をもって登記官により定められる建物ごとの番号をいう。

価格時点　不動産の価格は、時の経過により変動するため、不動産の鑑定評価を行うにあたっては、不動産の価格の判定の基準日を確定する必要がある。この確定した基準日を指す。

貸宅地　→162ページ参照

貸家建付地　→162ページ参照

稼働率　賃貸物件における賃貸可能面積（戸数）に対する入居面積（戸数）の割合をいう。入居率ともいう。→空室率

仮登記　仮登記は、書類の不備や、条件がいまだ成就しないなどの理由で、本登記ができないときに、将来の本登記のために順位を保全しておくものである。その仮登記に基づく本登記と相容れない登記は効力を失う。抵当権のように順位のあるものは仮登記の順位が保全される。

管理業務主任者　「マンションの管理の適正化の推進に関する法律」により創設された。国家試験に合格した者で、管理事務に関し一定の期間以上の実務経験を有する者で国土交通大臣の登録を受けて管理業務主任者証の交付を受けた者をいう。マンション管理業者は、事務所ごとにその規模を考慮して一定の数の専任の管理業務主任者を置かなければならない。

危険負担　建物の売買契約で、売買契約の成立後引渡しまでの間に、建物が売主の責めに帰すことのできない事由（類焼など）で滅失してしまった場合、売主は建物を引き渡すことはできないが、建物の売買代金を買主に請求できるかという問題が危険負担である。改正前民法では、建物滅失のリスクは買主が負うこととし、売主は売買代金全額を買主に請求できると定めていた。しかし、この規定は買主に対して酷であり、不動産取引の慣行にも合っていないことから、契約実務では一般的に、危険負担は売主の負担として売主が修復することや、売主から（または双方から）契約解除を行えるよう約定することとされていた。2020年４月以降は、改正民法の施行により、当事者双方の責めに帰することができない事由によって債務を履行することができなくなったときは、債権者は反対給付の履行を拒むことができるようになった。つまり、売主の責めに帰すことができない事由により引渡しができない場合、買主は代金の支払を拒否できるということである。

基準地標準価格　国土利用計画法施行令に基づき、都道府県が発表する価格。毎年７

月１日を価格時点として毎年９月下旬に発表される。地価公示を補完するものとして、その位置付けは公示価格と同じである。基準値価格、基準地価ともいう。

共益費　建物の賃貸借契約において、借主が負担するべき建物の維持管理費用をいう。たとえば、共用部分に係る設備（エレベーターなど）の保守点検費や清掃費など。

境界　通常、境界とは所有権の範囲の境と理解されているが、法的には「公法上の区分線」をいう。つまり土地の筆の境（異筆の土地の間の境界）のことである。したがって同一の筆の中には境界は存在しない。一般に用いられる場合は、所有権の境という意味にとらえてよい。

境界確定実測図　確定実測図ともいう。図面の名称だけでは境界が明確であることを保証しているとはいえないが、隣地所有者が境界立会いのうえ、境界に同意している場合は、実測図に境界承諾書が添付されているか、またはその実測図に直接、境界同意の主旨で隣地所有者の署名、押印を受けていることが多い。

境界杭　境界点（所有権の境を示す点）について隣地所有者と合意が得られた場合に、両者の負担でその境界点に設置される境界を示す杭である。境界杭を勝手に抜いたり位置を移動させたりした場合は犯罪となる場合もある。民法でも共同負担で隣地所有者に境界の設置を請求できると定めている（民法223条）。

共有　複数の者が１個の物を分量的に分割して所有すること。共有者は別段の合意がなければ共有物の全部について使用、収益する権利を持つ。各共有者の共有持分権は原則として任意に処分できる。

共有持分権　複数の者が１個の物を分量的に分割して所有することを共有という。共有持分とは共有者の当該所有物に対する所有権の分量的な割合をいい、その所有権を共有持分権という。各共有者の共有持分権は原則として任意に処分できる。

共用部分　区分所有建物の中で、専有部分ではない部分。→規約共用部分、法定共用部分

切土　土地の一部を削り取ることをいう。一般的には、高い地盤や斜面を切り取って低くし、平坦な地表を作る建設工事を指す。

空室率　賃貸物件における賃貸可能面積（戸数）に対する空室面積（戸数）の割合をいう。→稼働率

クーリング・オフ（不動産）　宅地建物取引業者が自ら売主となる宅地や建物の売買契約について、事務所等一定の場所以外で買受の申込みまたは売買契約を締結した場合、買主は一定期間内に限り、書面により申込みの撤回または契約の解除をすることができることを指す。

契約不適合責任　民法改正により、2020年４月１日から従来の「瑕疵担保責任」に

代わり「契約不適合責任」が新設された。
契約不適合責任とは、売主が買主に引き渡した目的物が契約で定めた種類と違う、品質が異なる・劣る、数量が合わない、といったように契約内容に合わない場合、売主が買主に対して負うこととなる責任をいう。契約不適合責任が生じた場合に請求できる権利は以下のとおり。

・追完請求：目的物の修補、代替物の引渡し、不足分の引渡しによる履行の追完を求める
・代金減額請求：買主が相当の期間を定めて履行の追完を催告し、その期間内に履行の追完がないとき、不適合の程度に応じた代金の減額を請求する
・契約解除：当事者の一方が債務を履行しない場合、相手方が相当の期間を定めて履行を催告し、その期間内に履行がないとき、相手方が契約を解除する
・損害賠償請求：債務者が債務の本旨に従った履行をしないとき、または債務の履行が不能であるとき、債権者が生じた損害賠償を請求する

なお、売主が種類または品質に関して契約内容に適合しない目的物を買主に引き渡した場合、買主がその不適合を知った時から1年以内にその旨を売主に通知しなければ、不適合を理由として上記の権利を請求することができなくなる。

この契約不適合責任の規定は任意規定であるため、特約によって売主の責任を免除したり、内容を変更したりすることができる。しかし、宅地建物取引業法では、宅建業者が自ら売主となり、宅建業者以外の一般人が買主となる宅地または建物の売買契約において、買主が権利行使できる期間を物件の引渡し日から2年以上とする特約を除き、民法の規定以上に買主に不利となる特約をしてはならないとされている。

原価積上方式　不動産の有効活用を等価交換方式で行う際に、土地の権利者（所有者や借地権者）が取得する建物の床面積を算定する方法の1つ。土地や借地権の権利価額とデベロッパーの支出する建築費用等の額との合計額に占めるそれぞれの額の割合により建物の専有部分の床面積を按分する方法である。出資額に応じて按分するため出資按分方式などともいわれる。

原価法　不動産の鑑定評価における原価方式により不動産の価格を求める方法である。不動産の価格時点における再調達原価に減価修正を行って不動産の積算価格を求める。

原価方式　不動産の鑑定評価方式の1つ。原価方式は不動産の再調達（建築、造成等による新規の調達をいう）に要する原価に着目して不動産の価格または賃料を求めるものをいう。取得に必要となる費用性からアプローチする方式である。

堅固建物　旧借地法において、「石造、土造、煉瓦造又はこれに類似する堅固の建物」を指す。旧借地法では、建物の構造により借地権の存続期間や更新後の期間を設けていた。

検査済証　建築基準法に基づき、工事完了後、建築主事がその建物を検査して、法規に適合している場合に建築主に交付される

証明書をいう。

原状回復義務　一般的な賃貸借契約においては、契約の終了等に際し、借主はその目的物を原状に復したうえで貸主に明け渡すこと。ただし、通常の使用による自然損耗や経年劣化は含まれない。

建設協力金方式　不動産の有効活用方式の1つ。建設協力金とは、貸しビルやロードサイド店舗等の建設に際し、テナント（賃借人）が建設費用の全部または一部に充当するための資金として無利息（または低利）で賃貸人である建物の建築主に融資する金銭。通常は、賃貸借終了時または賃貸借期間中分割して返還されるものであるが、一部が返還されない場合もある。

建築確認通知　建築物や工作物の工事をする場合に、一定の書類や図面を提出して建築主事にその建築物等について建築基準法等にかかる適否の判定（建築確認）を受け、確認が得られたときに通知されるもの。

建築主事　国土交通大臣が建築行政の知識、経験について行う資格検定に合格し、建築基準適合判定資格者の登録を受けた市区町村または都道府県の職員のうち、市区町村長または都道府県知事が任命した者をいう。建築物や工作物の確認および検査などを行う。

建築条件付宅地分譲　「売り建て」ともいう。土地の売買に際して、建物の建築工事の請負を、売主または売主の指定する者が行うことを条件とするもの。独占禁止法の「優越的地位の濫用」に当たるおそれがあるが、土地売買契約後、3カ月以内に、建築請負契約が成立することを停止条件として、土地売買契約を締結し、建物の請負は土地の売主またはその代理人とする場合は、行うことができる。また、建築条件が成就しなかったときは、名目のいかんにかかわらず売主が受領した金銭は返還しなければならない。

権利金（不動産）　土地の賃貸借において授受される一時金で、賃貸人（土地所有者）から返還されることのないもの。その性格には、①借地権設定の対価、②特殊な利益の対価、③地代の一部前払、④賃借権の譲渡を認める承諾料などがあるが、当事者間で定める必要がある。→保証金、敷金

権利証　「登記済証」のこと。登記済証は、後日、登記義務者として登記を行う際に、登記申請の意思を確認するための主要な添付書類になる。改正不動産登記法（2005年3月7日施行）により、登記済証の交付に替えて登記識別情報が登記名義人に通知される制度に移行した。この登記名義人が今後登記を申請するときは、原則として、登記所にこの登記識別情報を提供しなければならない。

権利部（乙区）　所有権以外の権利に関する事項が記録される登記記録部分。地上権や賃借権、抵当権などの権利に関する事項が記録される。

権利部（甲区）　所有権に関する登記事項が記録される登記記録部分。所有権の保存、移転やこれらの仮登記および差押えなどの処分制限等の登記がされる。

公告　国家や公共団体が広告、掲示などの方法で一般に告知することをいう。

工事請負契約　請負契約は、請負人が一定の仕事の完成を約束し、注文者がその結果（仕事の完成）について報酬を支払うことを約する契約である。建物の建築の場合には建築工事請負契約といっている。

公示価格　地価公示法に基づき、土地の取引価格の指標として、国土交通省が発表する土地の価格。毎年1月1日を基準日（価格時点）として毎年3月下旬に発表される。公示地価ともいう。

公信力　真実の権利を反映しない登記を信頼して、登記記録の者と取引した者は、保護されるか否かが公信力の問題である。日本の登記制度には、公信力は認められていない。たとえば登記申請書を偽造して登記上の所有者となった者と売買契約をした者は、所有権を取得できない。

公図　登記所に備えられている旧土地台帳附属地図。公図は、登記所に備えることになっている不動産登記法第14条に基づく地図と異なり、精度はあまり高くはないが、14条地図が整備されていない現状では、土地を特定し、その形状などを明らかにする資料として広く利用され、欠くことのできないものになっている。

構造耐力上主要な部分等　住宅のうち構造耐力上主要な部分と雨水の浸入を防止する部分として政令で定めるものを指す。構造耐力上主要な部分は、たとえば木造住宅で、基礎、土台、壁、柱、斜材などが該当する。雨水の浸入を防止する部分は、屋根、外壁などが該当する。

公簿売買　登記簿面積による売買契約後、実測面積と登記簿面積に相違があっても売買代金を清算しない契約方法。→実測売買

小口化投資　多額の資金を要する不動産投資について、投資対象不動産の持分を細分化することにより投資単位を小口化する投資手法をいう。

固定資産評価証明書　固定資産課税台帳登録事項につき、納税者の便宜のために交付される書類。毎年一定の期間に行われる固定資産課税台帳の縦覧と異なり、法定された制度ではない。

採草放牧地　農地以外の土地で、主として耕作または養畜の事業のための採草または家畜の放牧の目的に供される土地をいう。

更地　建物等がなく、借地権など使用収益を制約する権利も付着していない土地をいう。

敷金　建物の賃貸借において、貸主が賃借人から収受する一時金で賃貸借終了時に賃

貸借に返還される預り金。家賃や原状回復費用などの賃借人債務を担保する目的がある。

敷地権　土地と建物が一体となって登記されている権利形態での土地部分の権利のこと。建物部分と分離処分することはできない状態を指す。

敷地利用権　専有部分を所有するための建物の敷地に対する権利。敷地の所有権の共有持分や借地権の準共有持分などがこれに当たる。

事業受託方式　デベロッパーが、建物の企画・設計・施工から建物完成後の建物の管理・賃貸運営までの業務全般を土地所有者から請け負って行う土地活用の手法。デベロッパーの貸ビル建築、賃貸経営等のトータルなノウハウを利用して不動産賃貸事業を実現するシステムである。

自己建設方式　土地の有効活用を行う場合に、企画立案、資金調達、建築発注、建物の維持管理および賃貸経営管理等の業務、いっさいを土地所有者が当事者となり自ら主体的に行う方法。実際には、建設会社をはじめ各種業者に依頼して、その協力のもとに行うものである。コンサルタントなどを利用する場合も事業執行責任は自らが負わなければならない。

市場性比較方式　不動産の有効活用を等価交換方式で行う際に、土地の権利者（所有者や借地権者）が取得する建物の床面積を算定する方法の１つ。デベロッパーの収支採算より計算して土地の権利者の取得する建物の専有部分の床面積を決定する方法である。デベロッパーが支出する金額に所定の利益を加えて必要とする売上高を計算し、その売上高を回収するのに必要な専有部分の床面積を算出し、その残余が土地所有者の床面積とする方法である。

質権　民法に定める物権であり、債権の担保として債務者または第三者より提供された財産を占有（使用収益）し、かつ、その財産につき他の債権者に優先して自己の債権の弁済を受ける権利をいう。

実質賃料　貸主に支払われる賃料の算定期間に対応する適正なすべての経済的対価をいう。支払賃料のほか一時金（敷金、保証金など）の償却額なども考慮する。

実勢価格　土地の実際の取引相場に基づき推定されるその土地の価格をいう。

実測図　土地の境界に基づきその土地の範囲について資格者が測量した測量図。測量の際に境界につき不明な点があれば、通常隣地所有者の立会い確認を得たうえで測量することが行われる。ただし、実測図という名称の図面であっても、必ず隣地所有者の立会いが済んでいるものとは限らない。

実測売買　登記面積による売買契約後、実測面積と登記面積に相違がある場合に売買代金を清算する契約方法。→公簿売買

実物投資　貸ビルや賃貸マンション等の収益不動産を投資目的で直接購入することを不動産の実物投資という。→証券化投資

支払賃料　契約にあたって一時金が授受される場合において、各支払時期に支払われる賃料をいう。当該一時金（敷金、保証金など）の償却額などとともに実質賃料を構成する。→実質賃料

収益還元法　収益還元法は、不動産の鑑定評価における収益方式のうち不動産の収益価格を求める方法。将来産み出されるであろう純収益の現在価値の総和を求める。具体的手法として、直接還元法やDCF法などがある。

収益分析法　収益分析法は、不動産の鑑定評価における収益方式のうち不動産の賃料を求める方法。

収益方式　不動産の鑑定評価方式の1つ。収益方式は不動産から生み出される収益に着目して不動産の価格または賃料を求めるものである。効用がもたらす収益性からアプローチする方式である。

重要事項　宅地、建物の取引において、売買等の相手方に対し、契約成立までの間に説明しなければならない宅地建物に関する一定の事項。宅地建物取引業の定めにより、宅地建物取引士が書面をもって行わなければならない。なお、現在（2021年1月）では、賃貸の代理または媒介に係る重要事項の説明については、一定の要件を満たすことで、テレビ会議等のITを活用した方法（IT重説）により行うことが認められている。また、2021年4月からは、一定の要件のもと、売買契約においてもIT重説を認めるとしている。

純収益（Net Operating Income：NOI）　収益不動産における賃料等の年間総収入から実質費用を控除したもの。実質費用には減価償却費や借入金の支払利息は含まない。収益不動産の本来の収益力を示す。

純利回り　収益不動産における純収益（NOI）を投資額で除したもの。ネット利回りまたはキャップレートともいう。「純利回り＝純収益（NOI）÷投資額×100%」。

証券化投資　多額の資金を要する不動産投資について、TMK（特定目的会社）や投資法人または信託勘定を用いて発行された有価証券を通じて不動産投資を行う投資手法をいう。実物投資や小口化投資に比べて換金性リスクが軽減される。

使用貸借　借主が無償にて貸主の不動産の全部または一部を使用収益すること。

証約手付　契約成立の証拠としての性格を持つ手付。通常、手付が交付された場合、その手付は、当然に証約手付の性格を有する。

所有権　民法に定める物権であり、物を全面的に支配することのできる権利。公序良俗に反しない限り、対象物を使用、収益、

処分できる排他的な権利。

所有者　所有権を有する者をいう。

整地　土地をならすこと。通常、切土、盛土とは異なり平坦になった地表の整備をいう。

正当事由　定期借地および定期借家を除く借地借家関係において、貸主による更新拒絶や解約申入れなどの場合には、正当な事由を要するとされる。貸主が土地や建物を必要とする事由その他が考慮されるが、この正当事由制度により借地、借家の権利の永続性が担保されている。

積算法　不動産の鑑定評価における原価方式のうち不動産の賃料を求める方法。不動産の基礎価格に期待利回りを乗じて得た額に必要諸経費等を加算して不動産の積算賃料を求めるものである。

接道義務　建築物の敷地は幅員４m 以上（原則）の道路に２m 以上接しなければならないというもの。なお、建築基準法上の道路とは道路法に定める道路以外にもその他の道路（42条２項道路）などがある。

セットバック　建築基準法42条２項では、４m 未満の道路につき道路とみなされた場合は、道路中心線から２m（反対側が河川・がけ等である場合は反対側の道路境界線から敷地側に４m）後退した線をもって道路と敷地との境界線として取り扱うものとしている。この場合、後退することまたは後退した敷地の部分をセットバックという。セットバック部分は敷地として利用することができない。

専属専任媒介契約　媒介契約のうち、依頼者が他の業者に重ねて依頼をできず、かつ自己発見取引もできないものをいう。この契約により売買・交換の依頼を受けた業者は、依頼者への業務報告義務や指定流通機構への登録義務を負う。

専任媒介契約　媒介契約のうち、依頼者が他の業者に重ねて依頼をできないが、自己発見取引はできるものをいう。この契約により売買・交換の依頼を受けた業者は、依頼者への業務報告義務や指定流通機構への登録義務を負う。

専有部分　一棟の建物で構造上区分され、独立して利用可能な建物の部分は所有権の対象になり、その建物部分を専有部分という。専有部分に成立する所有権を区分所有権という。

造作　畳や建具、また組込み型エアコンや雨戸のようにいったん取り付けると、取り外す際に相当に価値が下がるものを法律上では造作という。

造作買取請求権　借家人が家主の同意を得て取り付けた造作については、借家人は、借家契約の終了時に家主に対しこれを買い取ることを請求することができる権利をいう。旧借家法では、この権利を排除する約定は無効とされていたが、借地借家法では、排除する特約をすることができる。なお、この特約は、旧借家法において成立した借家関係についても、新たに特約をすることにより定めることができる。

底地　借地権の付着した土地の所有権部分をいう。

側溝　道路の端に存する雨水などを流すための構築物。U字型やL字型のものがある。

対抗力　所有権その他物権の権利変動を第三者に対抗する根拠となるもの。不動産の場合は登記である。たとえば、土地売買契約をしたが、所有権移転登記をしないうちに第三者にその土地を二重に譲渡された場合、当初の買主は、登記がなければその第三者に自分に所有権があることを主張できない。

宅地　居住、商業活動、工業生産等の用に供される建物等の敷地として供されることが、社会的、経済的、行政的にみて合理的と判断される土地をいう。

宅地建物取引業者　宅地建物取引業とは、①宅地、建物の売買・交換、②宅地、建物の売買・交換または貸借の代理、③宅地、建物の売買・交換または貸借の媒介を業として行うことである。宅地建物取引業者とは免許を受けて宅地建物取引業を営む者をいう。

宅地建物取引業者名簿　宅地建物取引業者について、監督官庁などに備えられ一般の閲覧に供されている名簿。通常、宅地建物取引業者名簿には、過去の営業成績や代表者・宅地建物取引士等の氏名、過去の行政処分の有無等について記載されている。

宅地建物取引士　宅地建物取引士資格試験に合格し、その後一定の実務経験やこれに代わる講習を受けて宅地建物取引士証の交付を受けた者。宅地建物取引業法では、宅地建物の取引に関する知識および経験を豊富に有する取引の専門家として、宅地建物取引士を宅地建物取引業者のもとに事務所等の業務従事者の数等に応じた一定の割合の人員を置かなければならないとしている。

建付地　建物等の敷地となっている土地。その建物等と当該土地の所有者が同一であり、かつその所有者により利用され、借地権などの付着していない土地。建物が貸家の場合は貸家建付地という。

建物図面　建物の新築時の表示登記や建物の分割などの登記申請時に添付される図面。各階平面図や建物の敷地配置が示される。

単純利回り　収益不動産における年間賃料収入を投資額で除したもの。グロス利回りまたは粗利回りともいう。「単純利回り＝年間賃料等総収入÷投資額×100％」。

地上権　建物その他の工作物や竹木を所有するために他人の土地を使用する物権。

地積　不動産登記事項の1つで、一筆の土地の面積をいう。土地の水平投影面積により平方メートルで表示される。

地積測量図　土地の表示登記や分筆登記の申請時に提出される測量図のこと。

地番　不動産登記において土地を特定するために付される符号。市町村またはこれに準ずる地域を基準として、一筆ごとに付けられる。「○○県○○市○○町１番５」のように市町村などの地域を基準として付けられる。

地目　不動産登記において土地の状況や主たる用途に応じて定められるもので、「宅地」「田」「畑」「山林」など23種類ある。

中間省略登記　登録免許税等の登記費用を節約する等の目的で、たとえば甲→乙→丙と権利が移転したにもかかわらず、甲乙間の移転登記を省略して、甲から丙へ直接移転登記を行う場合、これを中間省略登記という。甲乙間で、「所有権は甲から乙の指定するものに対して直接移転する」旨の特約（第三者のためにする契約）をすることにより認められる。

直接還元法　収益還元法の１つで、単年度の純収入（NCF）を還元利回りで還元することにより不動産の収益価格を求める手法をいう。

賃借権　民法に定める債権であり、賃借人が賃料を支払って他人の不動産の全部または一部を使用収益する権利をいう。

賃貸借　賃借人が賃料を支払って賃貸人の不動産の全部または一部を使用収益すること。

賃貸事例比較法　不動産の鑑定評価における比較方式のうち不動産の賃料を求める方法。多数の賃貸借等の事例を収集して適切に選択し、これらの事例に係る賃料に適切な補正や比較を行って不動産の比準賃料を求めるものである。

定期借地権方式　定期借地権を用いて行う土地活用の手法をいう。

定期建物賃貸借　借地借家法で定める定期借家契約のこと。期間の定めのある建物の賃貸借をするにあたり、公正証書等の書面により契約するときに限り、契約の更新がないとする旨を定めることができる。原則として、借主は中途解約ができず期間満了により賃貸借が終了する。ただし、居住用建物で床面積が200㎡未満の賃貸借に限り、賃借人のやむを得ない事情がある場合は中途解約ができる。

DCF法　Discounted Cash Flow Methodのこと。収益還元法の１つで、不動産から将来得られると期待されるキャッシュフロー（運用益および処分益）を現在価値に割り引き、その総和により不動産の収益価格を求める手法をいう。

抵当権　債務者からその物を取り上げないで、債権の担保とし、債務が弁済されないときには、その物から優先的に弁済を受ける。債務者からその物を取り上げることのできる担保物権である。

手付解除　手付による契約解除。契約解除には債務不履行に基づく契約解除や解除特約に基づく契約解除など各種のものがある。

手付金　契約締結の際に当事者の一方から相手方に交付される金銭等。売買契約において買主から売主に交付されることが一般的であるが、手付金の交付がない売買契約もある。

デュー・デリジェンス　買主側で対象とする不動産について行う法律、建築、経営および環境等に関する専門家による詳細かつ多角的な調査をいう。

転貸　借主が借りたものを、さらに第三者に貸すこと。賃貸借契約においては転貸をする場合は貸主の承諾を要するとされる。

等価交換方式　土地所有者がデベロッパーに土地を売却し、その対価をもってデベロッパーからその土地に建設するマンションの一部を買い受け、これを賃貸する土地活用の手法。土地と建物との交換により行う方法もあるが、多くは売買により行われる。売買の方法としては、いったん土地の全部を譲渡し、土地持分付きでマンションを譲り受ける「全部譲渡方式」と、土地の持分を譲渡し、マンションの建物のみを譲り受け、譲渡を留保した土地の持分を、譲り受けたマンションの敷地の権利とする「部分譲渡方式」がある。

登記　国家機関（登記官）が登記簿という公の帳簿に一定の事項を記録する行為、またはその記録自体をいう。

登記識別情報　登記名義人を識別するための情報。登記完了時に、登記名義人となった者に対して登記官から通知される。この登記名義人が今後登記を申請するときは、原則として、登記所にこの登記識別情報を提供しなければならない。

登記事項証明書　登記記録に記録されている事項を証明した書面。全部事項証明書と現在事項証明書などがある。

登記事項要約書　不動産の表示や所有者の氏名、住所、持分などの登記記録に記録されている通常必要とされる主な事項が記載された書面。

登記所　登記事務を取り扱う国の行政機関。行政組織上の機関の名称は法務局、地方法務局、その支所または出張所である。

登記請求権　法律上、登記することのできる権利者が、義務者に対して登記に協力すべきことを請求することのできる権利。借地権であっても地上権は登記請求権はあるが、土地の賃借権には登記請求権はない。

登記制度　不動産登記法による不動産の権利関係を公示する制度。不動産の権利関係を明確にし、取引の安全を図る。ただし、登記には公信力がない。

登記データ記録の構成　不動産の登記記録は通常、土地は一筆ごと、建物は一棟ごとに不動産の表示に関する事項を記録する「表題部」、所有権に関する事項を記録する「権利部（甲区）」、と抵当権や地上権等の所有権以外の権利に関する事項を記録する「権利部（乙区）」とで構成される。

投資信託委託業者　会社型不動産投資信託の場合は投資法人資産運用業、契約型不動産投資信託の場合は投資信託委託業。これらを総称して投資信託委託業者という。内閣総理大臣の認可と宅建業の免許および宅建業法における取引一任代理の認可が必要になる。

投資主総会　投資法人における最高意思決定機関。株式会社における株主総会に相当する。

投資法人　会社型不動産投資信託において、特定資産（不動産等）を運用することを目的に設立される法人。投資の器（媒体）として機能する特別な法人であり、実際の投資判断などの運用業務や資産の保管、一般事務なども外部委託される。投資法人は投資証券（投資口）等を発行して投資家から資金を調達し、運用益などを投資家に分配する。

投資法人債　投資法人が発行する債券。一般事業会社が発行する社債に相当する。

投資法人型不動産投資信託　投資法人を利用した会社型不動産投資信託のこと。投資家は、投資法人が発行する投資証券（投資口）を購入し、その投資証券に基づき分配金を受け取る。上場された投資証券であれば、証券取引所で株式と同様に市場価格（株価）で売買できる。

特定行政庁　建築主事を置く市町村（特別区を含む）の区域では市町村長をいい、その他の市町村の区域では都道府県知事をいう。

特定工作物　コンクリートプラント等の環境悪化をもたらすおそれのある施設やゴルフコースや一定規模の野球場などの大規模工作物をいう。

特定道路　容積率の計算において、前面道路幅員が6m以上12m未満で、かつ幅員15m以上の道路に道路距離で延長70m以内に存する敷地については、一定の数値を前面道路幅員に加えたものを前面道路の幅員とみなすことができる。この場合の幅員15m以上の道路を特定道路という。

特定目的会社（TMK）　「資産の流動化に関する法律」に基づき設立される法人のこと。資産対応証券の発行もしくは借入れ（特定目的借入れ）により得た金銭をもって資産を取得して、その資産の管理、処分により得られる金銭により利益の配当や返済を行う。なお、資産対応証券とは、優先出資証券、特定社債、特定約束手形をいい、特定社債については、転換特定社債、新優先出資証券引受権付特定社債を含む。

都市計画道路　都市施設に関する都市計画として定められた道路。都市施設に関する都市計画が決定された区域内の土地では建築物の建築は、原則として知事の許可を要する。

土地　不動産は、土地およびその定着物とされ、その中核をなすのが土地である。土地は他の財と異なり、位置の固定性、不動性、非代替性、用途の多様性ならびに地域性等といった特性を有する。

土地信託方式　信託は、財産の所有者（委託者）が、財産権の名義や管理権を第三者（受託者）に移し、受託者は一定の目的に従って、その財産権を処分したり、運営したりするものである。財産権の名義を受託者に移すのが特徴である。土地信託方式とは、土地所有者（委託者）がその所有する土地を信託会社（受託者）に信託し、信託会社は建設資金の調達・建物の建設・建物の賃貸を行い、その収益を土地所有者に交付するという土地活用の手法である。土地信託方式には、処分を目的とするものもあるが、通常は、以上のような賃貸型をいう。なお、信託業法改正により、信託受託を営業として行える者の範囲が拡大された。

取引事例比較法　不動産の鑑定評価のうち比較方式により不動産の価格を求める方法。多数の取引事例を収集して適切に選択し、これらの事例に係る価格に適切な事情補正や時点修正、価格形成原因の比較を行って不動産の比準価格を求めるものをいう。

内部収益率　「IRR（Internal Rate of Return）」ともいう。不動産投資におけるキャッシュフローの現在価値の総和が投資額と等しくなる場合の割引率のこと。

農地　耕作の目的に供されている土地。登記簿の地目によらず、現況によって決められる。

媒介契約　宅地、建物の売買、交換または貸借の仲介（媒介）を宅地建物取引業者に依頼する契約。宅地建物取引業者は売買、交換に関する媒介の依頼を受けたときは、一定の媒介契約の内容を記載した書面（媒介契約書）を依頼者に交付しなければならない。媒介契約には、一般媒介契約、専任媒介契約と専属専任媒介契約がある。

比較方式　不動産の鑑定評価方式の１つ。不動産の取引事例または賃貸借等の事例に着目して不動産の価格または賃料を求めるものをいう。需給バランスによる市場性からアプローチする方式である。

筆　土地を人為的に区分した単位で、不動産登記においては一筆（いっぴつ）の土地を１個の土地として取り扱う。土地は一筆ごとに地番が付され、土地の登記簿は一筆の土地ごとに登記用紙を備える。一筆の土地を分けて複数の筆とすることを分筆といい、複数の筆を合わせることを合筆という。

表示登記　登記簿の表題部に、土地や建物の物理的状況を明記し特定公示するための登記をいう。当事者の申請または登記官の職権により行うことができる。

表題部　不動産の物的概要を記録する。土地の表題部では所在、地番、地目、地積や所有権の登記がされていないときは所有者の住所、氏名等が記録される。建物の表題部では所在、家屋番号、種類、構造、床面積、附属建物や所有権の登記がされていないときは所有者の住所、氏名等が記録される。

幅員　道路の幅のことであるが、一般に路面と側溝の幅の合計をいう。道路の状況により測定の仕方が異なる。

附属建物　独立した建物であるが主たる建物と効用上一体として利用される関係にある建物で、不動産登記上、主たる建物と合わせて主たる建物の登記簿に記載される。

不動産鑑定士　不動産の鑑定評価の専門家として国家試験に合格し、実務修習機関による実務修習の修了が確認されて登録された者。不動産鑑定士でない者は不動産鑑定業者の業務に関し、不動産の鑑定評価を行ってはならないとされている。

不動産鑑定評価　不動産の鑑定評価に関する法律では、「不動産の鑑定評価とは、土地若しくは建物又はこれらに関する所有権以外の権利の経済価値を判定し、その結果を価額に表示することをいう」とされている。

不動産鑑定評価基準　監督官庁が示している不動産鑑定士が不動産の鑑定評価を行う場合に準拠すべき基準。

不動産投資顧問業　投資家に対し、不動産投資に関する投資一任または助言を行う業務をいう。国土交通省への登録が必要である。投資一任業務および助言業務を行う総合不動産投資顧問業と助言業務のみを行う一般不動産投資顧問業がある。

不動産投資信託（REIT）　「REIT（Real Estate Investment Trust）」ともいう。主として公募により多数の投資家から集めた資金をプールして、投資法人または信託の形態で不動産投資を行い、そこから得られた利益を投資家に分配する金融商品。その仕組みから、契約型（委託者指図型と委託者非指図型）と会社型（投資法人型）に大別される。→委託者指図型不動産投資信託、委託者非指図型不動産投資信託、投資法人型不動産投資信託

不動産の証券化　企業等が所有する不動産や不動産を担保とする金銭債権等について、ＳＰＣ等を媒体として株式や社債等のような証券に転換して、不動産等の所有者である企業等が投資家から直接資金を調達する方法（資産流動化型）。このほかに、改正投信法（投資信託及び投資法人に関する法律）により不動産運用による利益を前提とし、不動産を投資対象として資金を集める方法も可能となっている（資産運用型）。

報酬の制限　宅地建物取引業法では、宅地建物取引業者が宅地または建物の売買、交換または貸借の代理、媒介に関して受ける

ことのできる報酬の額は、国土交通大臣の定めるところによることとなっており、この額を超えて報酬を受領することはできない。宅建業者が受領できる報酬には一定の制限が設けられている。売買の媒介の場合は依頼者の各々からそれぞれにつき売買価額（400万円超の場合）の３％プラス６万円（消費税等別）まで、貸借の場合は依頼者の双方から受領できる限度額は合計して、家賃・地代のそれぞれ１カ月（消費税等別）である。

保証金　土地や建物の賃貸借において授受される一時金で、賃貸人から将来返還されるもの。その性格は主に賃借人の債務を担保する目的がある。→権利金

保存登記　建物を新築して初めて行う所有権に関する登記をいう。これにより、新築建物に関する所有権の第三者対抗要件を具備する。

マンション管理士　国土交通大臣の登録を受け、専門的知識をもって、管理組合の運営その他マンションの管理に関し、管理組合の管理者等またはマンションの区分所有者等の相談に応じ、助言、指導その他の援助を行うことを業務とする者をいう。マンション管理適正化法により創設された。

みなし道路　「２項道路」ともいう。建築基準法第３章の適用の際に、現に建築物が建ち並んでいた幅員４m未満の道で特定行政庁が指定したものは道路とみなされる。この場合、道路の中心線から２mずつ後退した線（片側が河川・がけ等の場合は反対側に４m後退した線）を道路と敷地との境界線とみなす。

盛土　土を盛って地盤を作ることをいう。

擁壁　地盤面に高低差のある場合に、高い部分の土砂の側圧を壁面で支える構造物をいう。

礼金　建物の賃貸借において、賃借人から賃貸人に交付される金銭で、通常は返還されない金銭をいう。

レバレッジ効果　レバレッジとはテコのことである。投資について、レバレッジ効果とは、自己資金に借入金を組み合わせることにより、自己資金に対する収益率を向上させることをいう。借入金の金利より投資の収益率が上回っている場合に可能になる。

第２節　不動産に関する法律

位置指定道路　建築基準法上の道路のうち、土地を建築物の敷地として利用するために道路法等の法令によらないで築造する一定の基準に適合する道路で特定行政庁から位置の指定を受けたものをいう。４m以上の私道が対象。

一物一権主義　１つの物権（財産権）は

1個の独立した物についてのみ成立するという民法の基本原則。

一般定期借地権　定期借地権のうち、存続期間が50年以上のものをいう。公正証書等の書面による契約を要する。

永小作権　他人の土地を耕作や牧畜のために使用する権利。

開発許可制度　開発許可制度は開発行為に関して知事の許可制とし、乱開発を防止し都市環境を保全する目的で、都市計画法に定められた制度をいう。

開発行為　主として建築物の建築または特定工作物の用に供する目的で行う土地の区画形質の変更をいう。

仮換地　土地区画整理事業における換地処分は、工事完了後一括して行われるため、換地処分までの間の使用収益や権利関係の安定のため仮指定される土地のこと。仮換地は実際に換地となるべき土地が指定されることが多い。仮換地指定の効力発生の日後は、仮換地を使用収益することになり、従前の宅地は使用収益できなくなる。

監視区域　地価が急激に上昇し、または上昇するおそれがあり、これによって適正かつ合理的な土地利用の確保が困難となるおそれがあると認められる区域（規制区域を除く）において、国土利用計画法に基づき、都道府県知事が、5年以内の期間を定めて指定する区域。監視区域においては都道府県知事が定める面積以上の土地売買等について、事前に価格および利用目的を知事に届け出なければならない。バブル期の地価高騰対策として1987年に創設された。

換地　土地区画整理事業において、道路を整備し公共施設用地を配置するために、個々の宅地の場所を移動すること。新設の道路予定地や道路の拡幅部分に当たる従前の宅地は換地処分により他の宅地に従前の権限が移る。ただし、場所的移動がなく土地の一部が減歩により減っただけの場合も、法律上は換地ということになる。

管理組合　区分所有法では、区分所有者は全員で、建物、敷地または附属施設の管理のために団体を構成すると規定されている。この団体を通常、管理組合と称している。

規制区域　国土利用計画法に基づき、都道府県知事が指定する区域で、土地取引が許可制になる。許可を受けないで行った土地取引は無効である。規制区域は、都市計画区域の場合は、土地の投機的取引が相当範囲にわたり集中して行われ、または行われるおそれがあり、地価が急激に上昇し、または上昇するおそれがあると認められる区域につき指定される。

既存借地権　旧借地法による借地権。1992年の借地借家法の施行後も、その規定の主要な部分はこの既存借地権には遡及しないため、現在、借地借家法による普通借地権および定期借地権とともに混在している。

北側斜線制限　第１種低層住居専用地域、第２種低層住居専用地域、田園住居地域第１種中高層住居専用地域および第２種中高層住居専用地域において、北側の隣地の日照条件等の悪化を防止するため北側の隣地境界線までの真北方向への距離に応じて建築物の高さの制限を行うことをいう。

規約共用部分　区分所有法では、専有部分の要件を満たす建物の部分や附属の建物については、規約で共用部分とすることができる。これを規約共用部分という。

近隣商業地域　用途地域の１つ。近隣の住宅地の住民のための店舗、事務所等の利便増進を図る地域をいう。

区分所有権　区分所有法に基づき、一棟の建物で構造上区分され、独立して利用可能な建物の部分は所有権の対象となり、その建物部分（専有部分）に成立する所有権のことをいう。

区分所有建物　区分所有されている建物で、その一棟の建物を区分所有建物という。

区分所有法　「建物の区分所有等に関する法律」の略称。１棟の建物において、構造上、利用上の独立性を有する各部分について、所有権を認めるものである。その所有権を区分所有権といい、区分所有権の対象になる建物の部分を専有部分という。また、区分所有権を有する者を区分所有者という。

建築基準法　建築物の敷地、構造、設備および用途に関して構造上、防火上または衛生上の安全性の確保ならびに良好な集団的建築環境の確保のために最低限度の基準を定めた法律。

建築制限　都市計画法や土地区画整理法等の行政法規により、それぞれの目的に応じて建築物等の建築の制限が定められている。

建蔽率　建築面積の敷地面積に対する割合。この数値により敷地内にとるべき空地の割合が定められる。

工業専用地域　用途地域の１つ。工業の利便を増進するための地域をいう。

工業地域　用途地域の１つ。主として工業の利便を増進するための地域をいう。

高度地区　用途地域内において市街地の環境を維持し、または土地利用の増進を図るため、建築物の高さの最高限度または最低限度を定める。

国土利用計画法　乱開発防止と地価の高騰を防止するために1974（昭和49）年に制定された法律。国土利用計画、土地利用基本計画、土地取引の許可制と届出制等および遊休土地に関する措置が定めれている。

債権　債権者が債務者に対して一定の行為を要求できる権利をいう。債権はさまざまな種類の約束を定めることができるが、当事者間のみで有効である。→物権

先取特権　法定された一定の債権に認められる権利で、債務者の一定の財産から優先して弁済を受ける権利。

市街化区域　既に市街地を形成している区域およびおおむね10年以内に優先的かつ計画的に市街化を図るべき区域をいう。

市街化調整区域　市街化を抑制すべき区域をいう。

事業用借地権　定期借地権のうち、事業用建物の所有を目的に、存続期間を10年以上30年未満とするものをいう。契約の方法は公正証書に限られ、建物買取請求権はない。

事業用定期借地権　定期借地権のうち、事業用建物の所有を目的に、存続期間を30年以上50年未満とするものをいう。契約は必ず公正証書によらなければならない。

自己借地権　借地権を設定する場合、他の者と共同で借地権者となるときに限り、借地人設定者が自らその借地権者となることができる。借地借家法により創設された。

事後届出制度　国土利用計画法による規制区域、監視区域および注視区域以外の区域における土地取引に関する届出制度をいう。一定規模以上の土地売買等について、買主は契約締結後その対価の額や利用目的等について都道府県知事に届出を要する。

事前届出制度　国土利用計画法により指定された監視区域および注視区域内における土地取引に関する届出制度をいう。監視区域においては都道府県知事が定める面積以上、注視区域においては一定規模以上の土地売買等について、両当事者は契約締結前に予定対価および利用目的等について都道府県知事に届出を要する。

借地権　建物の所有を目的とする地上権または土地の賃借権。借地権の定義は、旧借地法においても同様であった。地上権は、土地の賃借権と比べ、譲渡、転貸につき土地所有者の承諾を要することなく、また登記請求権が認められるなど、土地所有者にとって不利益な点があるため、借地権のほとんどが土地の賃借権である。

借地権者　借地権を有する者。借地人のこと。

借地権設定者　借地権者に対して借地権を設定している者。地主または底地の所有者のこと。

借地借家法　社会、経済情勢に対応するため、1991年に借地法、借家法、建物保護に関する法律を統合して借地借家法として制定された。施行日は1992年８月１日であるが、施行日前に成立した借地、借家関係にはほとんどの部分の適用がなく、それらの借地借家関係には依然として旧法が適用されている。

借賃増減請求権　借地借家法により、建物に関する賃料が土地建物の価格の増減や経済事情の変動により、近隣の同種の建物の賃料に比較して不相当となったときは、契約の条件にかかわらず当事者は将来に向かって賃料の増減を請求できる。

借家権　建物の賃貸借における賃借人の権利。旧借家法や借地借家法の適用を受ける建物の賃借権については、正当事由制度をはじめとして法により強い保護が与えられている。

集団規制　建築基準法第3章の規定で、原則として都市計画区域および準都市計画区域内で適用される。都市計画的な制限で地域や道路等の条件によりその地域全体の建築物やその敷地に関する制限を定める。

14条地図　不動産登記法14条では、土地の位置、区画を明らかにする地図および建物所在図を登記所に備えておくこととしている。前者の地図を一般に14条地図と呼んでいる。この地図は基準点を基礎として測量された精度の高いものである。

準工業地域　用途地域の1つ。環境の悪化をもたらすおそれのない工業の利便を増進するための地域をいう。

準住居地域　用途地域の1つ。自動車関連施設等とこれと調和した住居の環境を守るための地域をいう。

準都市計画区域　都市計画区域外の区域のうち、そのまま土地利用を整序することなく放置すれば、将来における都市としての整備、開発および保全に支障が生じるおそれのある区域をいう。都市計画法に基づき、都道府県が指定することができる。

商業地域　用途地域の1つ。店舗、事務所など商業その他の業務の利便の増進を図る地域をいう。

新都市基盤整備法　人口集中の著しい大都市の周辺地域で新都市を建設し、大都市の人口集中と宅地需給の緩和を図ることを目的とする法律。新都市基盤整備事業は都市計画法の市街地開発事業の1つである。

生産緑地法　農林漁業との調整を図りつつ、良好な都市環境の形成を行うことを目的として、生産緑地地区に関する都市計画に関して必要な事項を定めた法律。市街化区域内の農地等について一定の要件を満たすものは都市計画で生産緑地地区の指定を受けられる。

線引き　都市計画法に基づき都道府県知事が指定する都市計画区域について、市街化区域と市街化調整区域に区分すること。なお、線引きを行わないと決めた都市計画区域を非線引都市計画区域という。

占有権　占有している物について事実的支配に基づき認められる権利。

第1種住居地域　用途地域の1つ。住居の環境を守るための地域をいう。大規模な店舗、事務所の立地を制限する。

第１種中高層住居専用地域　用途地域の１つ。中高層住宅の良好な環境を守るための地域をいう。

第１種低層住居専用地域　用途地域の１つ。低層住宅の良好な環境を守るための地域をいう。

耐火建築物　建物の主要構造部が耐火性能を満たし、かつ延焼の恐れのある開口部にも火災を遮る設備を有する建築物。火災によっても建物が焼失、倒壊しない構造をいう。

第２種住居地域　用途地域の１つ。主として住居の環境を守るための地域をいう。

第２種中高層住居専用地域　用途地域の１つ。主として中高層住宅の良好な環境を守るための地域をいう。

第２種低層住居専用地域　用途地域の１つ。主として低層住宅の良好な環境を守るための地域をいう。小規模な店舗の立地を認める。

宅地建物取引業法　宅地建物取引業を営む者について免許制とし、必要な規制を行うことにより、業務の適正な運営と取引の公正を確保するための法律、宅地建物取引業の健全な発展を促進することをもって、購入者等の利益の保護と宅地建物の流通の円滑化を図ることを目的としている。

建替えの決議（区分所有建物）　区分所有法においては、集会の決議により建物の建替えを行うことができる。建替え決議は区分所有者および議決権の各５分の４以上の賛成で決しなければならない。

建物譲渡特約付借地権　定期借地権のうち、存続期間が30年以上のもので、期間経過後に建物を相当の対価で譲渡する特約を付加したもの。

単体規制　建築基準法第２章の規定で個々の建築物の安全上、防火上および衛生上必要な最低限度の技術的基準を定める。原則として全国一律に適用される。

地域地区　都市計画区域内において住居、商業、工業その他の建築物の用途等の土地利用の制限を定める地区または街区。都市施設や市街地開発事業が積極的な事業化により都市計画の目的を実現するのに対し、建築等の制限や誘導により都市計画の実現を図るものである。

地役権　自己の土地の便益のために他人の土地を使用する権利。

地区計画　建築物の建築形態、公共施設その他の施設の配置等からみて、一体としてそれぞれの区域の特性にふさわしい態様を備えた良好な環境の各街区を整備および保全するために定める計画。

注視区域　地価が一定の期間内に社会的経済的事情の変動に照らして相当な程度を超えて上昇し、または上昇するおそれがあり、それによって適正かつ合理的な土地利用の確保に支障を生ずるおそれがあると認められる区域（規制区域、監視区域を除く）において、国土利用計画法に基づき、都道府県知事が、5年以内の期間を定めて指定する区域。注視区域においては、一定規模以上の土地につき売買契約等を行おうとする場合は、事前に価格および利用目的を知事に届け出なければならない。

定期借地権　借地借家法により創設された契約の更新をしない借地権である。一般定期借地権、建物譲渡特約付借地権、事業用定期借地権、事業用借地権がある。

田園住居地域　用途地域の1つ。農業の利便を図りつつ、これと調和した低層住宅にかかる良好な住居の環境を保護するために定める地域をいう。

道路斜線制限　道路の開放性や採光、通風等を確保し、沿道の建築物の形態を整える目的で、建築物の各部分の高さを前面道路の反対側から敷地に向かって一定の角度により引いた斜線内に納めることを定める制限をいう。全用途地域および用途地域の指定のない区域が対象。

道路法　道路網の整備を図るために、路線の指定や認定および管理、保全等について定めた法律。道路法による道路とは、一般交通の用に供する道で、高速自動車国道、一般国道、都道府県道、市町村道をいう。

都市計画　都市計画法に基づき定められた都市計画。市街化区域・市街化調整区域・準都市計画区域・地域地区・促進区域・遊休土地転換利用促進地区・被災市街地復興推進地域・都市施設・市街地開発事業・市街地開発事業等予定区域・地区計画・開発許可制度等がある。

都市計画区域　都市計画法に基づき、都道府県知事が指定して都市計画を定めることのできる区域をいう。

都市計画図　都市計画による市街化区域・市街化調整区域や用途地域等の指定状況や建蔽率・容積率、防火地域指定等の都市計画内容を地図上に落とし込んだものをいう。

都市計画法　計画的な街づくりのための基本法。都市計画法の都市計画に基づき土地利用の規制や、建築規制、都市基盤整備の事業などが実施される。

都市再開発法　都市における土地の合理的かつ健全な高度利用と都市機能の更新を図ることを目的として定められた法律。市街地再開発事業により既成市街地の再開発を行うもので、第一種市街地再開発事業と第二種市街地再開発事業がある。第一種市街地再開発事業は、権利変換方式（従前の土地、建物の権利を新しく建設される建物の床の権利に変換するもので、立体型土地区画整理といわれる）で行い、第二種市街地再開発事業は、全面買収方式により行われる。

都市施設　道路、公園、水道、ガス供給施設などの都市の基盤となる施設をいう。

土壌汚染対策法　土壌汚染の状況の把握、土壌汚染による健康被害の発生を防止する目的とする法律で、2003年に施行され、その後、大幅な改正がされた。土壌汚染状況調査の結果、汚染の除去等の措置が必要な区域を「要措置区域」、汚染されていることから土地の形質変更時に届出を要する区域を「形質変更時要届出区域」に指定し、汚染地を管理することにした。

土地基本法　1989年に成立した法律。土地政策の基本的理念、基本方針等を定めている。①土地所有者の利用の責務、②土地利用についての公共の福祉の優先、③土地の計画的利用、④開発利益の社会還元、⑤土地の利用と受益に応ずる公平な負担を考えの基本としている。

土地区画整理法　土地区画整理事業に関して定めた法律。土地区画整理事業とは都市計画区域内の土地について、公共施設の整備改善および宅地の利用増進を図るために行われる土地の区画形質の変更および公共施設の新設､変更に関する事業である｡具体的には、施行区域内の各筆の土地から同じ割合で土地を供出（減歩）させて、道路の拡幅や公共施設の用地を確保するとともに、従前の土地を別の位置に移す（換地）ことにより街区の整備を行う。従前の各土地は減歩されても、整備された土地に換地されることにより、その価値において従前の土地と変更がないことで調整されている。

日影規制　中高層建築物による日影の時間を制限することにより、住宅地における日照条件の悪化を防止することを目的として定められた制限。規制される区域と時間は建築基準法の定める範囲で地方公共団体の条例により規定される。

農業委員会　農業生産力の発展および農業経営の合理化を図り、農民の地位の向上に寄与することを目的として、地方自治法により市町村に設置されている行政委員会の一種をいう。

農地法　農地は耕作者自らが所有することを最も適当であるとして、耕作者の農地の取得の促進およびその権利の保護等をすることにより、耕作者の地位の安定と農業生産力の増進を図ることを目的とする法律。農地および採草放牧地の権利移動および転用についての規制を定める。

非線引き区域　都市計画区域で、市街化区域、市街化調整区域の区分を行わない都市計画区域。

普通借地権　借地借家法による更新のできる借地権。旧借地法による既存借地権に比べ、正当事由の明確化などが図られた。

復旧（区分所有建物）　区分所有法においては滅失した建物の共用部分や専有部分を元に戻す場合をいう。建物価格の２分の１を超える共用部分の復旧には集会の特別決議（区分所有者および議決権の各４分の３以上の賛成）を要する。

物権　物に対して直接的かつ排他的に支配して利益を受ける権利をいう。民法では、所有権、占有権、地上権、永小作権、地役権、入会権、留置権、先取特権、質権、抵当権の10種類を規定している。物権は当事者間で自由に作り出すことはできない。これを物権法定主義という。→債権

不動産　土地およびその定着物を不動産とする（民法86条）。定着物とは建物、立木、門、塀などを指し、取引上土地とは別個のものとされる。

不動産登記法　登記すべき不動産に関する諸権利と登記情報記録（登記簿）制度および登記手続などを規定する法律。この法律の規定による登記をすることにより、不動産の権利関係を明確にし取引の安全を図ることができる。ただし、登記に公信力はない。2004年（施行は2005年）、従前の不動産登記法が大改正され（改正不動産登記法）、登記記録は、電磁的記録（コンピュータによる情報処理に供されるもの）として作成されることになった。

不動産特定共同事業法　不動産特定共同事業を営む者について許可制とし、その業務の適正な運営を確保することにより事業参加者の損害の防止と利益の確保ならびに不動産特定共同事業の健全な発達を目的とする法律。不動産特定共同事業とは不動産特定共同事業契約（匿名組合方式による利益の分配、任意組合方式による収益の分配、共有不動産の賃貸等による収益の分配その他）に基づき営まれる不動産取引から生ずる収益または利益の分配を行う行為等をいう。

防火地域　地域地区の１つ。建物の耐火構造についての規制を定める地域をいう。該当地域内における一定の建築物は耐火建築物にしなければならない。なお、防火地域より緩やかだが、建築物の規模に応じて一定の防火措置を講じなければならない地域として、準防火地域がある。

法定共用部分　専有部分に通じる廊下や階段または建物の屋根、外壁などの構造部分は、法律上、当然に区分所有者の共用に供する部分である。規約共用部分と区別するためにこれを法定共用部分という。

マンション管理適正化法　2001年８月施行の「マンションの管理の適正化の推進に関する法律」の略称。マンションにおける良好な居住環境の確保を図ることを目的とする。

民法　不動産を含むすべての権利義務や取引についての基本法（1896（明治29）年制定）。その内容は、総則、物権、債権、親族、相続について規定している。なお、2020年４月１日施行の改正民法では、債権関係の規定が見直され、不動産取引関連では危険負担や瑕疵担保責任等について、変更がなされた。

遊休土地転換利用促進地区　都市計画で定められるものの１つ。市街化区域内の低・未利用の状態にある土地について、効果的

に土地利用転換を図り、有効かつ適切な利用に供されることを促進し、周辺地域と一体となった良好な市街地形成と都市機能の増進を図ることを目的として設けられた。

容積率　建築物の延べ面積の敷地面積に対する割合。用途地域の種別および前面道路の幅員によりその最高限度が制限される。

用途制限　都市計画で用途地域が指定されている場合、建築基準法で用途地域ごとに建築可能な建築物が制限されることをいう。

用途地域　地域地区における地域の１つ。都市における建築物の用途の無秩序な混在を防ぐため、用途に応じて13種類の地域を定めている。第１種低層住居専用地域、第２種低層住居専用地域、第１種中高層住居専用地域、第２種中高層住居専用地域、第１種住居地域、第２種住居地域、準住居地域、田園住居地域、近隣商業地域、商業地域、準工業地域、工業地域、工業専用地域である。

隣地斜線制限　隣地境界付近の高層化により採光や通風を阻害されることを緩和するため、隣地境界線からの距離に応じて建築物の高さを制限することをいう。第一種低層住居専用地域、第二種低層住居専用地域および田園住居地域を除く地域が対象。

連担建築物設計制度　複数の建物敷地を１つの敷地とみなす制度。一団の土地の区域内において、各建築物の位置および構造が安全上、防災上、衛生上支障がないと特定行政庁が認めるものについて、複数建築物が同一敷地内にあるものとみなし、建築規制が適用される制度。容積率、建蔽率等は複数建築物を単位として計算する。

第３節　不動産に関する税金

印紙税　契約書その他の課税文書を作成した場合に、その文書に原則として印紙を貼付し、消印する方法で納付する国税をいう。

買換特例　資産の譲渡にあたり一定の条件に従って他の資産に買い換えた場合、資産の譲渡に対する課税の全部または一部を繰り延べられる（その譲渡にかかる譲渡益を圧縮して、その時点では課税を行わない）制度をいう。

概算取得費　譲渡所得における土地、建物等の取得費の計算については、総収入金額の５％相当額を取得費として差し支えないことになっている。これを概算取得費という。なお、実際の取得費がその５％相当額より多いことが証明されたときは、その証明された額による。

固定資産税　土地、家屋および償却資産に対して、その所有者に課税する市町村税をいう。固定資産税の納税義務者は、毎年１月１日（賦課期日という）現在において、固定資産課税台帳に所有者として登録されている者である。固定資産税の課税標準は原則として固定資産税評価額であり、３年に１度評価替えが行われ、その価格が３年間据え置かれる。住宅用地や一定の新築住宅に対して課税の特例がある。

固定資産税・都市計画税納税通知書　固定資産税・都市計画税の納税義務者に送付される納税通知をいう。

固定資産税評価額　固定資産税の課税標準として固定資産課税台帳に登録されている固定資産の価格をいう。固定資産の価格は固定資産評価基準により市町村長が決定する。この価格は基準年度（３年に１度評価替えを行う。2018年度、2021年度は評価替えの年に該当）ごとに評価する。

登録免許税　登記または登録の許認可等を受ける場合に、国に納付する税をいう。不動産の登記の場合の課税標準は時価であるが、実務上は固定資産課税台帳に登録された価格によることとしている。登録価格のないものについては、登記官が認定した価格とする。

都市計画税　都市計画事業または土地区画整理事業にかかる費用に充てるために、原則として市街化区域内の土地または家屋の所有者に課税される市町村税をいう。納税義務者、課税標準等は固定資産税と同様であり、原則として固定資産税と合わせて賦課徴収される。

倍率方式　相続税路線価の定められていない地域において、宅地の相続財産評価額を算出するとき、固定資産税評価額に国税局長がその地域の実情に即して定める倍率を乗じて計算した金額によって評価する方式。

負担水準　土地の固定資産税については税負担の急増を避けるための措置が講じられてきたが、地価が下落するなかで税負担が上昇することとなっていたため、1997年度の評価替えに際して、負担水準という考え方を導入された。負担水準の高い土地については税負担を抑制し、負担水準の均衡化を図っている。負担水準とは、当年本則評価額に対する前年課税標準額の割合をいう。

負担調整措置　３年に１度の固定資産税評価額の評価替えに伴う税負担の急増を避けるため、税負担の調整措置として課税標準額が一定以上にならないような措置が講じられている。

不動産取得税　土地や建物を取得した者に対して課税される道府県税（都税）をいう。不動産取得税の納税義務者は土地や建物を取得した者で、法人、個人を問わない。不動産の取得とは不動産の所有権を現実に取得することをいい、有償か無償かを問わない。また、その原因も売買、交換はもちろん建築（増築、改築を含む）も取得とされる。ただし、相続・遺贈・合併・信託など形式的な移転による取得は除かれる。不動産の取得の時期は、契約内容その他から判断して現実に所有権を取得したと認められる日とされ、登記の有無は関係がない。不動産取得税の課税標準は、不動産の取得時における時価であるが、固定資産課税台帳に登録された価格とされている。

路線価（相続税）　各路線（道路）に付された土地の価格（単価）。1 m^2 当たり千円単位で表示される。財産評価基本通達で定められた宅地の評価方法によれば、路線価方式の地域においては、この路線価をもとに各宅地の相続財産評価額を算出することとされている。

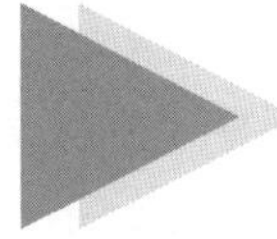

第７章 相続・事業承継

遺言　法律上は「いごん」と読む。人の死亡後において、その人の意思を実現するための法律行為をいい、その人の死亡とともに法律効果が生じる。なお、遺言能力は満15歳以上の者がもつ。その方式には、自筆証書遺言、公正証書遺言、秘密証書遺言などがある。

遺産分割　相続人が複数いる場合、相続開始とともに、相続財産はこれら相続人の共有に属することになる。このような共有の状態から、相続分に従い、具体的に相続財産の帰属を決定する行為を遺産分割という。その方法には、現物分割、換価分割、代償分割がある。

遺贈　遺言による財産の無償贈与をいう。遺贈には、遺産全体に対する割合を指示する包括遺贈と特定の目的物を指示する特定遺贈がある。また、この場合、財産を与えた者を遺贈者、財産を与えられた者を受遺者という。

遺留分　兄弟姉妹以外の相続人が相続に際して保障されている遺産の一部、言い換えれば相続人に残すべき最小限の相続分をいう。この遺留分は被相続人の行う贈与や遺贈に優先する。遺留分は、直系尊属のみが相続人の場合は相続財産の３分の１、その他の場合は相続財産の２分の１になる。

遺留分侵害額請求権　遺留分を超えて贈与・遺贈がなされた場合、その贈与・遺贈が当然に無効になるわけではない。遺留分がある相続人は、その遺留分の範囲内で、金銭の支払を請求することができる。これを遺留分侵害額請求権という。ただし、相続開始および遺留分を侵害する贈与・遺贈があったことを知った日から１年、また、これを知らなくても、相続開始の時から10年以内に権利行使をしないと、時効により遺留分侵害額請求権は消滅する。なお、この制度は、民法改正により従来の「遺留分減殺請求権」が改められたものであり、2019年７月１日以降に開始した相続に適用される。

遺留分に関する民法特例　「中小企業における経営の承継の円滑化に関する法律」により、後継者が先代経営者から贈与により取得した自社株について、先代経営者の推定相続人の全員の合意を前提として設けられた特例制度である。当該合意には、生前贈与された自社株については遺留分算定基礎財産に算入しないこととする合意（除外合意）や、生前贈与された自社株については合意（贈与）した時点の評価額とし、株価上昇金額については遺留分算定基礎財産に算入しないこととする合意（固定合意）がある。

延納（相続税）　相続税の納期限を延長して分割納付する制度をいう。相続した財産の大半が土地、家屋等の不動産で、納税資金が準備できず、申告期限までに全額を金銭で納付することができないような場合に認められる。この場合には、一定の年利率の利子税が課税される。

延納（贈与税）　相続税と同様、金銭で一時に納付することが困難な場合、一定の条件のもとに延納が認められている。この場合には一定の年利率の利子税が課税される。なお、贈与税では物納は認められていない。

奥行価格補正率　宅地の評価を行う際に、奥行きがあまりにもある土地や奥行きがあまりにもない土地は売却する場合の価格が下がることが考えられるため、奥行価格補正率によりその調整が行われる。

外国税額控除　相続などにより外国にある財産を取得した者で、その外国にある財産について、外国の相続税に相当する税金が課されている場合、その金額を日本の相続税から控除できる。

会社規模　取引相場のない株式の評価における会社規模の判定は、会社の規模をその会社の従業員数、直前期末以前１年間の売上高、従業員数を加味した総資産価額（帳簿価額）により大会社、中会社（大・中・小)、小会社に区分する。

家屋の評価　家屋の評価は、家屋を１棟ごとにその付されている固定資産税評価額で評価する。一般的に固定資産税評価額は建築コストの５割から６割程度といわれている。評価額は、「その家屋の固定資産税評価額×1.0」で求められる。

貸宅地　宅地を人に賃貸し、借地権が設定されている土地を「貸宅地」という。財産評価において、貸宅地の評価額は、「自用地としての評価額×（１－借地権割合）」で求められる。

貸家建付地　土地所有者が、アパート、貸家、テナントビル等を建築し、その家屋を賃貸している場合、このアパート等の敷地を「貸家建付地」という。財産評価において、貸家建付地の評価額は、「自用地としての評価額×（１－借地権割合×借家権割合×賃貸割合)」で求められる。

貸家の評価　家屋の評価は、家屋を１棟ごとにその付されている固定資産税評価額で評価するが、家屋を賃貸している場合、自用家屋の評価額から借家権の価額を控除して評価する。評価額は、「その家屋の固定資産税評価額×（１－借家権割合×賃貸割合)」で求められる。

課税遺産総額　各人の課税価格を合計し、そこから「基礎控除額」を控除した金額（税率を乗じる基礎になる金額）をいう。

課税価格　相続税を計算する場合の基礎になる金額であり、その者が相続または遺贈によって取得した財産の価格の合計額から、その者が受け継いだ被相続人の債務または負担した被相続人の葬式費用の合計額を差し引いて、これにさらに相続開始前３年以内の贈与財産の価格や相続時精算課税制度による贈与財産の価格を足したものが各相続人等の課税価格になる。

株式等保有特定会社　総資産価額（相続税評価額）のうちに株式・出資の価額（相続税評価額）の保有割合が50％以上の会社をいう。株式等保有特定会社の株式は、原則として純資産価額方式のみにより評価する。

換価分割　相続人のうち１人または数人が相続により取得した財産の全部または一部を売却処分し、その代金を分割する方法をいう。

基礎控除額（相続税）　相続税を計算する際、各人の課税価格を合計した後、そこから基礎控除額を控除する。遺産に係る基礎控除額は、「3000万円＋600万円×法定相続人の数」で求められる。

基礎控除額（贈与税）　贈与税について暦年課税を選択した場合、一年間の受贈財産の合計額から基礎控除額として110万円を控除することができる。

居住制限納税義務者　被相続人が一時居住被相続人（相続開始時において日本国内に住所がありその相続開始前15年以内に日本国内に住所があった期間が10年以下の被相続人）または非居住被相続人（相続開始時において日本国内に住所がない一定の被相続人）に該当する場合でその相続により財産を取得したときにおいて在留資格および日本国内の住所を有し、その相続開始前15年以内に日本国内の住所があった期間が10年以下の相続人等をいう。

居住無制限納税義務者　財産取得時に、日本国内に住所がある納税義務者をいう。居住無制限納税義務者は、国内のみならず国外にある取得財産も課税財産とされる。

寄与分　遺産分割における相続人間の実質的な公平を実現するために、被相続人の事業に関する労務の提供、被相続人の療養看護等の方法で被相続人の財産の維持または増加につき特別な貢献があった者を特別寄与者として、法定相続分以外の特別の取り分を与えることをいう。なお、民法改正に伴い、2019年７月１日より「特別の寄与」という制度が設けられ、相続人以外の親族であっても、無償で被相続人の財産の維持または増加について特別の寄与をした者にあたる場合には、相続人に対して寄与に応じた額の金銭の支払を請求することができることとされた。

欠格　相続の欠格とは、その者の本来有する相続権が剥奪されることをいう。次の者は欠格事由に該当し相続権が剥奪される。①故意に被相続人・先順位の相続人を死亡させ、または死亡させようとしたため刑に処せられた者、②被相続人の殺害されたことを知って、これを告発せずまたは告訴しなかった者（ただし、その者に是非の弁別がないとき、または殺害者が自己の配偶者・直系血族であったときはこの限りでない)、③詐欺または脅迫によって、被相続人が相続に関する遺言をし、これを取り消し、または変更することを妨げた者、④詐欺または脅迫によって、被相続人に相続に関する遺言をさせ、これを取り消し、または変更させた者、⑤相続に関する被相続人の遺言を偽造し、変造し、破棄し、または隠匿した者。

原則的評価方式　取引相場のない株式の評価方式の1つ。評価会社に同族株主がいる場合で、株式の取得者(同族関係者を含む)が同族株主に該当するときは、原則的評価方式により評価し、同族株主でないときは特例的評価方式（配当還元方式）により評価する。評価会社に同族株主がいない場合で、株式の取得者（同族関係者を含む）の所有する株式の持株割合が15%以上になる株主グループに属するときは、原則的評価方式により評価し、そのグループに属さないときは特例的評価方式(配当還元方式)により評価する。

限定承認　相続により取得した積極財産を限度として、被相続人の消極財産を受け継ぐこと。どうしても受け継ぎたい特定の財産がある場合などに利用される。ただし、相続人が数人いるときは、全員が共同してでなければ限定承認はできない。なお、限定承認をする場合は、相続の開始があったことを知った日から3カ月以内に家庭裁判所に財産目録を提出して、限定承認をする旨を申述する必要がある。

検認　遺言者が亡くなったとき、遺言書の保管者または発見した相続人は、これを家庭裁判所に提出し検認の手続を受けなければならない。検認とは、相続人に対し遺言の存在及びその内容を知らせるとともに、遺言書の形状、加除訂正の状態、日付、署名など検認の日現在における遺言書の内容を明確にして遺言書の偽造・変造を防止するための手続をいう。

現物分割　土地・家屋は長男Aに、現金は二男Bにというように、個々の財産を現物のまま相続分に応じて分割する方法をいう。

公正証書遺言　遺言方式の1つ。遺言者が口述し、公証人がそれを筆記して作成される遺言で、証人2人以上の立会いが必要であり、公証役場に保管される。公証人に作成してもらうための費用が必要だが、確実性の高い遺言であり、家庭裁判所の検認も不要である。

財産評価基本通達　相続税法では、相続、遺贈または贈与により取得した財産の価額は、特別の定めのあるものを除くほか、その財産の取得時の時価による旨定めている。財産評価基本通達は、この規定を受けて、国税庁が、相続税および贈与税の課税財産の評価の基準を定めたものである。課税の公平を図るため、また評価の安全性を保つために、財産の種類ごとに評価方法が定められている。

債務控除　被相続人に債務（消極財産）が存在する場合、相続人が相続放棄等をしない限り、財産（積極財産）とともにその債務（消極財産）も承継することになる。この場合、積極財産から消極財産を差し引いた正味財産に対して相続税が課税されることになる。したがって、課税価格を算出する際に一定の債務については控除する必要が生じる。また、葬式費用は本来的には被相続人の債務ではないが、債務と同様に課税価格の計算上控除することができる。

債務免除益　個人が個人債権者から債務の免除を受けた場合の債務免除相当額は、原則として贈与による取得財産とみなされて贈与税が課税される。ただし、債務者の資力喪失により債務を弁済することが困難な場合で、免除を受けたときもしくは扶養義務者により債務の引受け、弁済がなされたときは、その債務を弁済することが困難である部分の金額については贈与税は課せられない。

３年以内の生前贈与加算　相続や遺贈で財産を取得した者が、その相続開始前３年以内に被相続人から贈与により取得した財産があるときは、相続税の課税価格にその贈与により取得した財産の価格を加算する。その場合、加算する贈与財産の価格は、贈与により取得した時点の時価になる。ただし、贈与税の配偶者控除を受けた部分については加算しない。

死因贈与　贈与者の死亡により効力を生ずる一種の停止条件付の贈与契約をいう。遺贈が単独行為であるのに対し死因贈与は双務契約である。ただし、死因贈与の効力については遺贈の効力に関する規定が準用される。相続税法においては、死因贈与により財産を取得した場合、遺贈により財産を取得した場合とまったく同じ取扱いをしており、すべて相続税の課税対象とし、贈与税の課税対象とはしないこととしている。

失踪宣告　７年以上（普通失踪）あるいは船舶沈没や震災などの危難の後１年以上（危難失踪）の生死不明者について、家庭裁判所は、申立てにより失踪宣告をすることができる。失踪宣告により、生死不明者を法律上死亡したものとみなす効果が生じる。

指定相続分　法定相続分にかかわらず、被相続人は、遺言をもって相続分を定めることもできる。また、これを定めることを第三者に委託することもできる。このようにあらかじめ指定された相続分を指定相続分という。

自筆証書遺言　遺言方式の１つ。遺言者が、その全文、日付および氏名を自署し、これに押印する遺言方式である。これは、遺言者が自分で全文を書かなければならず、ワープロなどで作られたものは無効である。ただし、民法改正により自筆証書遺言の方式が緩和され、2019年１月13日以降、財産目録については、自筆でない方法（パソコン等で作成した目録の添付、銀行通帳のコピーや登記事項証明書等を目録として添付など）による作成ができるようになった。また、2020年７月10日に開始した自筆証書遺言書保管制度により法務局で保管されている遺言については、家庭裁判所の検認は不要である。

借地権の評価　宅地の賃借に際し、借地権が設定されている場合には、その宅地を賃借している者（借地人）は登記の有無を問わず借地権という財産を所有することになる。財産評価においては、借地権の評価額は、自用地としての評価額×借地権割合で求められる。

借地権割合　借地権の価額は、その目的となっている宅地の評価額に一定の割合を乗じて計算する。この一定の割合のことを借地権割合といい、各国税局より発表され、路線価図や倍率表に表示される。

借家権割合　借家権の価額は、その目的となっている自用家屋の評価額に一定の割合を乗じて計算する。この一定の割合のことを借家権割合といい、通常30%である。

純資産価額方式　取引相場のない株式の評価方式の1つ。評価会社を清算したと仮定した場合において、株主にいくらの残余財産が分配されるかという帰属価値から株価を算定するものである。つまり、評価会社が所有する資産を相続税評価額で処分し、負債を清算し、清算法人税等（2016年4月1日以降は37%）を支払ったと仮定した場合の残額を求め、これを発行済株式総数で割って1株当たりの純資産価額を計算する。

障害者控除（相続税）　財産の取得者が障害者である場合、被相続人死亡後の生活保障等を考慮し、相続税額から一定額（85歳に達するまでの年数×10万円（特別障害者の場合は20万円））を控除することが認められている。

小規模宅地等の評価減の特例　被相続人等の事業または居住の用に供されていた宅地等のうち最小限必要な部分については、相続人等の生活基盤維持のため欠くことのできないものであり、かつ、その処分についても、相当の制約を受けることになる。そこで、本特例の適用を受ければ、個人が、相続または遺贈により取得した財産のうち、その相続の開始の直前において被相続人等の事業の用に供されていた宅地等または被相続人等の居住の用に供されていた宅地等のうち、一定の選択をしたもので限度面積までの部分（小規模宅地等）については、相続税の課税価格に算入すべき価額の計算上、一定の割合が減額される。たとえば、「特定居住用宅地等」であれば、限度面積330m^2までの部分につき減額割合80%である。なお、相続開始前3年以内に贈与により取得した宅地等や相続時精算課税に係る贈与により取得した宅地等については、この特例の適用を受けることはできない。

申告（相続税）　被相続人の死亡を知った日の翌日から10カ月以内に被相続人の住所地を所轄する税務署に、相続税の申告および納税をする。また、納税の特例(延納、物納）の申請手続も同日までに行う。

申告（贈与税）　贈与を受けた場合で、その年の1月1日から12月31日までの間に贈与された財産の合計額が基礎控除の110万円を超えるときは、贈与を受けた年の翌年２月１日から３月15日までの間に、その者の住所地を所轄する税務署に贈与税の申告書を提出し、贈与税を納税する。

生前贈与　生前における財産の贈与をいう。民法上、生前贈与は遺産の前渡しであると解し、遺産分割の際の計算はその価額を遺産の中に入れるとしている。相続税法上も同様の考え方にたち、相続または遺贈により財産を取得した者が相続開始前３年以内に被相続人から贈与により財産を取得した場合や相続時精算課税制度による贈与により財産を取得した場合、その財産の価額は相続税の課税価格に加算したうえ相続税を計算することとしている（生前贈与加算)。なお、贈与を受けた財産に課せられた贈与税については、相続税から控除する。

葬式費用　葬式費用には相続税の対象から控除することができるものがある。控除できるものは、葬式・埋葬・火葬・納骨の会葬にかかった費用、お寺へのお布施、戒名料、その他、通常葬式にかかる費用、死体の捜索・運搬費用などである。また、控除できないものは、香典返しの費用、墓碑などの買入費や借入金、法要費用、死体の解剖にかかった費用など。

相次相続控除　被相続人の死亡前10年以内に開始した相続により、今回の被相続人が財産を取得して相続税を納めている場合、その相続税のうち一定の金額を今回の相続税から控除できる。

相続　ある者（被相続人）が死亡した場合（相続開始の時）に、その者の財産を他の者（相続人）が受け継ぐことをいう。

相続時精算課税制度　高齢者の保有する資産を次世代に円滑に移転させるため、通常の贈与税の課税方式（暦年課税）に代えて適用を受けることができる制度。60歳以上の父母または祖父母が、20歳以上の者のうち、贈与者の推定相続人である子または孫に贈与し、一定の手続を行った場合には、特別控除額2500万円以内の贈与については贈与回数、贈与財産の種類に関係なく課税を行わず、特別控除額を超える部分については一律20％の贈与税を支払い、その後の相続時にその贈与財産と相続財産とを合計した価額により計算した相続税額から、既に支払った贈与税を控除し、控除しきれない金額は還付を受けることができる。

相続税　相続または遺贈により財産を取得した場合に課せられる税金をいう。ただし、各財産取得者ごとに計算した課税価格を合計し、課税価格の合計額が基礎控除額以下のときは相続税は課税されない。

相続税額の２割加算　父母および子（代襲相続人を含み養子となった孫を除く)、また配偶者以外の者が財産を相続する場合、算出税額に２割相当の税額の加算を行う。

相続税の総額　課税遺産総額を、法定相続分を使い各法定相続人ごとの取得金額に按分したうえで、それぞれに相続税の税率を乗じて税額を計算し、その税額を合計した金額をいう。

相続税評価額　相続税および贈与税を計算する際の基準となる金額のことをいう。たとえば、相続税法では課税価格に算入する土地の評価額は時価によることになっており、財産評価基本通達で具体的な評価方法を定めている。通達によれば、宅地については路線価方式の地域においては路線価により、それ以外の地域では固定資産税評価額に一定倍率を乗じて算出することとされている。

相続人　相続により無条件で財産を承継できる者をいい、被相続人と一定の身分関係にある者に制限される。

相続分　各相続人の財産を承継する割合をいう。この相続分には、①法定相続分、②代襲相続分、③指定相続分、④特別受益者の相続分、⑤寄与分がある場合の相続分がある。

贈与　個人が個人から財産の贈与を受けた場合、財産の贈与を受けた個人に贈与税がかかる。贈与税は財産の贈与を受けた場合に限らず、①借金を免除や肩代わりしてもらった場合、②著しく低い金額で財産を購入した場合、③保険料を自分以外の人が負担していた生命保険の満期金をもらった場合、④保険料を被相続人・自分以外の人が負担していた生命保険の死亡保険金をもらった場合、⑤その他の経済的な利益を受けた場合なども贈与として扱われ、贈与税が課税される。

贈与税　個人が個人から財産の贈与を受けた場合、財産の贈与を受けた個人に課せられる税金をいう。贈与税は相続税の補完税といわれる。被相続人が財産を生前に贈与してしまうことによる相続税の減少分を確保するために贈与税が課税されるからである。

贈与税額控除　相続開始前３年以内に贈与があった場合や相続時精算課税制度の適用があった場合は、その贈与により取得した財産の価格を相続税の課税価格に加算するが、これに伴う贈与税と相続税の二重課税を排除するための制度である。相続税額から、相続税の課税価格に算入された贈与財産の価額に対応する贈与税額を控除することができる。

代襲相続人　相続人たる子および兄弟姉妹が既に死亡していたり、また相続人の欠格や相続人の廃除により相続権を失った場合、その者の子が代襲相続人になる。ただし、相続人となる権利を放棄した場合には、代襲相続は認められない。

代襲相続分　子または兄弟姉妹が相続人になる場合で、その相続人になるべき子または兄弟姉妹が相続の開始以前に死亡したときは、その直系卑属（兄弟姉妹の場合はその子）が相続人となるべき子、兄弟姉妹に代襲して相続人になるが、この代襲相続人の法定相続分を代襲相続分という。代襲相続分は代襲されるべき者が受けるべきであった相続分と同じになる。

代償分割　相続人のうち1人または数人が遺産の全部または大部分を相続により取得し、その相続分などを超える部分について、他の相続人に対してその者が自己の固有財産で支払う方法をいう。

単純承認　被相続人の持っていた積極財産も消極財産も無制限に受け継ぐことをいう。

嫡出子　正式な婚姻関係にある夫婦間に産まれた子をいう。

中心的株主　同族株主のいない会社の株主で、課税時期において持株割合が15％以上のグループのうち、単独で10％以上を所有する株主をいう。

中心的同族株主　同族株主のいる会社の株主で、課税時期において本人、配偶者、直系血族、兄弟姉妹、一親等の姻族、特殊関係のある法人（上記の親族が発行済株式数の25％以上所有する法人）の所有する株式の合計が発行済株式数の25％以上である場合のその株主をいう。

直系尊属から教育資金の一括贈与を受けた場合の贈与税の非課税　2013年4月1日から2023年3月31日までの間に、30歳未満の受贈者（子、孫、ひ孫など（2019年4月1日以後の贈与について、受贈者の贈与年の前年の合計所得金額が1000万円を超えるときは適用不可））の教育資金に充てるために、その直系尊属（曽祖父母、祖父母、父母など）が金銭等を一定の金融機関に信託等をした場合には、拠出額のうち受贈者1人につき1500万円（学校等以外に支払う金銭については500万円を限度）までの金額に相当する部分の価額について贈与税が非課税となる。学校等以外に支払う金銭とは、学習塾、スイミングスクール等の校外活動にかかる費用で、社会通念上相当と認められるものとされる。

直系尊属から結婚・子育て資金の一括贈与を受けた場合の贈与税の非課税　2015年4月1日から2023年3月31日までの間に、20歳（2022年4月1日以後の贈与については18歳）以上50歳未満の受贈者（2019年4月1日以後の贈与について、受贈者の贈与年の前年の合計所得金額が1000万円を超えるときは適用不可）の結婚・子育て資金に充てるために、その直系尊属である父母や祖父母が金銭等を一定の金融機関に信託等をした場合には、受贈者1人につき1000万円（結婚関係は300万円）までの金額について贈与税が非課税となる。

直系尊属から住宅取得等資金の贈与を受けた場合の贈与税の非課税　2015年1月1日から2021年12月31日までの間に、父母や祖父母などの直系尊属から住宅取得等資金の贈与を受けた20歳以上の受贈者（その年の合計所得金額が2000万円以下）が、贈与を受けた年の翌年3月15日までにその住宅取得等資金を自己の居住の用に供する一定の家屋の新築もしくは取得または一定の増改築等の対価に充てて、その家屋を同日までに自己の居住の用に供したとき、または同日以後遅滞なく自己の居住の用に供することが確実であると見込まれるときは、住宅取得等資金のうち一定金額（家屋の構造や取得契約の締結時期によって異なる）について贈与税が非課税となる。

賃貸割合　貸家および貸家建付地はその処分や利用に制限があるため、財産評価をする際、貸家については「借家権割合」、貸家建付地については「借地権割合×借家権割合」を控除することとされている。この際、貸家の一部が空室である場合など賃貸の用に供していない場合、その空室部分等については借家人の権利が及ばないため、その空室部分等を除いた賃貸部分の割合を上記の計算上考慮する必要がある。この場合の割合を賃貸割合といい、通常は建物の床面積などにより計算する。なお、従前から貸家の用に供している建物が賃貸人などの入替えにより一時的に空室になった場合は、その部分は賃貸の用に供しているものとして取り扱われる。

低額譲渡　著しく低い金額で財産を購入した場合、その経済的な利益に贈与税が課税される。時価に比べて著しく低い価格の対価で財産の譲渡を受けた場合は、その財産の時価と支払う対価との差額が実質的に贈与を受けたのと同じ経済的効果を持つため、この譲渡があったときには贈与があったものとみなされる。

同族株主　株主の１人およびその同族関係者の所有する株式の持株割合が30％以上である場合における、その株主および同族関係者をいう。ただし、株主の１人およびその同族関係者の所有する株式の持株割合が最も多いグループの持株割合が50％超であるときは、その50％超のグループに属する株主だけが同族株主になり、その他の株主は同族株主以外の株主になる。

同族関係者　株主等の親族（６親等内の血族、配偶者、３親等内の姻族）、その他特殊関係のある個人または法人をいう。

特定遺贈　財産のうち特定の目的物を指示する形式でなされる遺贈をいう。

特定会社　取引相場のない株式を評価する際、会社規模にかかわらず、原則として純資産価額方式のみにより評価する会社をいう。特定会社には、①土地等を一定基準以上保有している会社（土地保有特定会社）、②株式・出資を一定基準以上保有している会社（株式等保有特定会社）、③直前期末、直前々期末のいずれを基準とした場合にも、配当・利益・純資産の３比準要素のうち２比準要素以上がゼロである会社、④開業後３年未満の会社、開業前の会社、休業中の会社、清算中の会社がある。なお、配当・利益・純資産の３比準要素のうち２比準要素がゼロである会社については類似業種比準方式を25％併用することが認められているが３要素がゼロとなる場合には、純資産価額方式のみになる。

特別受益者の相続分　相続人の中に、被相続人から遺贈を受けたり、婚姻・養子縁組のため贈与を受けた者（特別受益者）がいる場合、生前に贈与を受けた者と受けない者との間で相続財産を法定相続分に従って分割したのでは不公平になるため、その贈与分を被相続人の財産に組み戻して相続財産を合算し、それを基礎として算定した相続分の中から遺贈または贈与の価格を控除した残額をその者の相続分とする。この相続分を特別受益者の相続分という。

特別養子縁組　実父母との親族関係が断絶する養子縁組をいい、通常の養子縁組より養父母と子の間に強固で安定した親子関係が成立する。実父母の相続権はなくなり、相続税の計算上は実子とみなされる。なお、特別養子縁組の養子の要件は、原則として、15歳未満の者とされている。

特例的評価方式　取引相場のない株式の評価方式の１つ。評価会社に同族株主がいる場合で、株式の取得者(同族関係者を含む)が同族株主に該当するときは、原則的評価方式により評価し、同族株主でないときは特例的評価方式（配当還元方式）により評価する。また、評価会社に同族株主がいない場合で、株式の取得者（同族関係者を含む）の所有する株式の持株割合が15％以上になる株主グループに属するときは、原則的評価方式により評価し、そのグループに属さないときは特例的評価方式（配当還元方式）により評価する。

土地の評価　土地はその地目（宅地、田、畑、山林、原野等）別に評価する。その地目は相続開始時の現況によって判定される。宅地の評価は、１筆ごとに行うのではなく、一体として利用される１画地の宅地ごとに評価する。宅地の評価は、市街地的形態を形成する地域は路線価方式により、それ以外の地域は倍率方式により評価する。

土地保有特定会社　総資産価額（相続税評価額）のうちに土地等の価額（相続税評価額）の保有割合が大会社にあっては70％以上、中会社にあっては90％以上、一定の小会社にあっては帳簿価額ベースの総資産が大会社または中会社並みであれば、大・中会社の保有割合以上の会社が該当する。土地保有特定会社の株式は、原則として純資産価額方式のみにより評価する。

取引相場のない株式等に係る納税猶予（特例）　2018年１月１日から2027年12月31日の間に特例後継者が特例認定承継会社の代表権のある者から贈与または相続もしくは遺贈によりその特例認定承継会社の非上場株式を取得した場合には、一定の要件のもと、その取得したすべての非上場株式にかかる課税価格に対応する税額について、その特例後継者の死亡の日等までその納税が猶予される。

取引相場のない株式の評価　取引相場のない株式の評価額は、その株式を相続などにより取得した株主が、その株式の発行会社の経営支配力を持っている株主（同族株主等）か、それ以外の株主（少数株主）かの区分、およびその会社の規模（大会社、中会社の大、中会社の中、中会社の小、小会社）の区分により、それぞれに応じた評価方式により評価する。評価会社に同族株主がいる場合で、株式の取得者（同族関係者を含む）が同族株主に該当するときは、原則的評価方式により評価し、同族株主でないときは特例的評価方式（配当還元方式）により評価する。評価会社に同族株主がいない場合で、株式の取得者（同族関係者を含む）の所有する株式の持株割合が15%以上になる株主グループに属するときは、原則的評価方式により評価し、そのグループに属さないときは特例的評価方式（配当還元方式）により評価する。

認定死　災害などにより死亡した可能性が高い者で、行政官署が死亡した者と推定した者をいう。

納税地（相続税）　被相続人の死亡を知った日の翌日から10カ月以内に、相続人の住所地ではなく、被相続人の住所地を所轄する税務署に、相続税の申告および納税を行う。

配偶者居住権　相続開始時に居住していた被相続人所有の建物について、終身または一定期間、無償での使用収益を配偶者に認める権利をいう。

配偶者控除（贈与税）　婚姻期間が20年以上の配偶者へ居住用不動産や居住用不動産の購入資金を贈与した場合に認められる贈与税の特例をいう。基礎控除を含めて2110万円までは贈与税がかからない。

配偶者の税額軽減　配偶者については、被相続人の遺産形成への貢献、老後の生活保障等といった観点から、相続税額の軽減を図っている。この軽減措置によれば、①課税価格に対する配偶者の法定相続分までの財産額に対しては配偶者には相続税は課税されず、②たとえそれを超えたとしても1億6000万円までの財産の取得に対しては課税されないことになる。

廃除　相続の廃除とは、相続人の非行などを理由に、被相続人の請求（意思）により相続人の相続権を剥奪することをいう。

配当還元方式　取引相場のない株式の評価方式の1つ。取引相場のない株式の評価を行う際に、同族株主以外の株主等が取得した株式を評価するための方法をいう。配当還元方式は、過去の配当実績をベースに評価を行う。評価額は、(その株式の年配当額／10%)×(その株式の1株当たりの資本金額／50円）で求められる。なお、算式中の「その株式の年配当金額」は、1株当たりの資本金を50円とした場合の直前期末以前2年間の年平均配当金額をいう。また、2年間の年平均配当金額が2円50銭に満たない場合には、2円50銭で計算する。

倍率方式　財産評価における、宅地の評価方法の1つ。市街地的形態を形成しない地域、つまり、郊外にあるような宅地は、路線価がついていないため、倍率方式により評価する。固定資産税評価額×倍率で求められる。

非課税（相続税）　相続または遺贈により取得した財産およびみなし相続財産は、原則としてすべて相続税の課税対象とされる。ただし、それらの財産の中には社会政策的な見地、国民感情などから相続税の課税対象とすることが適当でない財産もある。そこで、いくつかの財産を相続税の非課税財産とし、相続税の課税対象から除いている。主に、①墓地、仏壇、仏具など、②生命保険金の非課税金額（500万円×法定相続人の数)、③死亡退職金の非課税金額（500万円×法定相続人の数)、④相続財産の国、地方公共団体、公益法人等への寄付などである。

非課税（贈与税）　贈与により取得した財産であっても贈与税は課税されないもの。主に①扶養義務者からの生活費や教育費として贈与されたもののうち通常必要なもの、②社交上必要な香典、祝い金、見舞金など、③離婚に際しての財産分与、④法人から贈与されたもの（一時所得として所得税・住民税が課税される）である。

非居住制限納税義務者　相続等により国内財産を取得したときにおいて日本国内に住所がない者で非居住無制限納税義務者に該当しない者をいう。

非居住無制限納税義務者　相続等により財産を取得したときにおいて日本国内に住所がない相続人等で日本国籍がある者（その者または被相続人が相続開始前10年以内に国内に住所があった場合か被相続人が一時居住被相続人または非居住被相続人でない場合のいずれかに該当する場合に限る）または日本国籍がない者（相続等に係る被相続人が一時居住被相続人または非居住被相続人でない場合に限る。なお、国内に住所があった期間が10年を超える等一定の場合であっても2018年４月１日以後については相続税または贈与税は課税されなくなる）をいう。

被相続人　相続される者、つまり死亡した者をいう。

非嫡出子　正式な婚姻関係のない夫婦間に産まれた子をいう。2013年９月の最高裁判決により、これまで嫡出子の半分しか認められていなかった相続分が原則同じとされた。

秘密証書遺言　遺言方式の１つ。遺言書に署名押印した後封印し、公証人および証人２人以上に対し、自分の遺言である旨などを申述し、関係者が署名押印する遺言方式をいう。

負担付贈与　債務を支払うことを条件に財産を受贈した場合のことをいう。負担付贈与があった場合には、贈与された財産の価額から負担額を差し引いた価額に相当する財産の贈与があったものとして贈与税が課税される。この場合、借入債務を免れた者に対してはその負担額でその財産を譲渡したものとして譲渡所得税が課税される。

物納　相続税特有の納付方法であり、金銭に代えて相続財産自体をもって納付できる制度をいう。延納によっても金銭で納付することが困難であるとして、一定の要件のもとに特に税務署長が許可した場合に利用される。

併用方式　取引相場のない株式の評価方法の１つ。取引相場のない株式を原則的評価方式で評価する場合において、中会社、小会社については類似業種比準方式と純資産価額方式の併用が認められる。会社規模に応じて、類似業種比準価額の一定割合と純資産価額の一定割合を合算して求める。

包括遺贈　財産の全部または割合で示された形式でなされる遺贈をいう。

放棄　相続人が、相続を放棄した場合、その相続人は初めから相続人ではなかったものとみなされる。したがって代襲相続されることはなく、相続分は放棄者を除外して算定されることになる。なお、相続の放棄をする場合は、相続の開始があったことを知った日から３カ月以内に家庭裁判所にその旨を申述する必要がある。

法定相続人　被相続人が死亡したときに、相続する権利がある人をいい、民法上、相続人の配偶者、子、直系尊属、兄弟姉妹が該当者として定められている。相続税の基礎控除、生命保険金の非課税金額を計算する際の相続税計算上の相続人の数は、相続の放棄があった場合もその放棄がなかったものとされるため、実際に相続の放棄があった場合でも、法定相続人の数には、その放棄した者も含めることになる。なお、相続人に養子が含まれる場合、法定相続人の数に含めることができる養子の数は、被相続人に実子のある場合は最大１人、被相続人に実子のない場合は最大２人に制限されている。

法定相続分　相続分は、遺言によって指定されていない場合、民法の規定によって定まる。この相続分を法定相続分という。法定相続分は、相続人が子と配偶者の場合は、子が２分の１、配偶者が２分の１、直系尊属と配偶者が相続人の場合は、直系尊属が３分の１、配偶者が３分の２、兄弟姉妹と配偶者が相続人の場合は、兄弟姉妹が４分の１、配偶者が４分の３になり、同一順位の相続人が複数いる場合は、その者の間では平等割合になる。

未成年者控除　財産の取得者が未成年者である場合、成年に達するまでの養育費の負担を考慮し、相続税額から一定額を控除することが認められている。控除額は、10万円×（20歳（2022年４月１日以降は18歳）－その者の相続開始時の年齢）で求められる。

みなし相続財産　相続税は、原則として、相続または遺贈によって取得した財産を課税の対象にしているが、財産の取得原因が民法上の相続または遺贈でない場合であっても、実質的な面からみると、相続または遺贈によって取得した財産と同様の経済的な価値をもっているものがある。そこで、相続税法では相続人等が受け取る生命保険金や、相続人等に支給された退職手当金等については、それを相続または遺贈によって取得したものとみなして、相続税を課税することにしている。

養子縁組　戸籍法の定めるところにより縁組届を提出、受理されることで養子縁組は成立する。縁組の日から、養子は養親の嫡出子としての身分を取得し、また養親およびその血族との間と同一の親族関係が生ずる。ただし、相続税法において、遺産に係る基礎控除額や相続税の総額等の計算上法定相続人として算入する養子の数は、特別養子を除き被相続人に実子があるときは１人、実子がないときには２人までという制限がある。なお、養子は特別養子を除き、その実父母に対しても実子としての相続権を持っているので、養父母および実父母の両方に対し子としての相続権、相続分があることになる。

類似業種比準方式　取引相場のない株式の評価方式の１つ。その会社の事業内容と類似する上場会社の株価をもとに、１株当たりの配当金額・１株当たりの年利益金額・１株当たりの純資産価額（帳簿価額）の３比準要素を使って、その評価会社の株価を評価する方法である。

路線価方式（宅地の評価）　財産評価における、宅地の評価方法の１つ。その宅地の面する路線に付された路線価をもとにし、その宅地の状況、形状等を考慮して計算した金額によって評価する方式をいう。路線価とは、国税局長が路線ごとに評定した１㎡当たりの価額をいう。

索　引

凡例

① 用語はすべて50音順に配列している。音引（ー）はすぐ前のカタカナの音を繰り返すものとみなした。たとえば、「ローン」は「ろおん」として扱った。

② 欧文略記の場合、1字ずつ区切って発音されるものは欧文略記のまま表記した。慣用読みがあるものについてはそれに従った。たとえば、「M&A」は「えむあんどえい」、「NISA」は「にいさ」として扱った。

③ ──→で示したものは、──→印の次にくる用語が本文の見出し項目になっていることを示すものである。

用語　ページ

あ

い

う

え

お

か

き

く

け

こ

さ

し

す

せ

そ

た

ち

つ

て

と

な

に

ね

の

は

ひ

ふ

へ

ほ

ま

み

む

め

も

や

ゆ

よ

ら

り

る

れ

ろ

わ